政治经济学:内容导读与案例习题精粹

沈映春　隋学礼　李跟强　编著

北京航空航天大学出版社

内 容 简 介

本书以马克思主义理论研究和建设工程重点教材《马克思主义政治经济学概论(第二版)》为依据,配套该教材各章节,编写相应的内容导读、案例和习题。内容导读可帮助读者准确把握政治经济学教材的核心内容,理清原理的基本逻辑;通过对案例进行分析可引导读者将理论与实践相结合,加深读者对基本原理的理解,同时还可加强读者对现实问题的认知;相关章节的计算题有助于读者深入理解政治经济学基本原理,特别是马克思《资本论》中的理论和思想。

本书可作为经济学专业本科生政治经济学教材的配套用书,还可作为经济学硕士研究生招生考试中政治经济学的备考用书。

图书在版编目(CIP)数据

政治经济学:内容导读与案例习题精粹 / 沈映春,隋学礼,李跟强编著. -- 北京:北京航空航天大学出版社,2023.3

ISBN 978-7-5124-3877-4

Ⅰ.①政… Ⅱ.①沈… ②隋… ③李… Ⅲ.①政治经济学—高等学校—教材 Ⅳ.①F0

中国版本图书馆 CIP 数据核字(2022)第 161779 号

政治经济学:内容导读与案例习题精粹

沈映春 隋学礼 李跟强 编著

策划编辑 董宜斌 责任编辑 周华玲

*

北京航空航天大学出版社出版发行

北京市海淀区学院路 37 号(邮编:100191) http://www.buaapress.com.cn

发行部电话:(010)82317024 传真:(010)82328026

读者信箱:copyrights@buaacm.com.cn 邮购电话:(010)82316936

北京一鑫印务有限责任公司印装 各地书店经销

*

开本:710×1000 1/16 印张:17.25 字数:368 千字

2023 年 4 月第 1 版 2023 年 4 月第 1 次印刷

ISBN 978-7-5124-3877-4 定价:59.00 元

若本书有倒页、脱页、缺页等印装质量问题,请与本社发行部联系调换。联系电话:(010)82317024

前　言

“政治经济学”是经济学本科专业的核心必修课，该课程使用的马克思主义理论研究和建设工程重点教材《马克思主义政治经济学概论（第二版）》（以下简称“政治经济学马工程教材”），包括导论、商品、货币、资本主义经济、社会主义经济等篇，其中资本主义经济篇涵盖了马克思《资本论》的核心论述和思想，蕴含着深奥的原理方法，而社会主义经济篇融入了习近平新时代中国特色社会主义经济思想和党的十九大精神，具有鲜明的时代特征。学好马克思主义政治经济学，既要学懂马克思政治经济学的基本原理，又要弄通其与中国国情紧密结合发展形成的马克思主义中国化的最新实践和成果。

为了更好地实现这一目标，本书以“政治经济学马工程教材”为依据，配套该教材各章节，编写相应的内容导读和案例习题。每章的内容导读可帮助读者准确把握“政治经济学马工程教材”的核心内容，理清原理的基本逻辑；案例分析可引导读者将理论与实践相结合，加深读者对基本原理的理解，同时可加强读者对现实问题的认知；相关章的计算题有助于读者深入理解政治经济学基本原理特别是马克思《资本论》中的理论和思想。

为方便读者使用，本书的章节安排与“政治经济学马工程教材”一致，全书分为导论、商品、货币、市场经济和价值规律、资本主义经济、社会主义经济等，每章主要分为本章内容导读和案例两部分，配有案例评析、引导讨论题，个别章还配有计算题。本书可作为经济学专业本科生“政治经济学马工程教材”的配套用书，还可作为经济学硕士研究生考试的政治经济学备考用书。

自 2007 年开始，编者教学团队已承担北京航空航天大学经济学本科生政治经济学 15 轮次的教学任务，积累了大量的案例素材，形成了较丰富的计算题题库，为本书的完稿打下了重要的基础，在此向多年参与政治经济学教学的黄岩老师及帮助完善政治经济学案例和计算题的历届学生表示感谢！为了体现案例的典型性，本书的部分案例引用他人著述，在此也表示特别感谢。本书的完成是师生合作的共同成果，特别是在本书前期准备和初稿写作中，张书豪、张雅淇、冯泓树、宋正丽、刘思杰等同学做了大量的资料搜集和整理工作，乔可、邓懿、陈沁歌、刘奕辰同学对案例的编写做出了贡献，在此表示衷心的感谢。

本书的编写分工如下：李跟强负责本书的导论、商品和货币部分，沈映春负责资本主义经济部分，隋学礼负责社会主义经济部分，最后由沈映春负责全书的统稿。

本书得到了北京航空航天大学经济学一流专业建设基金的支持，在此表示特别的感谢！本书在写作过程中得到了北京航空航天大学出版社和该社董宜斌老师的支持，他给出了很多建设性建议，让我们受益匪浅。

由于编者水平有限，书中难免有不足之处，恳请各位读者批评指正。

编　者

2022 年 4 月

目　　录

导　论

第一部分　本章内容导读

第一节　政治经济学的由来和演变

一、政治经济学概念的由来

中文“经济”一词具有悠久的历史，如经世济民、经邦济世等。西方“经济学”一词源于古希腊人色诺芬一本著作的名字，意思为“家政”“持家”“家庭管理”。亚里士多德在其《政治学》一书中更加明确和详细地探讨了“经济学”的对象和任务。

“政治经济学”一词，是法国早期重商主义者蒙克莱田在1615年出版的《献给国王和王太后的政治经济学》一书中首先使用的。政治经济学最初讨论的问题主要围绕如何增进国家的财富、税收和保障国民的生活福利而展开，目的是为统治者管理经济出谋划策。比如英国古典经济学代表人物亚当·斯密的《国民财富的性质和原因的研究》、英国经济学家约翰·穆勒的《政治经济学原理》。19世纪六七十年代，政治经济学的研究内容有了重要变化，从国家的财富积累、生产转向了个人行为和市场价格。内容的变化引起了名称的变化，出现了对政治经济学这一学科名称的批评，一些人主张改变政治经济学的名称，将政治经济学改名为财富学或努力满足人类需要的学说。例如英国的威廉姆·斯坦利·杰文斯和阿尔弗雷德·马歇尔。

但是，在“经济学”一词广泛流行的时期，“政治经济学”一词也没有消失。在一些经济论述中，“经济学”被看作是与“政治经济学”可以相互替代的同一概念而得到了使用。

总的来看，“政治经济学”与“经济学”并不是两门不同的学科，而是属于同一学科的不同称呼。但是，由于立场、观点和方法的不同，人们对经济学或政治经济学的性质、内涵等问题的认识并不相同，并且随着历史的发展而不断演变。

二、政治经济学的演变

马克思指出：“真正的现代经济科学，只是当理论研究从流通过程转向生产过程的时候才开始。”这是因为，只有进入一定历史条件下的经济形态的物质生产过程，才有可能揭示生产关系的内部联系和运动规律。人类经济思想史上现代经济理论的产生，是从资产阶级古典政治经济学理论的出现才开始的。

重商主义对资本主义生产方式做了最初的理论探讨，但它的研究范围仅限于流通领域，只是从致富过程的表面现象出发，对财富和价值的来源缺乏科学的理解。因此，重商主义的学说体系只是政治经济学的萌芽，现代经济科学没有真正开始。

17 世纪中叶，资本主义开始进入工厂手工业时期，标志着资本主义生产方式逐渐形成。产业资本取代商业资本成为主要的资本形式，重商主义也让位于资产阶级古典政治经济学。古典政治经济学的先驱威廉·配第的《政治算术》是第一本系统论述政治经济学的著作。英国的詹姆斯·斯图亚特在 1767 年出版了《政治经济学原理研究》一书，是“建立了资产阶级经济学整个体系的第一个不列颠人”。

古典政治经济学的形成与重农主义的出现有直接关系。法国的重农学派以布阿吉尔贝尔为先驱，后来魁奈、杜尔阁成为其代表人物。重农学派最先将研究对象从流通领域转向生产领域，提出了对资本主义生产的第一个系统的理解。但由于它把研究范围局限于农业生产领域，认为只有农业部门是唯一创造财富的生产部门，因而其理论体系是不完整的，真正独立的政治经济学理论体系仍未形成。

对资本主义生产方式首次进行全面考察，把研究对象扩展到整个生产领域，并建立起真正独立和完整的政治经济学体系的是英国的亚当·斯密，他的《国富论》成为划时代的经济学著作。英国经济学家大卫·李嘉图在 1817 年出版的《政治经济学及赋税原理》一书，将劳动价值理论推到了他所在时代的最高峰，成为古典政治经济学的最终完成者。法国经济学家西斯蒙第是法国古典政治经济学的完成者，又是小资产阶级政治经济学的创始人。

作为与资本主义相对立的一种思想体系，空想社会主义从 16 世纪开始登上人类的思想舞台，主要以托马斯·莫尔、康帕内拉等为代表。19 世纪初，以圣西门、傅里叶和欧文这三大代表人物的社会主义思想问世为标志，空想社会主义发展到最高阶段。空想社会主义思想家站在维护劳苦大众利益和人类长远利益的立场上，提出了消灭私有制是保证人人过上幸福生活的唯一途径，在对未来社会制度的设计中初步体现了计划经济、按劳分配等思想，甚至组织进行了具有公有制性质的合作工厂的经济实践，在历史上留下了深远的影响。但是，空想社会主义理论既不能认识人类社会发展的一般规律，更不能认识资本主义雇佣奴隶制的本质，不理解资本主义必然灭亡、社会主义必然胜利的历史规律；不懂得阶级斗争是阶级社会发展的直接动力和杠杆，进而找不到变革、改造资本主义社会的正确途径；不了解无产阶级的历史地位和历史使命，最终找不到推翻资本主义、实现社会主义的社会力量。所以，他们的社会主义只能是一种无法实现的空想，不可能构建科学的政治经济学体系。

三、政治经济学的变革

从 19 世纪 30 年代开始，伴随英、法两国的资产阶级相继夺取政权，无产阶级与资产阶级的矛盾日益明朗化和尖锐化，政治经济学的发展从古典阶段走向庸俗阶段。庸俗政治经济学的最大特征，就是从资产阶级的偏见出发，歪曲或否定古典政治经济学的科学成分，发展其庸俗成分，仅描绘经济的表面现象，避开它的本质联系，掩盖阶级矛盾，否认社会发展规律，专为资本主义制度辩护。

马克思 1843 年开始研究政治经济学，1844 年春立意要写一部名为《政治和政治经济学批判》的著作，大体从这时算起，到他逝世的 1883 年，马克思为创作和出版《资本论》奋斗了 40 年，耗费了毕生的精力。马克思主义政治经济学作为一门学科，不是脱离人类文明发展的道路偶然出现的，而是对前人先进思想成果的继承、发展和创新；同时，它又是与形形色色不科学、反科学的错误思想从根本上划清界限的结果。马克思主义政治经济学从社会经济有机体的内部联系出发，运用辩证唯物主义和历史唯物主义方法，创立了剩余价值理论，深刻论证了资本主义必然灭亡的历史趋势，通过对资本主义内在矛盾的分析揭示了社会发展的一般规律。

第二节　马克思主义政治经济学的研究对象

一、物质资料生产是政治经济学研究的出发点

恩格斯指出："人们首先必须吃、喝、住、穿，然后才能从事政治、科学、艺术、宗教，等等；所以，直接的物质的生活资料的生产，从而一个民族或一个时代的一定的经济发展阶段，便构成基础，人们的国家设施、法的观点、艺术以至宗教观念，就是从这个基础上发展起来的，因而，也必须由这个基础来解释。"

人类社会在从事物质生产资料生产过程中要发生两方面的关系：一方面是人与自然之间的关系，表现为生产力，是生产的自然属性；另一方面是人与人之间的关系，表现为生产关系，是生产的社会属性。

生产力是人类利用自然和改造自然，进行物质资料生产的能力。生产力主要包括三个要素：劳动者、劳动资料和劳动对象。劳动资料和劳动对象合称为生产资料。劳动者和生产资料是生产的基本要素。同时，信息、管理、科学技术等要素也在生产过程中发挥着重要作用。

生产关系是人们在生产过程中形成的相互关系。物质资料生产不是单个人的孤立的生产，而是在社会中进行的具有一定社会性质的生产。

二、生产关系是马克思主义政治经济学的研究对象

马克思主义政治经济学的意义在于，它把人与人之间的经济关系从一般的社会关系抽象出来作为自己专门的研究对象，在生产力与生产关系的矛盾运动中，揭示社会经济过程的内在规律，由此揭示整个人类社会发展和变化的规律。

生产关系分为广义与狭义两个层次：狭义的生产关系，即直接生产过程中形成的

经济关系，主要是生产资料所有制关系；广义的生产关系，即再生产过程中的经济关系，在生产（直接生产过程）、分配、交换和消费这四个环节上形成的社会经济关系的有机整体。

三、研究生产关系必须联系生产力和上层建筑

生产关系与生产力、上层建筑之间存在着紧密的关系。生产关系受生产力决定，同时又对生产力具有反作用；生产关系的总和构成社会的经济基础，上层建筑受经济基础决定，同时又对经济基础具有反作用。

第三节　马克思主义政治经济学的性质、任务和研究方法

一、马克思主义政治经济学的性质

马克思主义政治经济学体现了科学性和社会性的高度统一。它揭示了社会经济发展的客观规律，具有严谨的科学性；同时，它又代表无产阶级的利益，具有鲜明的阶级性。

二、马克思主义政治经济学的任务

作为一门从根本上解释人类经济内部结构及运动过程的科学，马克思主义政治经济学将揭示生产关系及其实现和发展的运动规律作为一项主要任务。马克思主义政治经济学揭示经济规律的客观性，研究资本主义生产关系及其发展和变化规律，研究社会主义生产关系及其发展和变化规律，揭示经济运动的普遍规律。

三、马克思主义政治经济学的研究方法

唯物辩证法是马克思研究政治经济学运用的根本方法。科学抽象法是马克思研究政治经济学运用的重要方法。逻辑与历史相统一的方法是与从抽象上升到具体紧密相关的辩证思维方法。马克思对数学定量方法也非常重视。

第四节　马克思主义政治经济学的创立和发展

一、马克思主义政治经济学的创立

马克思批判地继承了古典政治经济学的科学成分，克服了它的阶级局限和历史局限，全面深刻地揭示了资本主义经济的内在矛盾和发展趋势，完成了政治经济学发展史上的伟大革命。1867 年马克思出版《资本论》第一卷，标志着马克思主义政治经济学理论体系的创立。

马克思和恩格斯所作出的开创性理论贡献表现在许多方面，其中最为突出的有：开创了以辩证唯物主义和历史唯物主义研究经济现象的科学世界观和方法论；创立了生产商品的劳动二重性学说，使劳动价值论有了科学的基础；创立了科学的剩余价值理论，发现了资本积累的一般规律和历史趋势；深刻分析了资本主义生产方式的内在规律；揭示了资本主义灭亡和社会主义产生并取得胜利的必然性，并预见了未来共产主义社会的一些基本特征。

二、列宁和苏联社会主义建设时期对马克思主义政治经济学的发展

俄国十月革命胜利以后，在列宁的领导下，以及后来在斯大林的领导下，苏联在社会主义革命和建设的实践中进一步发展了马克思主义政治经济学理论。

列宁对发展马克思主义政治经济学的贡献突出表现在：对处于垄断阶段的资本主义的深刻剖析，形成了关于帝国主义的经济理论；亲自领导俄国无产阶级革命，并在革命胜利后努力探索社会主义经济建设的道路，形成了向社会主义过渡和社会主义建设的理论。

苏联社会主义建设时期对马克思主义政治经济学的发展，主要体现在：关于社会主义基本经济规律的探索；关于社会主义国家工业化思想；关于农业集体化思想；关于马克思主义政治经济学教科书的编写；关于苏联模式。

三、毛泽东思想对马克思主义政治经济学的贡献

以毛泽东同志为主要代表的中国共产党人，领导中国人民夺取了新民主主义革命的胜利，实现了新民主主义到社会主义的过渡，建立了社会主义制度，开始了全面的社会主义建设。在这个过程中形成的毛泽东思想，是被实践证明了的关于中国革命和建设的正确的理论原则和经验总结，是马克思列宁主义在中国的运用和发展，其中所蕴含的宝贵经济思想也为丰富和发展马克思主义政治经济学作出了原创性贡献。第一，新民主主义革命理论中的经济思想；第二，新民主主义向社会主义过渡时期的经济思想；第三，全面建设社会主义时期的经济思想。

四、中国特色社会主义理论体系对马克思主义政治经济学的贡献

改革开放至党的十八大这段历史时期，中国共产党把马克思主义政治经济学基本原理同改革开放新的实践结合起来，不断丰富和发展马克思主义政治经济学。这些理论成果，是适应当代中国国情和时代特点的政治经济学，不仅有力地指导了我国经济发展实践，而且开拓了马克思主义政治经济学新境界。

党的十一届三中全会以后，以邓小平同志为主要代表的中国共产党人，团结带领全党全国各族人民，深刻总结我国社会主义建设正反两方面经验，借鉴世界社会主义历史经验，创立了邓小平理论，作出把党和国家工作中心转移到经济建设上来，实行改革开放的历史性决策，深刻揭示社会主义本质，确立社会主义初级阶段基本路线，

明确提出走自己的路，建设中国特色社会主义，科学回答了建设中国特色社会主义的一系列基本问题，制定了到21世纪中叶分三步走、基本实现社会主义现代化的发展战略，成功开创了中国特色社会主义。

党的十三届四中全会以后，以江泽民同志为主要代表的中国共产党人，在国内外形势十分复杂、世界社会主义出现严重曲折的严峻考验面前，捍卫了中国特色社会主义，确立了社会主义市场经济体制的改革目标和基本框架，使邓小平关于社会主义与市场经济关系的思想得以具体展开并在实践层面实施；确立了社会主义初级阶段的基本经济制度和分配制度，使社会主义市场经济的思想得以在经济领域的各个层面具体体现；开创全面改革开放新局面，推进党的建设新的伟大工程，成功把中国特色社会主义推向21世纪。

党的十六大以后，以胡锦涛同志为主要代表的中国共产党人，根据新的发展要求，深刻认识和回答了新形势下实现什么样的发展、怎样发展等重大问题，形成了科学发展观，抓住重要战略机遇期，在全面建设小康社会进程中推进实践创新、理论创新、制度创新，强调坚持以人为本、全面协调可持续发展，形成中国特色社会主义事业总体布局，着力保障和改善民生，促进社会公平正义，推动建设和谐世界，推进党的执政能力建设和先进性建设，成功在新的历史起点上坚持和发展了中国特色社会主义。

总的来看，在这段历史时期，伴随改革开放不断深入，我们党形成了中国马克思主义政治经济学的许多重要理论成果：关于社会主义本质和根本任务、关于中国社会的发展阶段、关于社会主义经济体制改革、关于社会主义对外开放、关于社会主义初级阶段的基本经济制度、关于社会主义初级阶段的分配制度、关于社会主义经济管理和宏观调控、关于社会主义经济发展。这些重要理论成果，马克思主义经典作家没有讲过，改革开放前我们也没有这方面的实践和认识，是适应当代中国国情和时代特点的政治经济学，是当代中国的马克思主义政治经济学，有力指导了我国经济发展实践，开拓了马克思主义政治经济学新境界，形成了马克思主义政治经济学基本理论与改革开放新的实践相结合的政治经济学，即中国特色社会主义政治经济学。

第五节　当代中国马克思主义政治经济学最新成果：习近平新时代中国特色社会主义经济思想

一、习近平新时代中国特色社会主义经济思想的形成

党的十八大以来，以习近平同志为主要代表的中国共产党人，顺应时代发展，从理论和实践结合上系统回答了新时代坚持和发展什么样的中国特色社会主义、怎样坚持和发展中国特色社会主义这个重大时代课题，创立了习近平新时代中国特色社会主义思想，而习近平新时代中国特色社会主义经济思想是其中不可或缺的重要组成部分。

二、推动我国经济发展实践的理论结晶

习近平新时代中国特色社会主义经济思想是中国特色社会主义政治经济学的最新成果，丰富和发展了马克思主义政治经济学，对中国经验、中国方案、中国道路作出了经济学意义上全面而系统的创造性概括：

坚持加强党对经济工作的集中统一领导，保证我国经济沿着正确方向发展；

坚持以人民为中心的发展思想，把增进人民福祉、促进人的全面发展、朝着共同富裕方向稳步前进作为经济发展的出发点和落脚点；

坚持适应、把握、引领经济发展新常态，立足大局，把握规律，看清长期趋势；

坚持适应我国经济发展主要矛盾变化，完善宏观调控，相机抉择，开准药方，把推进供给侧结构性改革作为经济工作的主线；

坚持创新、协调、绿色、开放、共享的新发展理念，把新发展理念贯穿发展全过程和各领域；

坚持推动高质量发展，着力推动经济发展的质量变革、效率变革、动力变革，增强经济的竞争力、创新力、抗风险能力；

坚持建设现代化经济体系，推动新型工业化、信息化、城镇化、农业现代化同步发展；

坚持以畅通国民经济循环为主，加快构建以国内大循环为主体、国内国际双循环相互促进的新发展格局；

坚持完善包括公有制为主体、多种所有制经济共同发展，按劳分配为主体、多种分配方式并存，社会主义市场经济体制等在内的社会主义基本经济制度；

坚持使市场在资源配置中起决定性作用和更好发挥政府作用，坚决扫除经济发展的体制机制障碍；

坚持问题导向部署经济发展新战略，对我国经济社会发展变革产生深远影响；

坚持“绿水青山就是金山银山”的理念，推动绿色发展，促进人与自然和谐共生；

坚持农业农村优先发展，大力实施乡村振兴战略，巩固和完善农村基本经营制度；

坚持正确工作策略和方法，坚持稳中求进工作总基调，保持战略定力，坚持久久为功，坚持底线思维，一步一个脚印向前迈进；

坚持统筹发展和安全，防范化解重大经济金融风险，确保国家经济安全；

坚持对外开放基本国策，推动形成全面开放新格局和开放型经济新体制，推动构建人类命运共同体，等等。

三、为马克思主义政治经济学创新发展贡献中国智慧

坚持加强党对经济工作的集中统一领导的观点丰富和发展了对社会主义经济本质特征的认识。

以人民为中心的发展思想丰富和发展了对社会主义生产目的的认识。

新发展理念丰富和发展了对社会主义经济发展规律的认识。

推动高质量发展的观点丰富和发展了对经济发展阶段性特征的认识。

建设现代化经济体系的观点丰富和发展了对社会主义现代化的认识。

推进供给侧结构性改革的观点丰富和发展了对社会主义宏观调控的认识。

构建新发展格局的观点丰富和发展了对经济循环规律的认识。

坚持和完善社会主义基本经济制度的观点丰富和发展了对社会主义经济制度内涵的认识。

使市场在资源配置中起决定性作用和更好发挥政府作用的观点丰富和发展了对社会主义市场经济的认识。

构建人类命运共同体的观点丰富和发展了对经济全球化和对外开放的认识。

坚持稳中求进总基调的观点丰富和发展了对国家治理规律的认识。

四、在实践中不断坚持发展习近平新时代中国特色社会主义经济思想

党的十八大以来，我们党以习近平新时代中国特色社会主义经济思想为经济工作的指南，正确分析形势、把握方向、谋划大局、制定政策、部署战略、促进改革，推动我国经济发展取得了新的历史性成就，发生了历史性变革，创造了新的发展奇迹。实践充分证明，习近平新时代中国特色社会主义经济思想，是推动我国经济社会健康发展的科学指南，是科学应对重大风险挑战、有效解决重大困难问题的强大思想武器。

第二部分　案　例

案例一

［案例名称］　古典经济学的功绩与缺陷

［案例适用］　介绍古典经济学的自身特点，了解古典经济学与马克思政治经济学的差异

［案例来源］　(法)路易·阿尔都塞，艾蒂安·巴里巴尔．读《资本论》[M]．李其庆，冯文光，译．北京：中央编译出版社，2008：70-105.

一、古典经济学的功绩

马克思权衡了他从他的先驱者那里得到的东西。他以两种不同的形式高度评价了他的先驱者的思想中的积极方面。这两种不同的形式在剩余价值理论，即经济学说史中清楚地表现出来。

一方面，马克思赞扬并高度评价某些先驱者确立并分析了重要的概念，即使他

们表述这一概念的术语含混不清或者会引起歧义。例如，他认为在配第的著作中就有了价值概念，在斯图亚特、重农主义者等的著作中就有了剩余价值的概念。马克思在前人的基础上彻底澄清了这些已经确立的概念，把它们从往往是不恰当的术语的混乱中提炼出来。

另一方面，涉及的不是某个具体的成果，而是研究政治经济学的“科学”方法。在这方面，马克思认为有两个不同的特点。第一个特点，从所谓伽利略式的经典意义上说，就是科学的态度，也就是说，在政治经济学领域里把可以看见的一切现象以及经济世界所产生的实践经验概念的全部经济范畴当作次要的东西的方法。这种把现象当作次要东西的方法使我们能够揭示隐藏在现象后面的本质，现象的内在本质。但是，这种局部的归纳不足以建立科学。因此出现了第二个特点，即科学是这样一种系统的理论，它能够包括它的对象的整体，并能够把握住将本质同一切经济现象联系起来的“内在联系”。这是重农学派的伟大功绩，是魁奈的功绩。

二、古典经济学的缺陷

马克思对古典经济学学家们提出了许多具体的批评和一个根本性的责难。

在这许多具体的批评中，有一个责难对表面上是无关紧要的事实提出了疑问：斯密和李嘉图总是在利润、地租和利息的形式上分析“剩余价值”，因而剩余价值总没有以它自己的名称而是以别的名称来称呼。这种批评方式是有意思的，马克思似乎把剩余价值同它的存在形式的这种混淆仅仅看作是语言上的缺陷。事实上，当他阅读斯密和李嘉图的著作时，他恢复了另一些术语所掩盖的未出现的术语。他把掩盖未出现的术语的另一些术语译出来，恢复了它们省略的内容，说出了这些术语没有表示出来的东西。

马克思认为剩余价值概念是他的理论的两个关键性概念之一，即说明马克思和斯密以及李嘉图在总问题和对象方面存在区别的概念之一。马克思从《哲学的贫困》到《资本论》，对古典经济学提出了根本的责难：古典经济学对资本主义经济范畴的非历史的、永恒的、固定不变的和抽象的概念。马克思认为，只有赋予这些范畴以历史的性质才能说明和理解它们的相对性和暂时性，古典经济学家把资本主义生产的条件变成了一切生产的永恒的条件，他们没有看到这些范畴是由历史决定的，是历史的和暂时的。

[引导讨论题]

（1）马克思对古典经济学家提出的根本性责难是什么？

（2）马克思所强调的“科学的研究方法”是什么？

案例二

[案例名称] 马克思创作政治经济学的过程

[案例适用] 了解马克思生平;了解马克思政治经济学思想从萌发到成熟的过程

[案例来源] 方兴起.新马克思主义经济学解析[M].北京:中国经济出版社,2009:17-29.

一、在巴黎开始了政治经济学的研究

马克思真正开始政治经济学的创作是在1843年离开莱茵省报编辑部,前往巴黎以后。马克思在巴黎除积极参加工人运动,筹办《德法年鉴》杂志外,也开始了研究政治经济学的工作。马克思阅读了许多英、法资产阶级经济学家的重要著作,写下了大量的摘录笔记,有的还附有自己的批注和评论意见。现在能看到的这类笔记共有九册,通常被称为《巴黎笔记》。

马克思这时的经济观点受恩格斯的《国民经济学批判大纲》一书的影响很大,在许多批注和评论中一再反映出恩格斯的《国民经济学批判大纲》一书的基本思想。在这时,马克思否定资产阶级古典学派的抽象分析法,而采取实证的方法,即以资本主义社会存在的事实为根据,提出自己的经济观点,从而把资本主义私有制下的一切最终都归结为竞争。

在这种方法下,马克思对价值的分析还停留在流通领域内,并把竞争作为分析价值问题的基础,认为价值不决定于劳动而是决定于竞争。把价值的物质承担者,即使用价值看作是构成价值的一个要素,并认为李嘉图等人主张的价值决定于劳动的观点,是把一种偶然性当成规律,把竞争决定价值这一经常情况作为暂时或偶然的东西,从而"把现实当作偶然的,把抽象当作现实的"。

在利润和地租问题上,马克思受到蒲鲁东"加价"观点的影响,认为利润和地租并不是生产费用的必要部分。之所以要把它们加进生产费用,是由于这个存在着土地和资本的私有。这表明,马克思这时还没有探明利润和地租的真正来源。

但马克思这时采用实证的方法研究经济问题,不仅相对于当时德国流行的"从观念到观念"的研究方法来说是一个进步,而且对于研究资本主义生产方式来说也是一个正确的起点。只是由于马克思这时仅仅从存在的现实来研究经济学,还没有进一步做科学的抽象分析,因而在理论上就不可避免地存在着某些不确切的东西。

二、写作第一部政治经济学专著

在《巴黎笔记》的基础上,马克思第一次着手写一部从唯物主义和共产主义立场来批判资产阶级经济理论的政治经济学专著。

大约在1844年4月,马克思开始动笔写作。但是撰写的过程并不容易,由于种种原因,马克思曾三次暂停写作工作。在1847年2月,出版社迫于德国当局的压力,取消了出版《政治与政治经济学批判》的合同,拒绝马克思出版这一著作。马克思在1848年写给安年科夫的信中说道:"您很难想象,在德国出版这种书要碰到怎样的困难，这困难一方面来自于警察，另一方面来自于代表我所抨击的一切流派的利益的出版商。”

虽然没能出版，但是马克思的手稿最终还是保存了下来。马克思在《1844 年经济学哲学手稿》中的观点，比马克思刚开始研究政治经济学时的观点要大大前进一步。马克思在刚开始研究政治经济学时，虽然以资本主义社会存在的事实为研究对象，从而认识到某些反映本质的现象形态，但是由于还没有做进一步的抽象分析，因此研究的注意力集中在资本主义社会的现象上，从而比较注意流通领域的分析。而在《1844 年经济学哲学手稿》中，马克思由于受到费尔巴哈异化理论的影响，利用异化概念去揭示人与产品、劳动与资本的关系，并主张借助异化劳动和私有制这两个因素来阐明国民经济学的一切范畴。这样就由现象进入到本质的分析，即进入到人与人之间的关系的分析，由流通领域转向生产领域的分析，从而为马克思尔后明确地把生产关系作为研究对象铺平了道路。

三、明确提出自己观点

1845—1846 年，马克思在与恩格斯合写的《德意志意识形态》一书中，明确地提出了自己的新的历史观和新的经济观点。这个新的历史观，就是历史唯物主义。而新的经济观点，就是认为地租、利润等范畴不过是一定的社会关系的反映。这一时期，马克思完成了三部著作：《哲学的贫困》《雇佣劳动与资本》《关于自由贸易问题》。这三部作品反映出马克思这时在价值问题上不仅毫无保留地接受了价值决定于劳动时间的观点，而且超过了古典学派所了解的价值决定于劳动时间的含义，把价值理解成为一种社会关系。在利润来源问题上，不仅把利润归于雇佣工人的剩余劳动，而且把资本理解为一种社会关系。这在经济学说史上具有划时代的意义——标志着一门以生产关系为研究对象的经济学说的诞生。

但是，我们也应该看到，这些著作并不意味着马克思这时的经济学说已形成了一个完整的理论体系。相反，在这一时期，马克思以生产关系为对象来建立自己的理论体系还只是刚刚开始。因此，马克思的劳动价值理论和剩余价值理论还仅处在萌芽状态，即还没有对劳动决定价值做系统的质的分析，在研究剩余价值时，也还没有把剩余价值与它的表现形式区别开来。

四、进行专题写作

1857 年，马克思为自己计划中的政治经济学撰写《导言》，但是随后由于“预先说出正要证明的结论总是有危害的”，从而停止了《导言》的继续创作。

《导言》虽是草稿，却具有非常重要的科学价值。马克思在这里比在任何地方都更详细地叙述了政治经济学的对象和方法问题，并精辟地阐明了生产、分配、交换、消费的辩证关系，强调指出生产的决定性作用及其历史阶段性，并运用这一观点来研究资本主义社会。另外，马克思在《导言》中第一次提出了他计划要撰写的经济学著作的结构或者说初步方案。

随后,在1857年10月—1858年5月,马克思为了自己弄清问题,以“专题研究”的形式,写出了较大篇幅的手稿,现在通常把这个手稿称为《政治经济学批判(1857—1858年手稿)》(以下简称为《1857—1858年手稿》)。这个手稿标志着马克思在建立自己的价值学说和剩余价值学说方面取得了重大的突破,在马克思经济学说的发展史上占有重要的地位。

在《1857—1858年手稿》中,马克思第一次明确地阐述了他的价值理论的基本要点和一些细节,并在此基础上建立了剩余价值理论。具体说,在这部手稿中,马克思第一次对商品、劳动、价值、货币和资本做了较详细的探讨:阐述了商品以及创造商品的劳动的二重性;货币的本质和职能;从货币到资本的转化以及这种转化的必要条件;剩余价值的来源、本质、转化形式和运动规律,从而揭示了资本主义生产方式内在的对抗性和发展的历史趋势。此外,马克思再次谈到政治经济学的方法,论述了逻辑和历史考察的相互关系,认为有必要探讨资本主义以前的和以后的社会形态,以充实对资本主义生产方式本身的考察,因而研究了从原始公社制度到资本主义前的所有制形式。

五、撰写第二部政治经济学专著

当马克思快要写完他的《1857—1858年手稿》时,就开始考虑以这个手稿为基础,撰写他的经济著作。1858年2月,马克思拟定了一个出版计划。他的总计划是准备出版三部著作:第一部,经济学范畴的批判;第二部,政治经济学和社会主义的批判和历史;第三部,经济范畴或经济关系的发展的简短历史概述。

1859年6月,《政治经济学批判》第一分册由柏林弗兰茨·敦克尔出版社出版。马克思认为这本书在科学上有两大特点:“蒲鲁东主义被连根铲除了;通过最简单的形式,即商品形式,阐明了资产阶级生产的特殊社会的,而决不是绝对的性质。”

马克思讲的“蒲鲁东主义被连根铲除”这句话是相对他在1847年发表的《哲学的贫困》而言的。在《哲学的贫困》中,马克思虽然从历史唯物主义的观点上,给了蒲鲁东致命的打击,但是由于马克思还没有建立自己的价值理论,从而在驳斥蒲鲁东的价值理论时,基本上是采用的李嘉图的价值理论。而由于接受了李嘉图的某些不正确的观点,如货币数量论,也就不可能在经济理论方面,把“蒲鲁东主义连根铲除”。但是现在就不同了,在《政治经济学批判》第一分册中,马克思已建立了自己的科学价值理论,特别是马克思考察了价值与价值形式的关系及历史演变过程后,就完全能够把蒲鲁东的价值理论,特别是劳动货币论驳倒。

早在1859年1月,《政治经济学批判》第一分册写完后,马克思就着手进行第二分册,即《资本》写作的准备工作。1859年10月,马克思开始第二分册的写作,并打算最迟到12月底把手稿写完。为此,马克思再度去英国博物馆重读了许多政治经济学著作。

由于马克思需要研究大量的经济资料,加之疾病和贫困,主要还是因为同福格特的论战(撰写反击福格特的小册子),致使第二分册的写作中断了一年半的时间,直到

1861年8月马克思才重新执笔。但在写作过程中,马克思改变了按分册写作和出版的计划。

六、由《政治经济学批判》转向《资本论》的写作

自马克思从1861年8月开始写作《政治经济学批判》第二分册开始,他的创作活动就一直持续到1863年7月,总共写了23个笔记本,计1472页,构成了一部篇幅巨大的手稿。人们通常称这部手稿为《政治经济学批判(1861—1863年手稿)》(以下简称《1861—1863年手稿》)。

《1861—1863年手稿》的写作过程可以分成三个阶段:

第一阶段:1861年8月—1862年1月。在这段时间里,马克思从事《政治经济学批判》第二分册的写作。由于马克思打算把第二分册作为1859年出版的第一分册的继续来出版,所以马克思将其称为《政治经济学批判》,并标了一个副标题:《第三章 资本一般》。在这个标题下,马克思写了:货币转化为资本、绝对剩余价值、相对剩余价值这三节。在第5本笔记本的第180页上,马克思指出:"在相对剩余价值之后,应当考察绝对剩余价值和相对剩余价值两者的结合。"这一考察本应构成第四节,但当时并未写成。马克思还没有写完第三节就马上转写第五节,即《剩余价值理论》。这样,就使《1861—1863年手稿》的写作进入到第二阶段。

第二阶段:1862年1—11月。大约在1862年1月,马克思停止了第三节相对剩余价值的写作,而转向以标题为《剩余价值理论》的写作。但是在写作《剩余价值理论》一节时,涉及的问题已超出了作为第二分册的历史评述部分的范围了。这是因为:第一,自《1857—1858年手稿》开始,马克思在研究剩余价值时,首先是研究它的一般形态,然后再研究它的转化形态。第二分册所研究的对象同样是剩余价值本身。但是,如果要对资产阶级经济学中的有关剩余价值理论进行历史的考察,就无法从剩余价值的一般形式入手。因此,《剩余价值理论》在写作过程中,就形成了一个庞大的结构。它不仅涉及有关资本生产过程的理论的历史评述,而且几乎包括了对全部资产阶级经济理论的历史考察。这样,它就不仅是资本的生产过程的历史评论,实际上成了后来的《资本论》整个前三卷的历史评论。

第三阶段:1862年11月—1863年7月。马克思在阐述《剩余价值理论》最后一个题目《收入及其源泉·庸俗政治经济学》的过程中,已着手研究后来被恩格斯编入《资本论》第三卷和第二卷中的问题,即分析借贷资本和商业资本、利润、资本主义再生产等。从马克思写作《1861—1863年手稿》的三个发展阶段,可以看到:马克思由继续写作《政治经济学批判》第二分册转向了直接从事《资本论》的写作。

由于这样的情况,促使马克思放弃了对第二分册的写作与出版计划,进而放弃《政治经济学批判》全书的分册写作和出版计划,而决定另写一部与出版的第一分册相衔接而又具有独立意义的巨著,《剩余价值理论》则作为这部巨著的历史部分。在马克思写完《剩余价值理论》后不久,马克思在一封信中,把计划要写作的这本独立著作定名为《资本论》,并以《政治经济学批判》作为副标题。至此,《资本论》的创作正式开始。

［案例评析］

马克思研究政治经济学的活动表明：马克思对政治经济学的研究有一个由不太科学到比较科学、由比较科学到科学的过程。深入地研究这个发展过程可以使我们对马克思每一时期的经济著作以及它们相互之间的联系有一个正确的认识，而这应该是我们科学地运用马克思的经济学说的基础。

［引导讨论题］

(1) 在创作过程中，马克思是如何最终建立劳动价值理论和剩余价值理论的？

(2) 结合课程知识，了解阻碍马克思撰写政治经济学专著的因素有哪些，由此分析当时的社会环境、学术风气。

案例三

［案例名称］　马克思主义在日本的早期传播及对中国之影响

［案例适用］　马克思主义思想在日本的影响与传播以及传入中国的过程

［案例来源］　张妍．中国社会科学院日本研究所（ijs. cass. cn）学术交流，2017 年第 4 期，2018-03-02.

引　言

明治维新使日本脱亚入欧，走上资本主义道路，日本国内逐渐掀起大规模学习和传播西学的高潮。而在 19 世纪末，马克思主义被一部分知识分子引入日本，社会主义运动也悄然兴起。同期，马克思主义被留日学生和旅日华人带入中国，日本成为五四运动前向中国输出马克思主义的主渠道。可以说，这是一场以日本早期传播的马克思主义为思想基础，以中日之间一衣带水的文化相似性为传播纽带，以留日学生和旅日资产阶级志士为传播主体的思想迁移运动。

一、马克思主义在日本早期传播的主要特点

其一，最初引入社会主义概念时，多出于批判的目的，传播的社会主义思想也主要源自欧美，而非德国。因此，马克思主义立场下的科学社会主义并未第一时间进入日本，而是其他的社会主义思想占了上风。

为了维护天皇政府统治的权威性，官学派学者最初引入共产主义和社会主义概念，是为了说明社会主义制度对于社会稳定的极大危害性。而为了在日本宣传基督教，欧美的传教士也借助社会主义这一充满新鲜感的外壳，来宣扬基督教的教化意义。

受此影响，日本早期的社会主义者从基督教义仁爱、平和、善美的立场出发，将社会主义思想与人道主义、民主主义、平等、自由等思想混为一谈，以至于他们在之后接触马克思主义的科学社会主义思想时，对其中的阶级斗争、无产阶级专政思想产生了一定的抵触心理。这也使得他们在领导社会主义运动时，在斗争手段、革命目标等方面都存在着软弱性。

其二，马克思主义在日本早期传播的主要是科学社会主义思想，但日本的社会主义者对于科学社会主义的理解有一定的混同和偏差。

20世纪初，日本形成了早期社会主义思潮，马克思主义的科学社会主义也得到了传播。此时，日本学界对马克思主义的理解，还未上升到马克思主义经济学和马克思主义哲学的高度。之所以首选科学社会主义，一来是符合日本社会主义者反抗天皇政府的革命需要，是社会主义运动发展的结果；二来与马克思主义经济学和马克思主义哲学相比，科学社会主义的内涵相对容易理解。而且，日本的社会主义者在把握科学社会主义的实质方面仍显欠缺，时常会出现将科学社会主义、国家社会主义、无政府主义混同的错误。

其三，日本早期的社会主义运动并没有得到马克思主义理论的统一指导，当时日本学界对马克思主义的理解主要停留在“学理”阶段而非实践阶段。20世纪初，以幸德秋水的《社会主义神髓》、片山潜的《我的社会主义》、森近运平与堺利彦合著的《社会主义纲要》为代表，反映了日本马克思主义的研究达到了一定的理论水平。但与理论高度相比，马克思主义在日本的实践不尽人意。中日甲午战争后，日本的社会主义运动在与天皇制的权力对抗中逐渐兴起，但此时的社会主义运动尚未得到马克思主义理论的统一指导。日本早期的社会主义者没有认识到无产阶级在革命中的主体作用，使得工人运动停留在改善劳动条件的层面，没有深入下去。

二、马克思主义首先经由日本进入中国的原因

鸦片战争后，闭关已久的中国被迫向西方列强打开大门，自给自足的小农经济受到商品经济的冲击。与此同时，精神领域也受到影响，马克思主义在西学东渐的背景下传入中国。为何中国会首选从日本吸收马克思主义呢？首先确定的一点是，日本作为亚洲第一个引入马克思主义并进行传播的国家，20世纪初，曾出现第一个马克思主义传播的高潮，这对于与日本一水之隔的中国而言，是首选的理论来源国。除此之外，还有以下几点原因：

(1) 直接从欧美语言中吸收新词汇较为困难；

(2) 日本在文化尤其是语言方面具有优势；

(3) 日本留学环境宽松优厚，为留日学生传播马克思主义创造了外在条件；

(4) 中国早期资产阶级将日本作为庇护和成长之地。

三、从日本向中国传播马克思主义的主体

(1) 留日学生是从日本引进马克思主义的主要力量；

(2) 旅日资产阶级志士是马克思主义从日本传入中国的重要推动力。

四、马克思主义在日本的早期传播对中国的双重影响

前文阐述了马克思主义在日本早期传播的特点。在马克思主义从日本语境进入

中国的过程中，这些特点也留下了深刻的烙印，对马克思主义的中国化产生了双重影响。因此，日本作为早期的马克思主义输出国，对中国的马克思主义传播有着深远的积极影响，也有着不容忽视的消极影响。

1. 积极影响

其一，为马克思主义在中国的传播提供了最初的文本来源。由于日语的语言优势，日文原著中文译本的出版量持续增多。1903 年是马克思主义传入中国的重要一年，当年，日本三部篇幅较长的社会主义著作——《近世社会主义》《社会主义》《社会党》的中文译本由广智书局出版。此后，马克思主义由日本向中国的传播逐渐规模化。毫不夸张地说，在五四运动前，中国对马克思主义的了解几乎全部来自日文文献。

其二，直接影响了中国马克思主义的话语体系。日本在吸收西方新事物和新思想时，利用汉字制造了相当数量的新词。这使得中国翻译日文著作时，能够轻易地吸收相当数量的日文术语，马克思主义术语也不例外，根据德国学者李博的统计，中国从日本直接借用的马克思主义术语有“资本主义”“社会主义”等 35 个，经过修改而借用的有“独占”“支配”“民众”等 9 个，仅有“买办阶级”一词是未受日本影响而产生的。

其三，为马克思主义在中国的广泛传播准备了思想条件。日文马克思主义著作在中国的出版、翻译，产生了印刷媒体的社会主义热潮。不久，这一热潮从理论层面扩展到实践层面。1911 年 11 月中国社会党成立，各地组建近 500 个支部，成员号称 50 多万。虽然后来中国社会党被袁世凯政府镇压，但凸显了中国的社会主义已由文字宣传演变成了具有一定规模的社会运动，社会主义思想正逐渐在规模化传播的道路上前进。这为之后中国接受苏俄语境下的马克思主义并进行广泛传播准备了思想条件。

其四，为中国共产党的创建提供了组织储备。十月革命前，留日学生对马克思主义的介绍，是在国家危亡的国情和个人兴趣推动下的自发尝试，并没有形成马克思主义规模化的传播。但他们的介绍却引起中国思想界的巨大变化，成为“中国社会主义的黎明期”，即使在十月革命后，苏俄语境下的马克思主义成为传播的主流，日本的影响依然不容忽视，中国共产党的创建者，如李大钊、陈独秀、李汉俊、李达、陈望道等共产主义知识分子，都曾是留日学生，他们都是在日本最早接触到马克思主义的。

2. 消极影响

其一，中国早期先进的知识分子学习引进的并非原生态的马克思主义，而是日本语境的“学理马克思主义”，理论重于实践。马克思主义初期传播的基本队伍主要由留日学生及旅日华人组成，他们受当时的认知水平和主观需要所限，并非所有的马克思主义日译本都能翻译成中文。而且，日本学者研究马克思主义的著作与马克思主义日译本存在时间差，往往前者早于后者（如福井准造早在 1899 年的《近世社会主义》第二编第一章中就介绍了《资本论》，但直到1909年，《资本论》的开头部分才由安部矶雄译为日文），导致中国知识界对马克思主义学说的了解，主要依据日本学者的研究成果，翻译出来的大多是日本学者的二手著作，话语、解读方式几乎全部是日式的。加之当时留日学生大多为官费生，生活宽裕，也较少受到组织上和思想上的束缚，因而较多地从理论而非实践上接受马克思主义。

其二，日本早期传播的马克思主义并不纯粹，其日式解读的局限性深刻影响了中国的传播者对马克思主义的理解。外籍人士将共产主义和社会主义思想引入日本时，其初衷是宣传基督教。日本早期传播的马克思主义是在与改良主义、无政府主义、空想社会主义、基督教社会主义等思想的对立和竞争中发展起来的。甚至到1922年日本社会党成立之时，这种对立和竞争依然存在。

其三，与十月革命后自苏联传入的马克思主义相比，早期从日本传入的马克思主义缺乏成熟的政党理论，更缺乏成功的社会主义运动实践。因而当时中国能从日本汲取的有关社会主义运动的斗争经验极其有限。日本早期的社会主义运动是精英式的尝试，领导权掌握在少数知识分子手中，斗争方式多采取建党、集会、演说、罢工等形式，将暴力革命排除在外。群众基础薄弱，虽有工人阶级参与，但由于缺乏马克思主义的正确领导，没有形成有组织的工人运动。与马克思、恩格斯重视工人阶级的力量不同，在日本早期的社会主义者心中，社会主义的主要宣传和实践者是空泛的“志士仁人”，没有意识到工人阶级是可依靠的独立的政治力量。作为运动领导的知识分子，由于资产阶级自身的软弱性，虽然试图发动工人阶级反抗政府的压迫，却在内心深处幻想达成与政府和平共处，并没有形成自觉的民主主义意识。

[案例评析]

相比十月革命后马克思主义从苏联大规模传入中国，在此之前中国从日本吸收马克思主义的方式主要停留在知识分子的个人尝试。与强调阶级斗争的苏联马克思主义相比，日本马克思主义受东方儒学思想的影响，其对马克思主义的解读更具有伦理和博爱的理学色彩，这种日式解读范式更容易被当时的中国知识分子所接受，也深刻影响了他们对马克思主义的理解。通过日本这一渠道，为马克思主义中国化准备了文本前提、思想条件和主体储备，其影响可谓深远。

[引导讨论题]

(1) 为什么在宣扬明治维新的资本主义时代，日本的知识分子还是选择引入社会主义思想？

(2) 结合课程知识与案例内容，分析与概括来自日本并且日本化的社会主义思想是如何传入中国的，以及日本化社会主义思想对于我国早期社会主义事业的影响。

第一章　商　品

第一部分　本章内容导读

第一节　商品及其内在矛盾

一、商品二因素

对商品的分析在马克思主义政治经济学中占重要地位。马克思在《资本论》第一版序言中说："对资产阶级社会说来，劳动产品的商品形式，或者商品的价值形式，就是经济的细胞形式。在浅薄的人看来，分析这种形式好像是斤斤于一些琐事。这的确是琐事，但这是显微解剖学所要做的那种琐事。"

商品是马克思主义政治经济学理论体系的出发点。马克思指出："资本主义生产方式占统治地位的社会的财富，表现为'庞大的商品堆积'，单个的商品表现为这种财富的元素形式。"

商品是用来交换的劳动产品，包含使用价值和价值两个要素。商品的使用价值，就是商品体本身。这是由它的自然属性决定的，即满足人的某种需要。使用价值不随社会生产关系的变化而变化。两种使用价值相交换时，形成交换价值。交换价值是一种使用价值与另一种使用价值相交换的数量关系或比例。

价值是商品中的无差别的一般人类劳动凝结。价值是一个客观的范畴。价值是一个抽象的概念。马克思主义政治经济学的"价值"，与哲学或日常生活中所说的"价值"完全不同。"价值"作为无差别的一般人类劳动，不能由"效用"来决定，也不会由供求来决定。

二、生产商品的劳动二重性

商品具有使用价值和价值的二重属性，可以由生产商品的劳动二重性来说明。一方面，生产商品的劳动是一定的具体形式的劳动，称为具体劳动。具体劳动创造商品的使用价值。另一方面，生产商品的劳动也是无差别的一般人类劳动，称为抽象劳动。抽象劳动形成商品的价值。

抽象劳动的特点：抽象劳动是无差别的劳动；抽象劳动是同质劳动，都是人类劳动在生理学意义上的耗费，即纯粹意义上的体力和脑力付出；抽象劳动是形成商品价值的唯一源泉;抽象劳动的同质性和可量化性,使商品价值的等量交换成为可能。

具体劳动和抽象劳动之间的关系:①具体劳动是人类社会生存和发展永恒的条件,它是劳动的自然属性。抽象劳动则体现劳动的社会属性,服从于商品交换的需要。②两者不是两次劳动,也不是相互独立的两种劳动。③两者是同一次劳动,是生产商品的同一劳动的两个方面,在时间上和空间上是统一的。④二者间有差别、有矛盾。不同的具体劳动具有不同的有用性和具体形式,性质上各不相同;抽象劳动则是同一的,性质上没有差别。马克思指出:“商品中包含的劳动的这种二重性,是首先由我批判地证明的。这一点是理解政治经济学的枢纽。”

三、私人劳动和社会劳动

私人劳动和社会劳动的矛盾是商品经济的基本矛盾。生产资料的私人占有和使用,以及相应的劳动产品的占有与分配,决定了劳动的私人性质。社会分工和商品交换,则决定了劳动的社会性质。

私人劳动转化为社会劳动的条件:①私人劳动作为一定的有用劳动,满足一定的社会需要,成为社会总劳动的一部分。②有用的私人劳动可以同任何其他私人劳动相交换,并且奉行等量劳动相交换的原则。

在商品经济条件下,商品生产者的劳动是私人劳动和社会劳动的对立统一。私人劳动要转化为社会劳动必须经过流通、消费过程来实现。商品的流通、消费过程,一方面是生产中形成的使用价值的流通、消费过程;另一方面是生产中形成的价值在流通、消费中实现的过程。

四、商品的拜物教性质

商品的拜物教性质:商品和商品之间的物与物的关系,成为支配商品生产者命运的关系,成为物对人的统治关系。商品生产者对作为商品的物产生了一种像对神一样的虚幻的崇拜。商品所具有的把人们之间的社会关系虚幻为物与物的关系的性质,就是商品的拜物教性质。

商品拜物教之谜的根源:商品的拜物教性质,不是来源于商品的使用价值,也不是来源于形成商品价值的抽象劳动,而是来源于私人劳动和社会劳动之间的分离。

马克思指出:“这只是人们自己的一定的社会关系,但它在人们面前采取了物与物的关系的虚幻形式。因此,要找一个比喻,我们就得逃到宗教世界的幻境中去。在那里,人脑的产物表现为赋有生命的、彼此发生关系并同人发生关系的独立存在的东西。”

第二节 商品价值量

一、社会必要劳动时间决定商品价值量

抽象劳动的量是用劳动的持续时间,即劳动时间来计量的。对抽象劳动进行计量的困难在于,生产的主客观条件存在差异。因此,针对不同的个别劳动时间的计量标准需要客观、统一。

社会必要劳动时间是衡量商品价值量的标准。

社会必要劳动时间:在现有的社会正常的生产条件下,在社会平均的劳动熟练程度和劳动强度下,制造某种使用价值所需要的劳动时间。

第一种含义的社会必要劳动时间(T1)包含三个基本要素:

① 社会正常的生产条件,即一定时期在某一生产部门中大多数生产者的生产条件,主要是生产资料的现有状况。

② 平均的劳动熟练程度,即大多数生产者所具有的劳动熟练程度。

③ 平均劳动强度,即大多数生产者所具有的劳动强度。

第二种含义的社会必要劳动时间(T2):由社会生产和生活的需要本身最终决定,并由有支付能力的市场需求直接决定的应该或必须投入到各类产品生产上的劳动量,决定商品价值,即商品价值由当时社会平均生产条件下生产市场上这种商品的社会必需总量所必要的劳动时间决定。

三种情况:实际生产量=市场需求量,则 T1=T2,商品价值完全通过交换实现;实际生产量<市场需求量,则 T2>T1,生产者在交换中居于优势;实际生产量>市场需求量,则 T1>T2,商品部分价值不能实现。

T1 和 T2 两者之间并不矛盾。第一种含义的社会必要劳动时间决定商品的价值量;第二种含义的社会必要劳动时间则决定由第一种含义所决定的商品价值量的实现程度。

二、简单劳动和复杂劳动

简单劳动是指不经过专门训练和学习就能胜任的劳动。复杂劳动是指需要经过专门训练和学习,具有一定技术专长才能胜任的劳动。

社会必要劳动时间的决定,有一个平均和还原的过程。以简单劳动作为复杂劳动的计量单位,则复杂程度不同的劳动所生产的不同种类商品的价值量,需要通过各种劳动转化为简单劳动的不同比例来实现。

复杂劳动转化为简单劳动的比例,是由社会过程决定的,在反复的市场交换实践中自发形成。简单劳动与复杂劳动的区别主要是由社会分工和科技水平及其在生产中的应用程度决定的,是因时、因地而变化的,因而它们的衡量标准是相对的。

三、劳动生产率和价值量

价值量的决定和劳动生产率密切相关。劳动生产率是指劳动者生产某种产品的劳动效率，可以由单位劳动时间内生产的产品数量来表示，也可以由生产单位产品所耗费的劳动时间来表示。用公式表示为：产品量/劳动时间，数值越大，劳动生产率越高；或者，劳动时间/产品量，数值越小，劳动生产率越高。

劳动生产率的决定因素：劳动者的平均熟练程度，科技水平及其在生产中的应用程度，生产过程的社会结合（分工协作、劳动组织、生产管理）形式，劳动对象的状况（数量、质量和效能），自然条件（包括对自然资源和自然力的利用）等。

劳动生产率和单位商品价值的关系：劳动生产率同商品的使用价值量成正比，同单位商品的价值量成反比。劳动生产率↑→单位劳动时间内生产的商品数量↑→创造的使用价值↑→单位商品价值量↓。

劳动生产率对企业竞争的影响：个别劳动生产率提高↑→单位商品价值量↓，社会平均生产条件等不变→社会必要劳动时间不变→单位商品的社会价值不变，因此，个别价值＜社会价值（企业在价格竞争中胜出）。

第三节　对劳动价值论认识的深化

一、当代劳动形式的新变化

当代劳动具体形式的新变化，主要体现在：脑力劳动所占比例上升、体力劳动所占比例下降；非物质生产领域的劳动的重要性日趋上升；参与价值创造的劳动的范围被拓宽，价值实现领域的劳动融入商品价值生产过程。

二、对劳动和劳动价值论的新认识

劳动具体形式的新变化主要体现在三个方面：科技劳动和管理劳动在价值创造中的作用日益突出；部分服务劳动和精神劳动参与价值创造过程；劳动价值论适用范围的拓展增强了其解释力。

三、几种与劳动价值论对立的观点

与劳动价值论对立的观点主要有以下四种：

一是“生产费用论”。“生产费用论”亦称“生产费用价值论”，源于古典经济学家亚当·斯密的劳动价值论。斯密将工资、利润、地租三种收入，即商品的生产费用作为价值的构成，模糊化了价值来源问题。“生产费用论”将商品价值归因于生产费用，但其无法解释生产费用的价值决定问题，实际上是一种循环论证。

二是“要素价值论”。要素价值论是从古典学派理论中衍生出来的观点。该观点的代表人物萨伊、马尔萨斯等推崇“三位一体”公式,认为商品价值由劳动、资本和土地等三“要素”所提供的“生产性服务”共同创造。继这一理论之后,更有人将“企业家”等也作为单独的生产要素,视作价值的来源。要素价值论将商品价值来源归因于所有生产要素的投入,混淆了物化劳动和活劳动、要素本身和要素所有权的界限。

三是“自动化生产创造价值论”。自动化生产创造价值论是从机器提高劳动生产率的角度着眼认识价值来源的,自动化生产能够在单位时间内创造出更多的使用价值,但价值量并没有增加。该理论将信息技术和自动化生产下的商品价值创造归因于机器自动化(如果这一理由成立,蒸汽机也是价值创造主体了),而没有看到自动化生产创造出来的价值,在实体上仍然是凝结在科技产品中的科技劳动者的抽象劳动。

四是“知识价值论”。知识价值论从脑力劳动、科技劳动的特点出发认识价值的来源,该理论试图解释现代社会中复杂劳动在价值构成中的作用。知识价值论将知识作为信息社会中价值增殖的主要来源,忽视了知识本身并不能直接创造新价值。科学知识虽然是劳动的结晶,但潜在于人脑中,只能通过人类的活劳动(尤其是脑力劳动)才能表现出来,才能创造出新价值。

第二部分　案　例

案例一

[案例名称]　钻石与水的悖论

[案例适用]　使用价值与价值

[案例来源]　姜姝,席敏.钻石和水的价值悖论:一个合乎逻辑的叙述[J].南京财经大学学报,2013(06):19-24.

亚当·斯密在《国富论》中指出:没什么东西比水更有用;能用它交换的货物却非常有限;很少的东西就可以换到水。相反,钻石没有什么用处,但可以用它换来大量的货品。

一、价值具有的两种不同意思——使用价值和交换价值

众所周知,钻石对于人类维持生存没有任何价值(使用价值),然而其市场价值(价格)却非常高。相反,水是人类生存的必需品,其市场价值(交换价值)却非常低。这种强烈的反差就构成了这个悖论。为什么会有这样的现象呢?若不考虑市场上的其他因素,沙漠地区的水比钻石贵,或者是需求面的因素。就供给面来说,水的数量非常大,且几乎随处可见(如果不考虑荒漠干旱地区,地球上几乎处处都有水,包含大气层中的水汽);而钻石呢,是蕴藏在地表底下,且必须经过时间与适当的条件才能产生(如果不考虑人工钻石而单纯考虑自然钻石),供给非常少,因此水供给大,而钻石

供给少,故会产生这样的现象。

亚当·斯密通过阐明价值有两种不同的意思来解释这个悖论:应当注意,价值一词有两个不同的意义。它有时表示特定物品的效用,有时又表示由于占有某物而取得的对他种货物的购买力。前者可叫作使用价值,后者可叫作交换价值。使用价值很大的东西,往往具有极小的交换价值,甚或没有;反之,交换价值很大的东西,往往具有极小的使用价值,甚或没有。例如,水的用途最大,但我们不能以水购买任何物品,也不会拿任何物品与水交换;反之,钻石虽几乎无使用价值可言,但须有大量其他货物才能与之交换。

二、钻石与水悖论的解答——边际主义

杰文斯等边际主义学者认为,价值一词实际上常常反映的是对于某一物品的欲望强度或估价,基本等同于商品的最后效用程度。水的总效用虽然很大,但如此丰饶,其边际效用极小;钻石的总效用虽然很小,但如此稀少,其边际效用极大。因此,水的价值极小而钻石的价值极大。

[引导讨论题]

钻石和水具有的价值有什么差异?

案例二

[案例名称] 人工智能时代的劳动价值论

[案例适用] 劳动价值论

[案例来源] 刘伟兵.过时还是证明:人工智能时代的马克思劳动价值论[J].毛泽东邓小平理论研究,2020(06):62-67,109.

马克思的劳动价值理论认为价值源于人的劳动,劳动创造了商品的价值;价值的本质是凝结在商品中的人类一般劳动。劳动是人的本质,劳动不仅创造了人,也创造了人类文明,进而对象化、物质化在商品中的人类劳动是价值的来源和本体,是劳动而不是其他因素唯一决定并形成商品价值。商品的价值由社会必要劳动时间决定。劳动形成的价值是在商品交换中表现出来,经过商品交换而得到实现的;价值体现了人与人之间基于劳动的分工、交换、协作的经济关系,都是对商品生产、商品交换和市场经济发展最一般规律的揭示。那么,在人工智能时代,当机器取代人力劳动时,这一理论是否能适用?机器生产是否能够创造价值?

[引导讨论题]

(1) 智能机器的劳动能否创造价值?

(2) 人工智能的快速发展,尤其是当智能机器生产不仅能够代替人们的体力劳动,甚至能够取代部分脑力劳动时,智能机器的智能劳动是“死劳动”,还是已经变成能够创造价值的“活劳动”?

第三部分　计算题

去年,1 斤大米的单位价值为 1 元。考虑如下两个场景:

场景 1:今年,由于新技术的运用,大米的社会劳动生产率得到了提升,大米的单位商品价值量下降到 1 斤 0.8 元。

场景 2:今年,由于生产大米的企业 A 率先使用新技术(但全社会还没有推广使用),其个别劳动生产率得到了提升,大米的单位商品价值量下降到 0.8 元。

据此回答以下问题:

(1) 对场景 1,与去年相比,今年大米的社会劳动生产率增加了多少?

(2) 对场景 2,与去年相比,今年企业 A 生产大米的个别劳动生产率增加了多少?大米的社会劳动生产率增加了多少?

(3) 这道题证明了马克思的哪一个原理?

解:

(1) 根据劳动生产率计算公式:劳动生产率＝1/单位商品价值量,因为去年劳动生产率＝1/1＝1,今年劳动生产率＝1/单位商品价值量＝1/0.8＝125％,所以今年劳动生产力的增加量＝125％－1＝25％。

(2) 计算方法与(1)同,企业 A 的个别劳动生产率增加 25％,但社会劳动生产率不变。

(3) 劳动生产率与价值量成反比。

第二章　货　币

第一部分　本章内容导读

第一节　货币的本质和职能

一、货币的起源和本质

货币是人类社会生产发展到一定阶段的产物。货币作为交换价值的最后形式，是商品以及交换价值本身不断发展的结果。商品的价值形式经历了以下几个阶段或几种形式：

(1) 简单的、个别的或偶然的价值形式，即一种商品的价值简单地、偶然地表现在与它相交换的另一种商品上。一切价值形式的秘密都隐藏在这个简单的价值形式中，它包含了一切价值形式的本质规定。相对价值形式是指处在相对价值形式上的商品的价值，相对地表现在处于等价形式上的商品的使用价值上。等价形式就是某种商品充当价值的代表，能够与另一种商品直接相交换的形式，这样的商品叫作等价物，也称为价值镜。

处于相对价值形式上的商品的价值量相对地表现在处于等价形式上的商品的使用价值量上。商品的相对价值量取决于相交换的两种商品的社会必要劳动量之间的比例关系(等量劳动)。相对价值形式价值量的变化取决于等式两边商品价值量的变化。等价形式具有三个特征：使用价值成为价值的表现形式，具体劳动成为抽象劳动的表现形式，私人劳动成为直接形式的社会劳动。

(2) 总和的或扩大的价值形式，即指一种商品与一系列商品相交换的形式。在扩大的价值形式上，一种商品的价值已经不是偶然地表现在另一种商品上，而是经常地表现在一系列商品上。在总和的或扩大的价值形式上，绵羊的价值已比较充分地表现为无差别的人类劳动，它已经不是偶然地同某一种具体劳动所创造的商品相等，而是和各种具体劳动所创造的商品相等。商品的价值量能更为正确地反映出来，但仍然存在着缺陷。从相对价值形式方面看，商品的价值表现是一个无穷的系列，还没有一个统一的表现；从等价形式方面看，没有形成一个大家公认的统一等价物，商品交换仍然是物物交换。这些缺陷使交换经常发生困难。

(3) 一般价值形式，即交换中所有商品的价值都由一种公认为一般等价物的商品来表现。一般价值形式的出现,反映了价值形式发生了质的飞跃。一般价值形式的出现,不是简单的等式位移,而是价值形式发生了质的飞跃。商品的交换已由物物直接交换变为以一般等价物为媒介的间接交换。商品生产者只要把自己的产品换成一般等价物,他的劳动就获得了社会承认,就可以用它来换取自己所需要的任何商品。担当一般等价物的商品已经开始起着货币的作用。不足是一般等价物还没有固定在某一种商品上。

(4) 货币形式,当金和银固定的起着一般等价物的作用时,这种价值形式就是货币形式。货币形式替代一般价值形式并没有发生本质的变化,唯一的区别在于,在货币形式中,一般等价物已经固定在黄金或白银等贵金属商品上。黄金或白银之所以能够成为货币,首先是因为它们本身是具有价值的商品,而不是因为它们天然就是货币。马克思指出:"金银天然不是货币,但货币天然是金银。"同时,从上述分析可以看出,黄金或白银成为货币,完全是商品生产和商品交换发展到一定阶段的自然结果,而不是人类的发明或者协商的产物。

货币的出现克服了物物交换中存在的困难,推动了商品交换的发展,使得商品世界分裂为对立的两极:一极是表示各种特殊使用价值的商品;另一极是表示商品价值的货币。商品内在的使用价值和价值之间的矛盾,具体劳动和抽象劳动之间的矛盾,以及私人劳动和社会劳动之间的矛盾,外化为商品和货币的对立。

商品交换过程中,由于所有的商品必须把自己的价值表现在货币商品上,这样,货币商品成为社会劳动的化身,具有与所有商品相交换的能力,成为社会财富的一般代表。价值形式的发展和货币产生的过程表明,货币作为商品交换过程中从商品世界中游离出来固定地充当一般等价物的特殊商品,体现了商品生产者之间的社会生产关系。这就是货币的本质。

二、货币的职能

(一) 价值尺度

从货币的起源和产生过程可以看出,货币的第一个职能就是价值尺度,即货币作为表现、衡量、计算商品价值大小的尺度。

价值尺度的职能是通过价格标准来实现的。为了能够衡量和计量各种商品的价值量,也为了交换方便,必须确定货币本身的计量单位,即在技术上把某一标准固定下来作为货币单位,并把这一单位再划分为若干等分。这种货币本身的计量单位及其等分,通常称为价格标准。

商品价格作为商品价值的货币表现,其变化反映商品和货币两个方面价值的变化。因而,商品价格的高低,既取决于商品价值的变动,又取决于货币价值的变动。

在现实中,商品的价格与价值有可能发生背离,这反映了价格形式本身包含的矛盾。首先,在商品价值量不变而货币价值量发生变化时,可能导致商品的价格偏离价值。其次,市场供求关系变化会导致价格偏离价值。最后,价格与价值在质上也可能偏离，即“价格可以完全不是价值的表现”“没有价值的东西在形式上可以具有价格”。

（二）流通手段

流通手段是指货币充当商品交换媒介的职能。商品交换以货币为媒介，使商品与商品的直接物物交换，发展为商品流通。商品流通就是以货币为媒介的商品交换。用公式表示就是：W—G—W（商品—货币—商品）。商品流通打破了直接的物物交换中时间和空间上的限制，推动了商品经济的发展。

买和卖的分离，在推动商品生产发展的同时，也加深了商品生产的内在矛盾。货币出现以后，物物交换发展为商品流通，买和卖在时间上和空间上分离为两个不同的阶段或环节。在商品流通中，对于商品所有者来说，商品的出卖，即 W—G 的实现具有决定性的意义，马克思称之为“惊险的跳跃”。时空分离导致买卖脱节，隐含了发生危机的可能性。

（三）贮藏手段

贮藏手段是指货币退出流通领域，当作独立的价值和社会财富的一般代表而保存起来的职能。

人们之所以贮藏货币，是因为货币作为一般等价物而成为社会财富的一般代表。作为贮藏手段的货币与作为价值尺度和流通手段的货币是不同的。货币贮藏是货币流通的“蓄水池”。

（四）支付手段

支付手段是指货币用来清偿债务或支付赋税、租金、利息、工资等的职能。

货币的支付手段职能最初是由商品的赊购赊销引起的。支付手段的双重作用：一方面促进商品经济的发展，另一方面又扩大商品经济的内在矛盾。

（五）世界货币

世界货币是指货币在世界市场上充当一般等价物的职能。

在国际贸易中，世界货币首先执行价值尺度的职能。货币在国际市场上的其他具体职能有：作为国际支付手段，用来平衡国际贸易差额；作为购买手段，用来购进国外的商品和劳务；作为财富的一般代表，在国与国之间转移。

价值尺度和流通手段是货币的基本职能。

第二节 货币的形式

一、货币形式的演化

（一）金属货币

货币的形式经历了由金属货币向纸币、再向信用货币演化的过程。金属货币，即贵金属（黄金或白银）货币，它是货币的最初形式，有铸币、辅币等。

（二）纸币和信用货币

纸币是指由国家发行并依靠国家权力强制发挥货币职能的纸制货币。纸币在执行流通手段和支付手段职能时，起着价值符号的作用。只要其能在商品交换中被人们普遍接受，这种货币就能流通和用于支付。

信用货币是指能够代替金属货币充当支付手段和流通手段的信用证券。信用货币主要包括银行券、支票存款、电子货币等形式。在电子信息技术迅速发展、金融创新不断深化的当代，进一步出现了电子货币。

二、货币层次

面对不断扩大的货币范围，国家需要把货币划分为不同的货币层次，以对货币供应量进行分层次的调控。货币层次的划分有多种做法，但大都以流动性的大小为依据，即以某种资产转换为现金或支票存款的能力作为标准。

M0：现金，本币流通中现金；

M1：狭义货币，M0＋可转让本币存款和在国内可直接支付的外币存款；

M2：狭义货币和准货币，M1＋一定期限内（三个月到一年之间）的单位定期存款和储蓄存款＋外汇存款＋大额可转让定期存单；

M3：广义货币，M2＋外汇定期存款＋商业票据＋互助金存款＋旅行支票。

中国目前的货币供应量分为三个层次：

M0：流通中现金；

狭义货币 M1：M0＋能开支票进行支付的单位活期存款；

广义货币 M2：M1＋准货币（居民储蓄存款＋单位定期存款＋信托存款、委托存款、财政预算外存款、证券公司客户保证金等其他存款）。

第三节　货币流通量及其规律

一、货币流通量

（一）货币流通

货币流通是指货币不断地作为流通手段和支付手段在买者和卖者之间运动。货币在执行流通手段职能时，流通中的货币需要量不是任意规定的，而是具有规律性的。货币流通以商品流通为基础，并且服务于商品流通。货币流通规律，即货币流通同商品流通相适应的规律。其基本要求是，流通中的货币量必须满足商品流通的需要，因此也称作货币流通量规律。

（二）货币流通量规律

货币流通量规律可以用公式表示为：

一定时期内流通中需要的货币量＝流通中商品价格总额/同一货币单位的平均流通速度(次数)。

执行支付手段的货币也会影响货币流通量。一方面,用于清偿债务、支付工资以及交纳税款的货币会增加流通中的货币量。另一方面,随着信用制度的发展,商品买卖采取了赊账的形式,在一定时期内并不需要现实的货币;各当事人之间的债权、债务还可以相互抵消,这同样减少了流通中所必需的实际货币量。

一定时期内流通中需要的货币量＝(流通中商品的价格总额－赊售商品价格总额＋到期支付总额－互相抵消的支付总额)/ 同一货币单位的平均流通速度(次数)。

二、纸币和信用货币流通量

纸币流通规律是以金属货币流通规律为基础的。纸币只是价值符号,是代表金属货币执行流通手段职能的,所以,“纸币流通的特殊规律只能从纸币是金的代表这种关系中产生。这一规律简单说来就是:纸币的发行限于它象征地代表的金(或银)的实际流通的数量”。不管纸币发行多少,流通纸币总量必须同它所代表的金属货币流通量相等。

单位纸币所能代表的金属货币量＝流通中所必需的金属货币量/流通中的纸币总额。

信用货币流通规律与纸币流通规律相同。信用货币的流通量只限于它象征性地代表的流通中货币的需要量。信用货币的投放必须以货币流通量规律为基础。

三、通货膨胀和通货紧缩

所谓通货膨胀,就是指由于货币发行量超过流通中实际需要的货币量而引起的物价总水平持续上涨的经济现象。所谓通货紧缩,就是指一般物价水平持续下降的经济现象。通货膨胀和通货紧缩都是与货币相关的经济现象。

严重的通货膨胀和通货紧缩对经济运行的危害很大,有可能引起经济和社会的动荡。因此,在纸币流通和信用货币流通条件下,必须以货币流通量规律为基础,根据流通中商品数量、商品价格水平、货币流通速度所决定的货币需要量进行投放,防止通货膨胀和通货紧缩,以保证经济的顺利运行。

第二部分　案　例

案例一

［案例名称］　中国货币发展史

［案例适用］　社会经济要求与货币演进

［案例来源］　刘芮瑄,王娣. 中国古代货币演变简述[J]. 科教文汇,

2020(4):169-170.

在人类漫长的历史发展进程中，货币是随着人类交换和商品流通而自发产生的。中国是一个文明古国，人类活动和经济起源较早，货币产生的也比较早。中国的货币有着悠久的历史和独特的传统，具有典型的东方货币文化特征。我国各个朝代都采用了丰富的货币政策手段，不同历史时期的货币是我国社会历史发展的有力见证，同时也反映了政治、经济、军事及铸造水平等对各历史时期货币的影响。

在中国历史上，海贝最早取得实物货币的地位。青铜是一种称量货币，称量货币实际上也是一种实物货币。中国古代货币的主要形态是铜钱，铜钱的流通贯穿着中国古代，中国古代全国统一的铜钱流通货币制度发展了两千多年。中国古代也曾流通过纸币，宋、金、元、明、清等朝代延续了四百多年的纸币流通制度。中国是世界上最早使用纸币的国家，北宋仁宗天圣元年，政府发行了官交子，这是中国政府发行纸币的开始。此后，金、元、明、清历朝都发行过纸币，特别是元、明两朝发行的纸币，成为当时全国主要的流通手段。

［引导讨论题］

(1) 货币所用的铸造材料是如何体现“货币与商品经济的矛盾”的？

(2) 社会经济发展与货币之间的关系是怎样的？

［案例评析］

中国古代货币的发展大致可以分为三个阶段：

第一阶段是早期的物物交易阶段和贝币阶段，这一时期或是没有货币但有货币的观念，或是货币仅为自然获得而非人为控制的；第二阶段是铸币阶段，从陶、铜、铁到金和银，铸币阶段在中华文化五千年的历史里占了绝大部分的时期；第三阶段是从北宋末年开始的纸币时代，它方便携带，迅速流行开来，时至今日仍占货币形式的主导地位。具体来说，自商代开始出现贝币后，货币变得极为普及，这引领的正是一、二阶段的过渡；而秦始皇推半两，汉武帝铸五铢，这使得第二阶段达到顶峰；交子的出现是二、三阶段过渡的开始，这一过渡极为漫长，时至今日硬币仍在社会中流通；而第三阶段的顶峰正是当下，随着印制技术的不断发展，纸币变得越来越普及。而正是技术使得这些过渡成为现实。钱币的铸造史、印制史在一定程度上反映出了当时的技术水平、文化程度和社会发展水平。这背后不仅是技术的发展史，更是文化的前进脉络。

神话时代，文明尚未开化。生产力低下的氏族部落中人们最多的还是以物易物。迫于技术限制，这时的人们处在一种自给自足的状态中。随着部落人口不断增加，游牧民族变为原始农业社会，人口继续快速增长。生活习性从游牧转为农耕，同时意味着人们拥有财富的增加，这使得大范围的交易成为可能。随之而来的便是贝币。起初的贝币也只是从大自然中获得，充当一般等价物而已，目的主要还是规定计数和方便交易，本质上的技术没有明显改进。

商代中期的贝币供不应求，此时铸造青铜器的技术便被应用到钱币铸造上来，这是钱币铸造史的开端。这时的铸造还是人工模具铸造，将融化的铜水注入模具冷却后形成钱币。春秋战国时期的四种主要钱币也均用这样的方法铸成，区别可能只在于制作模具的材料由石器变为瓷器。但最能反映铸币技术提升的还是钱币的样式和形状。与早期形状不一的贝币相比，与其说刀币和布币是货币，不如将它们归为工艺品。比如说刀币，中华上下五千年，独此一家，其外形酷似匕首，因而得名刀币。

秦朝统一货币，中国钱币发展史上绕不开这个重要的秦半两钱。有学者认为半两钱内方而不是内圆(战国时期出现过内圆的环币)是为了方便铸造时的穿孔，具体来讲，因为是用木棒制作成方形的头去冲击铸好的钱币，所以留下方孔；不仅如此，这种方孔同时也便于穿线和给钱上的刻字去定位，圆孔一是穿钱时易滑，二是无法保证刻字的对称性。第二种观点认为环币(除延环币)是无意的产物，因为在铸好钱币后的穿孔过程中，由于古人技术不精，没法控制力度，导致钱币会表现为一面圆孔一面方孔，其中圆孔就是木棒冲击时的惯性太大而导致的。

铸币的成功率一直也是历朝历代关注的重点，早期的币多为青铜铸造，成功率较低，而后期的半两、五铢、通宝钱，在含铜量上的调整和铸造技术的改进大大提高了铸币的成功率。清末，中国的钱币又有了一次大的改变，从圆形方孔钱变为了无孔钱，其中的代表就是大清铜币，此后的民国硬币和中华人民共和国成立后发行的硬币均为无孔钱。而中国古代钱币除了铜铸外，也有铁钱和上文提到的银钱，甚至还有过金钱。铁在古代被视为贱品，尽量不用其去铸钱，但在技术条件成熟、市场对于铁质钱币有需求时，政府、民间也会铸造铁币。

铁钱不仅仅是材质上的不同，许多学者认为铁钱是“中国封建社会货币与商品经济的矛盾相对尖锐化时期的产物”，它更能反映社会经济与商品货币的关系。具体说来，往往都是铜钱率先出现，铁钱紧随其后，起到补充和调节的作用，而它的盛行，不仅是当时历史背景的产物，更预示着币制的调整或改进。历次铁钱的盛行背后都有其特殊的原因，举例来说，汉代出现铁钱的原因是私铸谋利，宋代则是为了满足市场对货币量的需求，清朝是因为铜运输受阻。五代十国时期，各国政府曾下令禁止用铁、铅铸钱，但无济于事，这预示着货币制度的混乱。果不其然，此后大量的官铸、私铸铁钱导致币值下跌。

银钱在古时相对较少，原因显而易见，它的价值太高，只会在大宗买卖、王侯赏赐时才会使用，而且受限于当时的技术水平，铸银币远不如铜钱、铁钱发达。近代银币的流行与两方面的因素密不可分：一是大量的白银涌入中国，二是机器制币的引入。至于金币，更是少之又少，有记载开元通宝曾有用金子铸造的用于赏赐的版本，但传世的寥寥无几。

再说纸币，北宋四川地区的交子为纸币的流通开了先河，最早的纸币是铺户临时填写的楮纸券,后由官府规范整治,收归国有,设专院钞写盖章,后用钞本印刷,但宋代的交子依旧陷入了政府透支信用而导致的通货膨胀中。近代的纸币印制技术就是典型的机器印制,画面精美,效率大大提高,这背后反映的便是机器替代手工的趋势。

不论是钱币铸造,印制技术方面的提高、改变,还是刻字、穿孔技术的兴衰,都被钱币充分地反映了出来。

[引导讨论题]

(1) 货币所用的铸造材料是如何体现"货币与商品经济的矛盾"的?

(2) 社会经济发展与货币之间的关系是怎样的?

案例二

[案例名称] 元朝纸币通货膨胀以及对于元朝灭亡的影响

[案例适用] 通货膨胀;通货膨胀对于国家的影响

[案例来源] (1)赵贶,王耀萱. 元朝货币制度的演进及通货膨胀研究[J].时代金融,2016(12).

(2) 李晓,李黎明. 元朝纸币制度的选择、运行与崩溃[J]. 内蒙古社会科学(汉文版),2019,40(3).

元朝是由蒙古族建立的一个全国统一的王朝,延续了97年。元朝货币集宋代交子、会子、关子及金交钞之大成,首次在中国全面推行纸币制度,对中国历史有着深刻的影响。

元朝承袭了宋金的货币制度,实现了纸币在全国范围内的流通,使纸币成为唯一的法币。从元世祖中统元年到元朝灭亡,元代纸币的发行与流通大体经历了中统钞法、至元钞法、至大银钞、至正钞法等演进阶段。

但是,伴随元朝纸币繁荣发展的,还有周期性的、恶性的通货膨胀。下面将元朝的纸币运用史分为三个部分进行叙述。

一、蒙古南下到忽必烈统治前期纸币制度的稳定运行

忽必烈即位后,货币发行权力统一收归中央。先短暂以丝,后主要以银为本位的中统钞,于中统元年开始发行,行用各地。元朝纸币在发行之初,币值稳定,整体运行良好。这主要是因为元初统治者了解金末货币恶性通货膨胀所造成的危害,货币政策及实施相对谨慎,主要通过控制货币发行数量、设置金银平准库、完善货币回收等制度以及严格打击伪币的货币法令等举措有意识地保证元钞币值。

二、忽必烈统治末期到元顺帝货币改革前纸币制度的日益混乱

忽必烈统治末期,征服扩张基本停止。没有了战争收益,元朝的财政支出压力骤现。为缓解财政压力,中统钞开始出现超发趋势,元钞币值下跌,通货膨胀问题初露

端倪。为应对币值下跌、物价上涨的局面，至元二十四年，进行了元朝历史上第一次“换钞”，颁布《至元宝钞通行条画》。此次货币改革的主要内容是，在中统钞之外发行至元钞，至元钞与中统钞的比价规定为1:5，即至元钞1贯值中统钞5贯；白银与至元钞的比价为1:2，即白银1两值至元钞2贯；同时，禁止民间私自买卖金银，中统钞除贬值80%外，其他法定地位不变，与至元钞共同流通。

但是，由于元朝并没有缩减军事、赏赐方面的开支，财政赤字与日俱增。货币改革非但没有缓解财政压力，反而恶化了通货膨胀问题。武宗作为军事统帅被拥戴而即位，对蒙古军事力量新一轮的赏赐使得财政赤字更加严重，元朝政府对货币超发弥补财政赤字的依赖加强，纸币贬值速度加快。为改变“钞轻物重”的局面，至大二年，元朝政府又发行了至大银钞，至大银钞1两值至元钞5贯，值中统钞10贯，相当于中统钞再次被人为贬值80%，名义价值降为发行之初的4%。这一次“换钞”的结果使元朝政府和货币的信用再一次大打折扣，表明元朝货币制度运行从审慎有序彻底沦为混乱超发。

三、元顺帝货币改革后纸币制度的崩溃

元顺帝即位后，元朝政治进入一个相对稳定的时期，但元钞加速贬值，通货膨胀已近失控。为给财政融资，顺帝于至正十年又发行了至正交钞，这是元朝历史上第三次也是最后一次“换钞”。至正交钞与至元钞并行，1贯至正交钞值至元钞2贯。不同于以往的是，此次货币改革决定在纸币之外发行铜币作为辅币。至正交钞的发行完全服务于政府急剧膨胀的财政需求，至正十二年和至正十三年，至正交钞发行额按照中统钞计为1950万锭，至正十五年(1355)相当于中统钞6000万锭，为历史最高。至正交钞“每日印造，不可数计”，彻底丧失货币信用，“人视之若敝楮”。与此同时，铜钱发行后社会拥有了替代选择，导致原有的纸币迅速地被抛弃。因此，至正十年货币改革之后，元朝的纸币制度先于元朝自身崩溃了。

[案例评析]

一、通货膨胀产生的原因

无限制超发为财政赤字融资只是货币制度失效的表面原因，元朝纸币制度崩溃的深层次原因在于，在国家扩张停滞后，元朝统治者未能对国家权力结构进行有效平衡，对为之服务的货币制度基础和运行造成了极大破坏。

纸币制度的破坏主要体现在两方面：一方面是军费开支巨大；另一方面是为稳定以蒙古贵族为代表的军事力量而进行的滥赏滥赐。

1. 军费开支巨大

由于对南宋的战争造成军费开支激增，元朝印钞量急剧提升。但对元朝有利的是，其成功征服南宋后获得了大量的人口和税收，使得物价水平得以控制。加之南宋地区金银矿产丰富，一方面弥补了军费开支，另一方面成为货币储备的补充，在很大

程度上缓解了货币超发所导致的通货膨胀等矛盾。

但是并非所有的战争都会取得高额收益。元朝在取得征服南宋的巨大胜利后，又进行了多次海外远征。此外，多次爆发的诸王叛乱和民间大小起义亦让元朝政府不得不出兵镇压。海外战争和镇压国内叛乱导致的巨额军费开支，导致大规模的货币超发，由于没有战争收益予以弥补，超发的货币进入流通领域的结果，自然是通货膨胀问题日益严重。

2. 滥赏滥赐

元朝历代皇帝即位后，都要对蒙古军事贵族进行大规模的赏赐。忽必烈之后的元朝皇位更迭频繁，由于蒙古军事贵族的支持与皇权的稳固休戚相关，故元朝中后期的历代皇帝即位后，为换取其支持都会对蒙古贵族进行大规模的赏赐。滥赏滥赐对于货币制度基础的破坏还包括对官方金银形式税收的耗费。这部分税银本可补充官方货币储备，但是一经元朝皇帝之手又用作"岁赐"或其他赏赐。

二、通货膨胀对于元朝的不利影响

1. 财政体系失效

中国历代王朝的覆灭都与财政危机有着密不可分的关系。与中原王朝不同的是，元朝自始至终未重视过农业税，其财政收入以货币形式的商业税为主体，其中尤以盐税最为重要。元朝由国家盐业垄断获得的收入稳定上升，最高的年份能收入约合760万锭的纸钞，已达中央政府财政所需的80%。同时，元朝政府的军费支出、官员俸禄等财政开销也以纸币作为主要支付手段。因此，元朝的财政体系与货币制度紧紧地捆绑在一起，被高度纸币化了。

高度纸币化的财政体系给元朝政府提供了一种通过超发货币、征收铸币税的方式维持赤字财政的简便手段。但是当元钞的金银储备被耗尽后，元钞已经变为事实上不可兑换的信用货币。在财政赤字的压力下，元朝的货币管理政策完全为财政融资需求服务，"交钞提举司""平准库"一类的货币发行、管理机构无异于元朝政府的印钞机。

这种利用货币超发、征收铸币税满足财政融资需求的方式，短期内缓解了元朝政府的财政压力，长期则对货币信用和其背后的政府信用造成了不可逆转的损害。一旦民众对元朝政府的失信行为忍无可忍，货币信用必然瓦解，纸币制度随之彻底崩溃。被高度纸币化的财政体系也会受此影响继而失效，进而快速进入历代王朝统治末期的财政危机循环。

2. 供应物资的海运系统中断

中国自安史之乱后，经济重心南移，但政治中心依旧在北方。此后困扰历代中原王朝的一项治理内容，即如何将南方的物质资源尽可能安全、有效率地转运到北方。对于统治中心位于北方的元朝而言，大都的财政和食粮皆仰给于南方。元初，丞相伯颜在征服南宋后，向忽必烈建议试行海运。海运运量的逐年递增证明了元朝政府关于海运决策的合理性。短短三十几年间，海运运量迅速提升，海运系统成长为元朝由南向北物资运输的交通命脉。

海运系统作为财政体系的一部分，无疑也实现了高度纸币化。首先，海运系统不必类似漕运，花费大量人力、物力修治运河，也不必设置大量机构、人员进行沿线的管理，元朝政府只需要以纸币向负责运粮的船户支付运费即可。其次，在漕运系统下，承担漕粮义务的省份必须以实物纳税，这对于交通不便的省份而言，乃是非常沉重的负担。在海运系统下，交通不便的省份则可以纸币在海运港口附近地区采买所需额粮，再由海运转运至大都完成纳粮的义务。海运系统不仅减轻了交通不便省份的负担，也极大地刺激了民间货币经济的发展。

但是海运系统的纸币化意味着货币制度运行的稳定与否与海运系统畅通与否直接相关。元朝中后期，货币超发带来的通货膨胀问题也在海运系统内积聚着隐患。通货膨胀导致船户运输成本成倍上升，政府少量增加的运费则无法予以弥补。因此，通货膨胀带来的海运运输成本上涨几乎全由船民承受，导致其对元朝中央政府积聚的不满日益增多。这也是元末海运系统率先出现危机的原因。元朝海运系统从起初的成本上升，到被农民起义所中断，都与货币制度运行的混乱与崩溃有着直接联系。

三、货币改革累积的民变

为稳定纸币制度，元朝政府进行过三次货币改革，但这些货币改革没有任何的财政改革予以配合，只是简单地采取“换钞”的方式，将问题与矛盾全部转移到民众身上，因而这些货币改革不仅无法解决问题，反而进一步推高了物价，加重了民众负担，累积着民变的隐患。

盐为民众日常生活中的必需品，盐价数据可以体现民众生活成本的变化。在元朝的历史中，盐价以一种难以置信的速度飙升，甚至在一段时间达到元初的10倍。盐价的大幅上涨远超民众的购买能力。作为生活必需品，民众不得不铤而走险购买私盐。元朝政府为保证收入，出台“食盐法”，即按照居民人口数（或户数）强制分摊盐额，按额征收盐税。

雪上加霜的是，因货币改革后旧钞贬值，元朝政府要求民众以新钞或新旧钞参半缴纳盐税，民众手中旧钞的实际价值进一步缩水，税负更加沉重。被通货膨胀无限放大的强制性盐税导致各地民不聊生。这样民变的隐患在矛盾最尖锐处渐渐累积。

起初只是为了对抗政府盐业垄断大量出现的私盐贩子，在反抗元朝的过程中逐渐发展出一支强大的私人武装力量，直接抗衡中央政府，这是元末大规模民变的先声。或许元朝统治者也没有想到，本来为平叛筹集军费的货币改革，不仅加速了货币制度自身的崩溃，还点燃了全国范围的民变烽火。元朝在上述一系列连锁反应的叠加效应之下迅速灭亡。

[引导讨论题]

（1）元朝的巨额通货膨胀主要来源于什么方面，与现今的通货膨胀有什么不同？

（2）为什么通货膨胀对于元朝的影响明显大于其他朝代？

案例三

[案例名称] 数字货币给第三世界国家带来的发展机遇

[案例适用] 数字货币的作用

[案例来源] (1) 王会聪. 尼日利亚央行将推出数字货币[N]. 环球时报,2021-10-25(011).

(2) 汤奎,陈仪珏.数字人民币的发行和运营:商业银行的机遇与挑战研究[J].西南金融,2020(11):24-34.

尼日利亚中央银行计划于 25 日正式推出一种官方数字货币以提升支付系统。该行在声明中表示,这种被称为"电子奈拉"的数字货币历经多年发展而成,对实体货币奈拉起到补充作用。尼央行期待数字货币将"使社会各阶层更容易并且无缝地开展金融交易"。2021 年 8 月,尼央行选择银行业技术创新公司 Bitt Inc. 为技术合作伙伴打造数字货币。今年 2 月,尼央行以加密货币对金融体系构成威胁为由,禁止各银行和金融机构开展加密货币交易。

路透社 24 日援引尼央行行长的话称,电子奈拉将起到电子钱包的作用。"电子奈拉的推出标志着它向货币角色迈出重要一步,尼央行致力于确保每个人都能像使用实体奈拉一样使用电子奈拉。"另据尼日利亚媒体报道,鉴于该国成年人中的文盲率高达 35%,且在撒哈拉以南非洲的 47%居民尚未使用移动互联网,尼央行表示即使不能上网的手机也可以使用电子奈拉。

[案例评析]

当前,尼日利亚超越埃及、南非等国家成为非洲第一大经济体。作为一个人口超 1 亿,拥有丰富石油资源的地区强国,尼日利亚的经济却受到政局不稳、恐怖事件频发、产业发展不均衡、总体石油质量一般、石油产能不足的影响,处于长期的不稳定、波动的状态。在世界上类似尼日利亚的第三世界国家还有很多。而数字货币具有的多种优势,无疑为这些国家的经济发展提供了一种新的思路。

1. 建立数字货币体系,有效推动当地货币国际化。数字货币作为新的货币媒介,其支付安全及效率相比纸币有了极大的提升。在传统跨境支付领域,当前使用广泛的环球同业银行金融电讯协会(SWIFT)全球跨境支付系统的逻辑架构,脱胎于 20 世纪 70 年代的电传系统,各国金融机构间的支付和结算必须依赖各国内部底层支付系统,因此一直存在时效滞后和成本较高的问题,并且在支付安全上受制于美国等发达国家。数字货币在跨境支付领域具有极大潜力,其点对点的传输模式能有效改善当前跨境支付中面临的支付结算速度和支付结算成本等问题。同时,基于数字货币建设跨境支付网络,将推动从当前完全由发达国家掌握的高度中心化的全球跨境支付体系转变为更多发展中国家能够平等、自由参与的适度中心化体系。另外，数字货币的账户松耦合特性摆脱了银行账户这一约束，使交易更加便捷和安全。

2. 保障支付便捷性和安全性，防范金融风险。现行线下支付主要以纸币支付为主，纸币的兑换和携带存在一定的不便，支付时涉及真伪辨别、找零补零等环节，在一定程度上降低了用户的便捷性体验，同时纸币还存在丢失、被盗等风险。近年来快速兴起的第三方电子支付虽然能够有效解决纸币支付过程中的便捷性问题，但是却存在一定的安全隐患。由于第三方支付平台为市场化企业，如果集聚大量的资金交易或资金沉淀，将给一国金融体系的稳定性带来重大隐患，同时，技术的安全性、用户的隐私保护等也无法得到充分保障。数字人民币可同时解决纸币支付带来的便捷性问题和第三方支付带来的安全性问题。首先，数字人民币采用电子支付的方式，可有效解决纸币支付带来的携带不便、真伪难辨、找零不便以及遗失被盗等问题。其次，相比第三方电子支付，数字货币由央行最终发行和统筹管理，在保护用户隐私、保障技术安全、维护金融体系稳定等方面具有无可替代的优势。

3. 促进货币监管透明化，增强货币政策灵活性。一方面，数字货币是可控匿名的，即在交易和流通过程中是匿名的，但最终交易流向和资金链条可以且仅对央行开放，此举对预防和惩治金融违法犯罪行为具有重要意义。央行可通过数字人民币交易后台数据，借助大数据监控技术，实现反洗钱、反恐怖融资、反逃税等，精准高效打击违法犯罪。另一方面，数字货币作为新型交易媒介，丰富了央行的货币政策工具。央行可以通过对数字货币流向及规模的动态监控，实时掌握精准数据，从而实现货币政策的前瞻性指引和逆周期调控。

4. 第三世界国家可以借助数字货币来减少发达国家对于自身经济的不利影响，突破经济制裁的壁垒。除了在国家机关自己发行的国家数字货币以外，一些其他类型的数字货币，比如比特币，对于当地人来说也有着巨大的作用。由于当第三世界国家普遍存在着严重的通胀，本地货币贬值较快，而兑换外币，比如美元，又存在着较大的困难，这时，数字货币就可以作为短期的储值工具。同时，第三世界国家向外输出大量劳动力，使用传统的汇款方式将报酬转回国内账户时，手续费用显著高于使用数字货币。

事实上，数字货币的运用方式与广泛性，也体现了相应国家的经济环境。在我们的日常生活中，数字货币更多是便利生活的支付方式，以及某种意义上的理财工具。但是在有些国家，却是民众抵御通货膨胀的不得已方法。无论怎样的需求以及使用意向，数字货币总可以满足需求。第三世界国家由于自身国力的种种局限，在传统货币系统无法很好调控时，引入数字货币，无疑是一种行之有效的方法。但是随着发达国家对于数字货币的不断重视，全球数字货币市场不断被挤压，第三世界国家最终还是会重新回到之前的危机中去。数字货币归根到底只是一种货币，虽然具有较多的优越性，但是无法从根本上解决第三世界国家的经济问题，想要根本解决，最终还是要振兴经济本身。

[引导讨论题]

(1) 结合时政与教材，分析以尼日利亚为代表的中等发展中国家目前经济发展面临怎样的机遇与挑战。

(2) 面对数字虚拟货币的大潮，欧美发达国家，中国、印度等大型发展中国家却保持观望，试分析其中原因。

第三部分　计算题

1. 现假定某国当年要实现的商品价格总额为5000亿元，其中赊销商品价格总额为1600亿元，当年到期支付商品价格总额为1050亿元，互相抵消支付商品价格总额为850亿元，该年市场上单位货币的平均流通次数为6次，若发行货币400亿元，试计算：

(1) 当年流通所需要的货币量是多少？

(2) 纸币增殖后，每元纸币的价值多少？

解：

(1)

$$M=\frac{\text{全部商品价格总额}-\text{赊销商品价格总额}+\text{到期支付总额}-\text{相互抵消支付总额}}{\text{同一单位货币的平均流通速度(次数)}}$$

当年所需要的货币量＝(5000－1600＋1050－850)/6 ＝600(亿元)；

(2) 600/400＝1.5(元)，纸币增殖后，每元纸币的价值是1.5元。

2. 年内商品价格总额为1400亿元，赊销商品的价格总额为350亿元，到期支付商品价格总额为400亿元，互相抵消支付商品价格总额为250亿元。当年发行纸币200亿元。考虑如下两种场景：

场景1：根据经验测定当年所需要的货币流通量为150亿元。

场景2：根据经验测定当年所需要的货币流通量为300亿元。

请计算：

(1) 对场景1，单位货币每年平均流通次数是多少？纸币是贬值还是增殖？目前每元值多少？

(2) 对场景2，单位货币每年平均流通次数是多少？纸币是贬值还是增殖？目前每元值多少？

解：

(1) 对场景1，根据一定时期流通中所需要的货币量公式，可知：

同一单位货币的平均流通速度(次数)＝(全部商品价格总额—赊销商品价格总额＋到期支付总额—相互抵消支付总额)/流通中需要的货币量＝(1400－350＋

400－250)/150＝1200/150＝8(次)。

货币贬值,每元值＝150/200 ＝0.75(元)。

(2) 对场景 2,根据一定时期流通中所需要的货币量公式,可知:

同一单位货币的平均流通速度(次数)＝(全部商品价格总额—赊销商品价格总额＋到期支付总额—相互抵消支付总额)/流通中需要的货币量＝(1400－350＋400－250)/300＝1200/300＝4(次)。

货币增殖,每元值＝300/200 ＝1.5(元)。

第三章　市场经济和价值规律

第一部分　本章内容导读

第一节　市场经济

一、自然经济和商品经济

自然经济是与商品经济相对应的一个经济范畴，是自给自足经济，也就是生产直接满足生产者自身需要而不是为了交换的经济形式。基础是小生产和自然分工。特点是经济主体处于分散、孤立状态，经济活动相对封闭，经济行为较保守。

商品经济是以交换为目的的经济形式，是商品生产和商品交换的统称。商品经济的产生条件是：①社会分工的发展。社会劳动划分和独立化为各种不同的生产环节、行业和部门，产生相互交换劳动产品的需要。②生产资料属于彼此独立的、不同的所有者，或者同一所有者的生产资料，委托不同的人占有和使用。商品经济的作用是：①突破自然经济的界限，广泛调动社会资源进行社会生产。②生产者独立自主经营，具有独立经济利益，具有内在动力。③以等价交换原则为基础进行商品交换，促进平等。④促进生产者竞争，提高生产效率，重视对社会需要的满足。

二、市场经济的基本特征

市场经济是发达的商品经济。市场经济条件下，市场机制作为资源配置方式，发挥基础性和决定性的作用。市场经济的基础是以商品经济的充分发展为历史前提。

从历史发展进程看，市场经济不同于简单商品经济，只有市场机制在全社会资源配置中起决定性作用时它才会出现。在市场经济下，商品生产的联系更广，交换的范围更大，商品交换过程更曲折，影响因素更多，从而决定商品生产和交换的具体规则也更复杂。马克思指出："商品按照它们的价值或接近于它们的价值进行的交换，比那种按照它们的生产价格进行的交换，所要求的发展阶段要低得多。而按照它们的生产价格进行的交换，则需要资本主义的发展达到一定的高度。"

市场经济具有的新特征：市场在商品交换中起主导作用；企业成为市场主体，即商品生产和商品交换的主体；各类生产要素均通过市场机制来配置；法制和信用成为交换关系的基础；经济体具有开放性；国家调节的重要性日益上升。

三、市场机制

市场机制是指在市场经济中通过供求和价格变动、市场竞争、风险约束等途径，来调节经济运行和实现资源配置的作用过程。主要包括价格机制、供求机制、竞争机制和风险机制等。

(一) 价格机制

特点：价格是最主要的市场信号，是整个市场机制的核心部分，通过价格影响市场主体决策、决定其利益目标的实现程度。

作用：通过供求变化和价格变动的信息，调节社会总劳动在不同生产部门的分配。

(二) 供求机制

特点：市场供给与市场需求、生产者和消费者之间关系的体现。

作用：①通过调节商品价格，促使商品生产和消费趋向总量平衡；②调节生产与消费的方向和规模，使生产资料和劳动力在不同部门之间合理转移，使商品生产和消费实现结构性平衡；③促进生产结构和消费结构的平衡；④促进供需在时间上达成平衡，满足市场需求，缓解供求矛盾。

(三) 竞争机制

特点：竞争是指各种市场主体为了实现自身利益目标而发生的相互排斥甚至相互冲突的利益关系，是市场经济的内在动力。

作用：促进资源在部门内和部门间合理地配置。

(四) 风险机制

特点：风险是指因市场中存在不确定因素而使市场经济参与者面临受损的可能性，体现对市场经济参与者的利益刺激和行为约束。

作用：①鼓励市场经济参与者甘愿冒更大风险去追求更大利益，特别是鼓励其通过科技创新来获取更大利益；②强化市场经济参与者的自律意识，迫使其审慎决策，谨慎行事，遵从市场规则和法律规范，改善经营管理，以规避风险。

第二节 价值规律

一、价值规律及其作用

价值规律是商品经济的基本规律，指通过价值的决定调节商品生产和交换，通过价格与价值的背离调节市场供求，在价格变动中调节资源配置和社会生产的客观经济规律。

主要内容：商品的价值量由生产商品的社会必要劳动时间决定，不同商品的交换按照等价原则进行。价值规律既是价值决定的规律,又是价值实现的规律;既调节商品生产,又调节商品交换。

基本作用:①微观作用:激励创新,优胜劣汰。②宏观作用:分配社会劳动,调节资源配置。

二、价值规律作用的制约因素与范围

价值规律作用的特点:价值规律调节作用的客观性,交换平等、激励创新、降低成本、配置资源等;价值规律调节作用的强制性(竞争的规律、优胜劣汰);价值规律调节作用的不平衡性,价值规律调节作用,蕴涵着造成社会劳动浪费的可能性;价值规律调节范围的边界性,价值规律的调节领域和调节对象,主要集中在商品生产和交换领域。超领域引入市场交易方式,易引发或加重社会不公等矛盾和问题。

价值规律作用的制约因素:①市场信息的真实性。要求:价格真实、买卖意愿真实、成本真实、质量和服务真实等;原因:定价不准确、反馈不及时、交易双方议价能力不平等等。②市场信息的充分性。获取定价信息足够多,判断价格变动信息足够全。③市场活动的竞争性。市场竞争要求:自由竞争、平等竞争、适度竞争(没有垄断等),当出现垄断时,需要反垄断立法和必要的政府干预,否则价值规律调节作用无法发挥。

价值规律发挥调节作用的范围:价值规律是商品经济的规律,主要局限于商品生产和交换领域。在商品生产和商品交换领域外,价值规律的调节作用有限,调节效果有时甚至适得其反。①自然资源开发、土地规划和利用等,超出商品生产者个体范围,关系到社会整体发展和长远发展,不能单纯依靠价值规律的调节作用来解决。②生态建设和环境保护领域。生态和环保问题事关社会成员的公共利益,价值规律在该领域的调节作用有限。③国家经济安全和社会保障等领域。这些领域具有高度的公共性和公益性,不属于商品生产和交换领域,不能依靠价值规律来调节。

第三节　市场体系和市场秩序

一、市场体系的分类和构成

市场体系是指相互联系、相互补充的各级各类市场的总和。

市场体系所包含的范围很广,从不同角度进行划分可以有多种分类。主要有:按交易的对象划分,市场体系包括商品市场和生产要素市场两大类。根据商品的最终用途划分,商品市场分为消费资料市场和生产资料市场。消费资料市场,也被称为消费品市场,是直接满足人们的物质和文化生活需要的商品交易市场。消费资料市场是市场体系的基础,消费资料市场的价格信号引导着社会资源的配置。生产资料市场主要满足社会再生产的需要,生产资料为消费资料的生产提供物质条件。对消费资料的最终需求会形成对生产资料的派生需求。生产要素市场是指提供各类生产要素的交易场所和交换活动平台的统称。金融市场是货币资金融通和交易的市场，包括资本市场和货币市场等。劳动力市场是劳动力资源进行交易的场所。土地市场是以土地或其使用权作为交换客体的市场，包括土地交易市场和土地租赁市场等。技术市场是以技术商品为交易对象的市场，包括知识产权转让、技术咨询和技术培训、技术交易等。信息市场是信息商品进行交易的市场，包括信息服务和咨询、信息转让等信息交易活动等。

二、市场秩序的建立和规范

市场秩序是指市场运行中必须遵循的各种行为准则和行为规范的总称，由市场规则和市场管理组成，作用是保证价值规律发挥作用和市场有序运行的根本条件。

为什么要建立和规范市场秩序？①促进市场机制正常发挥作用。如果市场秩序混乱，市场运行无规则可循，投机诈骗、欺行霸市、假冒伪劣商品充斥市场，市场机制就难以发挥作用。②有利于保证国家对国民经济运行进行科学的宏观调控。建立规范的市场秩序，企业才能对经济杠杆的变化做出正确的反应，使国家的调控目标顺利实现。③建立和规范市场秩序有助于增强企业活力。规范的市场秩序有利于形成统一市场和促进公平竞争。在完善的市场秩序下，企业的经济行为才有法可依，活而不乱。④建立和规范市场秩序是经济开放的必要条件。

市场规则是指国家为了保证市场有序运行所制定的各种规章制度，包括法律、法规、契约和公约等。市场规则包括市场进出规则、市场竞争规则、市场交易规则和市场仲裁规则四个方面。

市场进出规则是市场主体和市场客体(即商品)进入或退出市场的行为准则与规范。主要包括：市场主体进入市场的资格规范；市场主体的性质规范，如企业性质、注册资金、经营项目及经营范围等；市场主体退出市场的规范；市场客体进出市场的规范。

市场竞争规则是市场主体在市场竞争中所必须遵守的行为准则与规范。主要包括：禁止经营者采用欺骗、胁迫、利诱、诋毁以及其他违背公平竞争准则的手段从事市场交易；禁止经营者滥用其拥有的市场优势地位和市场权力等方式，妨碍公平竞争，损害竞争对手利益；禁止经营者通过独占、兼并、独家交易等形式来全面、长久地排斥竞争对手，独占、控制和支配市场。

市场交易规则是市场主体进行市场交易活动所必须遵守的行为准则与规范。主要内容包括：交易方式规范、交易行为规范等。

市场仲裁规则是市场仲裁机构在对市场主体之间的经济纠纷进行仲裁时必须遵守的行为准则和规范。

市场管理是指为保证市场有秩序、按规则运行，通过完善市场监管体制，对市场进行规范化管理的活动。主要包括：市场管理的组织机构、市场监管体系。

市场管理的组织机构主要有：①国家设置的专门从事市场管理的机构，如财政、税收、工商、统计、审计、银行、物价等机构。②有关的技术管理机构，如计量标准、测试、质量鉴定等机构。③社会性及群众性管理机构，如消费者协会、质量监督协会等民间组织机构。

市场监管体系主要包括:行政执法、行业自律、舆论监督、群众参与四个方面。

第二部分 案 例

案例一

[案例名称] 明朝时期的资本主义萌芽

[案例适用] 自然经济与商品经济

[案例来源] 王守稼.明清时期上海地区资本主义的萌芽及其历史命运[J].学术月刊,1988(12):58-63.

对资本主义萌芽的考察,一般是从生产力水平、产品的商品性、自由雇佣劳动的规模等几方面进行的。

一、农业资本主义萌芽体现为农业生产商品化趋势

农业是一切社会的基础,农业生产力的发展,对于封建社会实现向资本主义的过渡,具有十分重要的意义。明代资本主义萌芽在农业生产上主要体现为粮食商品化趋势,表现在经济作物的种植越来越引起人们的兴趣,而农业生产越来越具有以交换价值为目的的性质。以明代松江地区为例,松江府是全国著名的产米区,松江的白粳、薄稻历来脍炙人口,每年贡献朝廷,不可一日或缺。松江的棉植业,洪武初在全国各府州中首屈一指,到明中叶又进一步推广。隆庆、万历后,为适应城市手工业和商品经济发展的需要,棉花种植比重越来越高,松江下属的不少地区,逐渐由以粮食生产为主转向生产商品棉花为主。

大面积的棉花种植,为松江地区棉纺织业的发展提供了丰富的原料,形成了棉花市场,出现了各类棉花买卖交易中心。松江府属地棉花,南销浙西与闽、广。闽、广商人在秋天"买花衣以归,楼船千百,皆装布裹累累",北方的棉花则又大量运往松江地区,南北之间的经济交流也日益频繁。"北土广树艺而昧于织,南土精织衽而寡于艺。"在这种情况下,粮食、经济作物和手工业都互为商品,促进了各地间商品的交换,形成了交换市场。跨区域贸易的发展以及市场的拓展又使得农产品具有的交换价值性质日益明显。

二、手工业产生初步具有资本主义性质的社会分工

商业性农业发展的同时,手工业和商业也得到了充分的发展,不仅体现为技术的提升和产量的增加,还体现为产生了初步具有资本主义性质的社会分工。松江棉纺织品名闻全国,衣被天下。棉纺织品的品种很多,其中既有如尤敦布这样的专属布,又有像三纱布、番布、兼丝布等供皇室贵族专用的高级布,体现出相当高的纺织水平。江南各地还有大批从事丝织业的民间机户,而这些机户内部具有早期的社会分工,成

为具有资本主义性质的手工工厂。一些原为农村家庭副业的生产逐渐和农业分离，成为独立的城市手工业部门。明成化年间，杭州和县一家名张毅庵的机户，产品“备极精工”，人相争夺，从一张织机发展到20余张，“家业大饶”。这些有生产资料的被称为大户，没有生产资料的则称为“小户”，实际上也就是“机工”，产生了“机户出资，机工出力”的劳动力买卖关系，资本主义的剥削关系已经产生了。

三、长途贸易的发展和手工工厂的产生

商品经济的发展促进了城市的繁荣，而农产品的商品化也进一步推动了长途贸易、跨区域市场的发展，进而使得商业市镇的职能进一步拓展。明中叶之后，南北两京是全国最大的都市，而且不同地区的城市，其经济发展还显出各自的特点，东南沿海的广州等地，既是对外贸易的港口，又是商业都会。长江沿岸的武昌、汉阳，荆州和运河两岸的天津、临清、淮安，既是交通要津，又是贸易中心，而苏州、松江、杭州、嘉兴、潮州五府则是因其手工业发展而成为江南最繁荣的城市。这些手工业市镇的兴起和城镇居民脱离农业从事工商业成为明清时期城市经济发展的显著特征。城市经济的发展，带动手工工厂的规模扩大，引起生产技术的进步以及社会分工，进一步推动了人们离开土地进入城市，成为初步具有资本主义性质的雇佣工人。手工业生产逐渐地从属于商业资本。商业资本则从生产者和消费者之间的媒介，逐渐变为既是生产者和消费者之间的媒介，又是生产的组织者。

以上，从农产品的商品化，农业与商品市场发展，手工工厂，商业市镇，以及由此引发的社会分工这几个方面，简要阐述了明朝时期资本主义萌芽的具体体现。但当时仍然以自然经济为主体，因此资本主义萌芽的发展受到了较大的限制，一直维持在萌芽状态，到清末时期因外资入侵而彻底消亡。

[引导讨论题]

明朝时期资本主义萌芽无法发展壮大的原因是什么？

案例二

[案例名称]　亚当·斯密的市场初步具有资本主义性质的社会分工理论

[案例适用]　分工和交换

[案例来源]　（英）亚当·斯密. 国民财富的性质和原因研究（下）[M]. 郭大力，王亚南，译. 北京：商务印书馆，1972：1，12，101-102.

亚当·斯密认为，分工的发展带来劳动效率的提高和产品的增加从而带来国民财富的增长。而社会分工的发展，会引起商品的交换和市场经济的产生。他认为分工的原因，或者说形成市场经济的商品交换的起源就在于人的本性，亚当·斯密说：引出上述许多利益的分工，原不是人类智慧的结果，尽管人类智慧预见到分工会产生普遍富裕并想利用它来实现普遍富裕。它是不以这广大效用为目标的一种人类倾向所缓慢而逐渐造成的结果,这种倾向就是互通有无,物物交换,互相交易。亚当·斯密把商品交换解释为人类固有的本能倾向,原因在于他将利己心作为研究人类经济行为、构架经济制度的伦理学前提。亚当·斯密认为,毫无疑问,每个人生来首先和主要关心自己。人们使自己的利益达到最大化的利己心,顺便造成了利他的后果,促成了社会利益最大化。他说,人们追求自己的利益,往往比在真正出于本意的情况下更能有效地促进社会利益。按照亚当·斯密的观点,市场产生于人们为了使得自己利益最大化的本性,为此产生了分工,分工导致了交换,因此需要市场。

因此市场经济中的交易被看作是人类一般的本能行为。这种观点也被称为自然主义市场经济观。该观点也常见于将资本主义市场经济看作是一种自然、自由秩序的古典、新古典主义学派。如果这种观点成立,就可以得出马克思主义所设想的社会主义条件下取消市场经济的行为就是对人性的违背,是反人性的,不符合自然秩序的,斯密之后的西方经济学者,尤其是新自由主义经济学正是基于这样的观点对社会主义和计划经济进行批评的。

[引导讨论题]

市场能否完全依靠"无形的手"进行资源分配?

案例三

[案例名称] 苹果公司的全球分工

[案例适用] 分工和交换

[案例来源] 刘清,杨永春,蒋小荣,等.基于全球价值链的全球化城市网络分析——以苹果手机供应商为例[J].地理学报,2021,76(04):870-887.

全球供应链(global supply chain)是指在全球范围内组合供应链,它要求以全球化视野,将供应链系统延伸至整个世界范围,根据企业的需要在世界各地选取最有竞争力的合作伙伴,实现全球性的产品设计、采购、生产、销售、配送和服务客户,使整个供应链的成本和效率最优化。简单来说,就是通过协调全球具有最佳生产区位优势的企业,利用这些区位优势,降低成本获取更高利润。

以苹果公司为例,苹果公司分工精细、紧密合作、规模巨大的全球供应链网络极大地提高了生产效率,创造了大量就业、价值并不断激发创新。美国加州硅谷地区具有高精尖的技术优势,同时有众多大学和科研机构进行技术支持,进行产品的研发设计工作,而纽约华尔街的金融优势使得苹果在此完成融资,圣荷西(硅谷所在地的县府)、波士顿距离硅谷较近,同样具有一定的技术优势,成为苹果手机各类核心芯片供应商的云集地,中国深圳、苏州、上海、东莞具有较为完善的基础设施,以及廉价劳动力优势,也是苹果手机主要生产基地，槟城、蒂华纳和玛瑙斯、圣保罗因廉价劳动力与市场邻近性成为苹果手机的装配基地。（不同城市具有的区位优势特征可以参照下图）

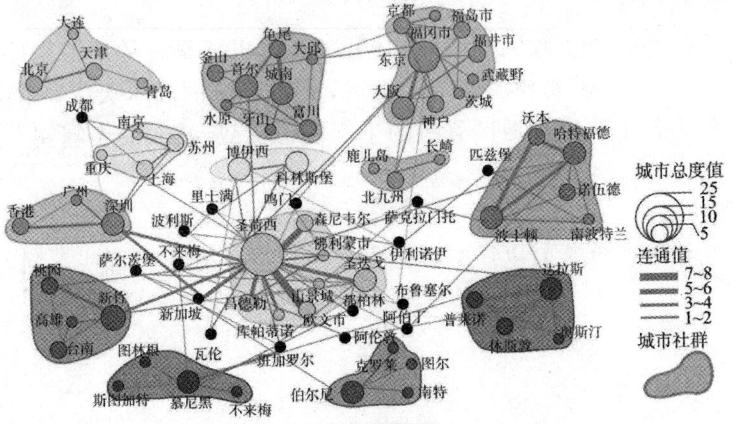

a. 研发型城市社区

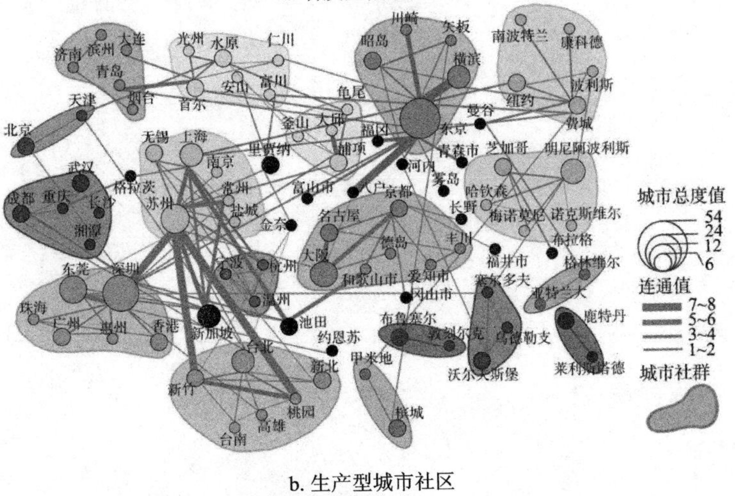

b. 生产型城市社区

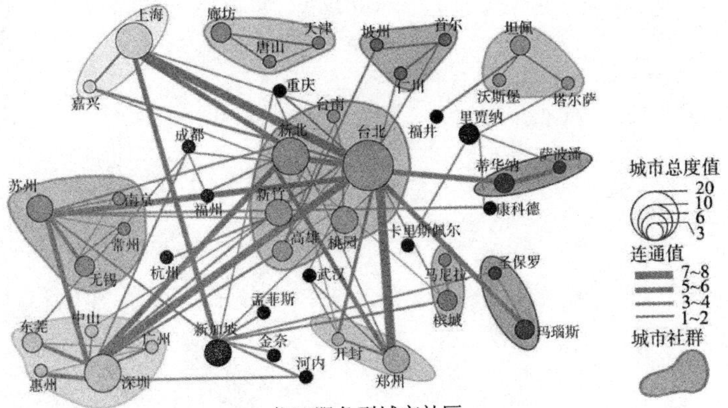

c. 代工服务型城市社区

不同城市具有的区位优势特征

通过利用不同地区的区位优势进行分工，并利用复杂的物流网络运输到世界上任何一个合适的组装基地进行装配，在世界上任何一个合适的销售基地将最终产品以及服务发售给消费者。

此时分工已经发生了较大的变化，其分工区域也从早先的手工工厂、资本主义工厂，发展到全球市场。随着物流网络的发展，交通运输的成本大大降低，而以苹果为代表的企业利用各个国家和地区具有的生产区位优势，获取最大利润。

[引导讨论题]

苹果的全球生产分工与以往的资本主义工厂内部分工有哪些不同？

第四章 资本主义经济制度及其演变

第一部分 本章内容导读

第一节 资本主义经济制度的形成

一、前资本主义经济制度的更迭

原始社会时期，人类生产力水平极其低下，各氏族部落从事着简单的集体劳动，获得的产品，无分工和交换，也不存在私有制。

到了原始社会后期，由于农业耕作技术和动物驯养技术的进步，出现了可交换的剩余物品，产品交换随之产生。伴随着技术进步，社会生产分工的趋势更加明显。畜牧业、手工业陆续从原有的农业中脱离出去。

在社会分工的刺激下，生产力进一步发展，氏族成员之间的贫富分化加剧，氏族内部产生了私有经济。私有制产生以后，一方面，由于生产力的发展产生了剩余产品，从而具备了剥削他人劳动的物质条件；另一方面，因为社会生产的发展需要增加劳动力，于是战俘成了最早的奴隶，用来减轻生产者本身的劳动量。这样，在第一次社会大分工，即畜牧业和农业分离之后，产生了第一次社会大分裂，即分裂为两个阶级：主人和奴隶、剥削者和被剥削者。

从现在看来，奴隶社会有着巨大的局限性。然而，在当时的条件下，采用奴隶制是一个巨大的历史进步。因为，当时劳动生产率十分低下，社会的发展与进步只能依靠于更大范围的分工，所以奴隶制有着发展的土壤。但随着生产力的进一步发展，奴隶制逐渐丧失了合理性，日益衰落，最终走到了尽头。

古代奴隶制度瓦解后，取而代之的是封建经济制度。封建经济制度的基础是土地私有制。在理论上，全部土地都由国王代表国家所有，即“普天之下，莫非王土”。

在中世纪，国王将土地封赐给下级领主，而领主再将他们领有的土地继续向下分封，通过这种层层封赐，形成等级式的土地私有制。下级领主从上级领主那里领得土地，作为代价，必须为上级领主承担以军役为主的各种义务。这种封建领地不得自由买卖或转让。封建领主把一部分领地作为自营地，另一部分领地以份地形式分给农奴耕种。农奴必须为领主耕种土地，即提供无偿劳役，还要提供其他无偿服务。领主一般不能剥夺农民的份地，并且要为农奴提供“司法公正”以及各种“保护”。这种封建关系是一种人身依附关系。

在封建社会,虽然自然经济占统治地位,但商品经济也一直没有停止发展的步伐,个别时期甚至有很大发展,出现了经济和市场繁荣发展的景象。但是这一时期的商品经济还带有明显的封建色彩,比如人身依附关系。

在商品经济的发展中,原本作为商贸据点的城市也不断扩大、成长。一般来说,城市手工业是商业城市的主要产业。手工业主要采取作坊式生产。作坊一般由师傅、帮工和学徒组成。学徒在学习期间要为师傅提供大量无偿劳动,而师傅对学徒也有一定义务,即教授徒弟手艺,负担徒弟的生活费用。城市的经济生活被封建行会所垄断,如欧洲早期的行会限制本行业内各师傅之间的竞争,对行业外则造成一种垄断。

二、资本原始积累和资本主义生产关系的产生

资本主义生产关系的出现,必须在经济上具备两个条件:

第一,一批失去生产资料并具有一定人身自由的劳动者;

第二,在少数人手中积累了为组织资本主义生产必需的货币财富。

封建社会末期,农业和手工业生产力增加,城乡间社会分工扩大,商品经济迅速发展,自给自足的封建自然经济被逐步打破。在市场竞争中发了财的少数生产者,成为资本家。商人通过各种各样的形式控制和剥削小生产者。而从早期资本家那里获得原料甚至生产工具的小生产者们不得不按照规定生产出商品后获得工资收入,他们逐步变成雇佣工人。

需要注意的是,由于封建生产关系和封建政治制度的严重阻碍,资本主义生产关系的发展是非常缓慢和困难的。资本主义制度的产生需要一种大的历史变革。

资本原始积累过程,是指在 15、16 世纪,通过暴力手段迫使生产者和生产资料相分离的历史过程。这个过程,一方面使大量的社会财富迅速集中在少数人手中并转化为资本,另一方面使大批的直接生产者被剥夺了生产资料而变成雇佣劳动者,由此为资本主义制度的产生创造了经济方面的基础。

对直接生产者的生产资料特别是农民的土地的剥夺,是整个资本原始积累过程的基础。英国贵族通过圈地运动,抢占农民土地,而土地上的农民则被迫流离失所,最终沦落到在手工工场出卖劳动力。与此同时,其他一些国家机器参与的暴力剥夺方式,也加快了货币财富的集中和积累过程。这些方式,一部分是以最残酷的暴力为基础,如通过殖民地掠夺、奴役和杀人越货等行径实现财富在宗主国的累积,并进而转化成资本;另一部分则利用国家机器,如通过国债制度、现代税收制度和保护关税制度等进行收入再分配,把国民收入中的一部分集中起来转化为资本。归结起来,所有这些方式都利用了国家权力,即有组织的暴力。

同时,资本主义生产关系代替封建生产关系还需要相应的政治条件,即资本主义的政治制度。17 世纪中叶后,西欧国家先后兴起了资产阶级暴力革命,推翻了封建

王朝，确立了资产阶级的政治统治，为资本主义生产关系的发展扫清了政治障碍，大大加速了资本主义经济制度的形成与发展。

资产阶级革命的胜利，虽然初步确立了资本主义制度，但其物质技术基础仍是手工生产，还处在工场手工业发展阶段，远远不能适应日益扩大的国内外市场和商品经济发展的需求，迫切要求通过科学技术革命提升生产效率，即工业革命。工业革命先是从工业领域开始，逐渐扩展到交通运输等领域。通过大幅度提高劳动生产率，以机器为主体的工厂制度逐步在各生产领域取代了以手工技术为基础的手工工场制度，社会生产因此发生了巨大变革。工业革命不仅引起生产技术的革新，使生产力获得了空前发展，开创了人类物质文明发展的新时代，还引发了生产关系上的重大变革，最终使资本主义制度得以确立。

第二节 资本主义所有制

一、资本主义所有制的本质特征

资本主义所有制的一般特征：生产资料归私人资本家所有，雇佣劳动者与生产资料相分离，私人所有者控制着生产过程并剥削劳动者的剩余劳动，等等。

资本主义所有制的本质特征：资本对劳动的雇佣和剥削。在资本主义生产关系中，生产资料与劳动力的结合是通过建立雇佣劳动关系实现的。在资本主义生产中，工人创造的剩余价值被资本家凭借生产资料所有权而无偿占有，这构成了资本主义剥削的本质。

但以劳动雇佣关系为基础的资本主义剥削，不同于以往奴隶和封建社会的剥削。资本主义的生产关系是以商品经济的充分发展为基础的，资本主义社会的劳动者具有人身自由，工人和资本家间的劳动力买卖表面上是一种自由、平等的交换关系。但是，工人与资本家之间的这种平等的自由交易是有限的。由于丧失了生产资料，工人只能接受被雇佣、被剥削的地位，以此换取必要的生活资料。

资本主义所有制是资本主义生产关系的基础，资本主义的生产、交换关系构成了资本主义社会所有经济关系的基础。交换、分配和消费过程都要服从于资本对劳动的雇佣和剥削。整个资本主义经济的运动过程和运动规律就是以此为基础的。

二、资本主义所有制的主要形式

一定的所有制关系在现实中会表现为多种形式。资本主义所有制最初的形式是独资经营的业主制企业，其特点为：大多为小规模企业，每个私人资本都独立执行资本职能，企业主对私人资本拥有所有权、支配权、收益权和最终处置权。

但是，独资经营的业主制具有许多局限性：企业资本的扩张主要靠企业自身的积累，积累的速度十分有限；企业的存亡在很大程度上取决于企业主及其子女的经营水平；企业所有者要对经营中的债务负无限责任，经营的风险集中而且巨大。这些局限性很不利于生产的发展。

随着资本主义商品经济的发展，面对业主制的局限性，私人股份所有制成为资本主义所有制的主要形式。

私人股份所有制的特点主要有：

第一，资本的所有者具有多元性。

第二，资本所有权具有一定的社会性。

第三，企业经营具有长期连续性，股东的更换不会影响整体资本的存在，公司资本因而就可以长期生存和延续下去。

第四，资本的所有者与经营者相分离。在私人股份所有制条件下，资本的所有者与资本的经营者不再统一于个人，而是发生了分离。

私人股份所有制的产生对资本主义经济的再发展起到了积极的作用。股份公司能在短期内把社会分散的资金结合成一个庞大的资本，从而克服了个别资本积累的有限性，成为促进生产力发展的有力杠杆。19 世纪末、20 世纪初，私人股份所有制对重工业、铁路建筑等规模较为庞大的企业的迅速发展起到了积极的推动作用。

20 世纪中叶，随着生产社会化的进一步发展，法人股份所有制成为资本主义占主导地位的所有制形式。法人组织的股东化，改变了资本主义国家大公司的股权结构，使财产占有呈现出由个人占有向非个人占有转变的趋势。

法人持股有助于加强法人组织间的联系，克服公司行为的短期性。通过资本融合和人事结合，法人机构之间可以建立较稳定的关系。法人组织可以自觉协调彼此的经营目标和行为，克服摩擦和矛盾，使各自的利益都能得到保证。通过这种关系，法人组织经营环境的不确定性得以缓和，法人组织可以从长远利益出发制订公司的发展规划并进行决策。法人股份所有制是比私人股份所有制更适合生产社会化和垄断大公司发展需要的资本所有制形式。

由于股份制度的发展，资本主义所有制已发展成为一个复杂的财产关系体系，与个人资本相比，资本主义的股份制具有一定的社会性。这种社会性主要体现在两个方面：一方面，这里的资本不再是单个私人资本，而是联合起来的许多个人的资本；另一方面，资本所有权与经营权相分离，资本的管理职能由职业经理人来承担。资本的社会化在一定程度上适应了生产社会化的发展，但是，股份制作为资本主义所有制的实现形式并没有从根本上改变私有制的本质及其内在矛盾。随着生产力的发展和生产社会化水平的日益提高，私人资本的股份制也不能完全适应这种发展和变化。于是由国家主导的国家资本开始成为资本主义经济的一个重要部分。

国家资本在早期主要表现为国家在少数行业直接进行投资。此时国家资本的地位和作用仅仅体现在辅助功能上，在社会经济生活中不占重要地位。随着资本主义的发展，生产社会化和生产资料资本主义私人占有的矛盾日益尖锐，自由市场经济的盲目性日益暴露出来，政府利用国家资本对经济生活进行干预就成为必要。国家资本通过政府投资创立企业，从一开始就可以是高技术和大规模的，从而有助于推进产业结构调整和升级；国家资本不限于竞争性产业部门，可以在非竞争性特别是基础部门和公共部门建立企业，有助于政府公共目标的实现；国家资本可以不受资本短期利润目标的约束，甚至可以在一定时期内亏损运行，为私人资本的长远发展创造条件。此外，在涉及国家主权、国家安全和国家竞争力的产业方面，国家资本具有较高的可靠性。20 世纪中期，多数资本主义国家都通过国家资本干预社会经济生活，国家资本在国民经济中所占的比重大大提高。

在资本主义经济发展不同历史阶段产生的各种不同的所有制形式，具有各自的优势和不足，从而需要发挥它们的互补作用，这样就产生了混合资本所有制形式。这种混合资本，既有资本主义私人资本与国家资本的混合，也有私人资本与合作经济的混合，甚至有私人资本与劳动者之间的合股形式。

资本主义所有制的发展是资本主义经济中生产力与生产关系矛盾运动的产物，体现了生产社会化不断发展的要求，在一定程度上适应了生产力发展。然而，资本主义生产关系的性质并没有因为所有制形式的变化而发生根本的改变。

第三节　资本主义经济运行特征的演变

一、自由竞争资本主义

从所有制形式的角度看，资本主义经济制度的历史演变经历了业主制、私人股份制、法人股份制和国家资本等不同形式。如果从经济运行特征的角度看，即从国家、企业和市场关系的角度看，则大体可以分为三个阶段：自由竞争资本主义、垄断资本主义和国家垄断资本主义。

从资本主义制度确立到 19 世纪 70 年代，是资本主义发展的自由竞争阶段。这一阶段，资本主义经济以分散的企业为主体，企业之间为争夺有限的资源进行无限制竞争。除了土地私有权之外，没有人为的或自然的垄断障碍。竞争的手段是通过改进生产技术和扩大生产规模，以求提高劳动生产率和降低商品成本。而国家主要通过法律等手段维护资本主义经济秩序，为资本主义经济的发展提供社会条件，而一般不干预经济的运行过程。

19 世纪三四十年代，英国完成了工业革命，随着自身实力的迅猛增加，工业资产阶级不论是在经济上还是在政治上，都取得了胜利，并实施自由竞争、自由放任和自由贸易政策。这种自由竞争的资本主义体制，使资本主义经济制度的优越性得到极大的发挥，社会经济发展取得了巨大的成果。特别是在 19 世纪 50、60 年代，英国和欧洲大陆大部分国家实行自由贸易以后，出现了延续二十多年的经济高涨。但是，由于自由竞争资本主义是建立在个人的私有制基础上的，作为参与者的个人和小企业规模有限，难以产生更大的规模经济效益。同时，自由竞争资本主义以无限制的竞争为特征，任何一个企业都没有控制市场的力量。这就不可避免地出现社会供给和社会需求的失衡，并进而导致严重的经济危机，造成企业大批破产，工人大批失业，社会生产力遭到严重破坏，自由竞争资本主义与生产社会化的矛盾日益尖锐。

二、垄断资本主义和帝国主义

（一）从自由竞争到垄断，再到垄断的发展

19世纪六七十年代，自由竞争资本主义发展到顶峰，随后开始向垄断资本主义过渡。在19世纪最后30年，主要资本主义国家发生第二次工业革命，新兴工业迅速发展，推动生产规模进一步扩大，生产社会化程度进一步提高。与此同时，资本主义经济危机频频爆发，造成大批中小企业破产，大量工人下岗。而大企业为了保持竞争优势，纷纷联合和合并，这就加剧了生产和资本的集中。

生产和资本的过度集中最终导致了垄断的出现。垄断的出现既是生产力发展和生产集中化的产物，也是资本主义经济关系发展的必然结果。生产和资本的集中为垄断提供了技术上的必要性和可能性，而在资本主义经济关系下这种必要性和可能性真正转化为现实。对更多剩余价值的追逐，促使每个资本主义企业通过资本积累来加强其市场竞争优势，这造成了生产资本的集中和垄断的出现。

最初的垄断形式比较简单，只是一种销售协议，存续时间较短。到19世纪末20世纪初，垄断已成为资本主义经济生活的基础，自由竞争资本主义发展为垄断资本主义。

垄断资本主义的出现，加深了资本主义的一系列矛盾，影响了社会生产力的长远发展：

第一，由于垄断资本获取了高额的垄断利润，致使财富更加向少数拥有雄厚资本的富有资本家聚集，广大劳动群众所具有的财富有限，全社会的购买能力下降，导致生产的相对过剩日趋严重，成为了造成经济危机的温床。

第二，虽然垄断不可能消灭竞争，但很大程度上又限制了竞争，垄断组织为了独占垄断优势，通过各种手段打压竞争对手，使相当数量的企业由此失去了竞争地位而沦为垄断组织的附庸或退出竞争。

第三，垄断组织具有破坏性，它们依靠自身的垄断地位，左右市场，操纵价格，降低了企业的市场反应能力和创新能力，阻碍了生产要素在部门间的流动和再配置，影响了社会经济结构调整的效率，抑制了国民经济的平衡发展过程。

第四，垄断组织为了获得高额垄断利润，虽然有实力、有动力开展技术革新，但当它们占据垄断地位、享受高额垄断利润时，它们也会抑制新的技术革新，降低开展新的技术革新的动力。

第五，新技术的应用要求新的投资，这会造成已有固定资本投资的巨大贬值，为此垄断组织会人为延缓技术革新应用的进程。

当然，相对于自由竞争资本主义，垄断资本主义也适应了生产力进一步发展的客

观要求：

第一，垄断资本主义创造了规模巨大的企业，扩大了生产规模，能够发挥规模效应的优势。

第二，通过横向和纵向联合，垄断资本主义能够有效降低市场交易成本和企业管理成本，提高经济效益。

第三，垄断资本主义有足够的财力进行科技和生产研发活动，推动了技术革新进程。

（二）帝国主义是垄断资本主义

1. 帝国主义的特征

列宁根据19世纪末20世纪初世界的经济政治情况，从资本主义经济运行规律出发，阐明了垄断资本主义的基本特征和实质，即帝国主义就是垄断资本主义，是资本主义的垄断阶段，它具有五个方面的特征：

第一，生产和资本的集中发展到这样高的程度，以致造成了在经济生活中起决定作用的垄断组织。

第二，银行垄断资本和工业垄断资本已经融合起来形成金融资本，并在此基础上形成了金融寡头。

第三，与商品输出不同的资本输出有了特别重要的意义。

第四，瓜分世界的资本家国际垄断同盟已经形成。

第五，资本主义列强已把世界上的领土分割完毕。

这五个方面是内在联系的，其中垄断是帝国主义的经济基础，金融资本的统治地位是帝国主义的突出特点，资本的输出、国际垄断同盟的形成和列强分割世界是垄断资本向外扩张的必然结果。

2. 垄断与金融资本的统治

20世纪初期，各主要资本主义国家生产集中和资本集中已经达到很高的程度，工业垄断组织已经成为资本主义市场经济的主体。在工业垄断资本形成的基础上，银行垄断资本也迅速发展起来，银行的作用相应地发生了根本变化，开始从普通借贷中介人变成了控制工业企业融资活动乃至整个国民经济的万能垄断者。因为大银行资金实力雄厚，信用度高，竞争力强，所以可以给大企业提供大量的借贷资金；而大企业也将闲置的暂时不用的巨额货币资本存入大银行，这样，大银行和大企业之间逐渐形成了较为固定的金融关系。银行还借此掌握了企业资金往来和经营情况，能对企业进行及时有效的监督和控制，甚至左右企业的命运。

在此基础上，工业和银行业的垄断资本互相渗透，彼此融合或混合生长，形成了垄断阶段最高形态的垄断资本，即金融资本。在金融资本形成的过程中，主要资本主义国家都产生了少数同时控制银行和工业的大资本家和资本家集团，即金融寡头。金融寡头在经济领域内主要是通过参与制，即通过掌握“股票控制额”而对母公司、子公司、孙公司建立层层控制，并进而控制整个国民经济。

3. 垄断资本的全球扩张

资本的本性是最大限度地获得利润，因此资本必然要不断向外扩张。与自由资本主义相比，垄断资本具有了更为强烈的对外扩张的冲动和能力，形成了垄断资本对世界的统治，与商品输出不同的资本输出具有了特别的意义，瓜分世界的资本家国际垄断同盟形成。资本主义国家想方设法把世界上的领土瓜分完毕，从而"资本主义已成为极少数先进国家对世界上绝大多数居民实行殖民压迫和金融扼杀的世界体系"。

自由竞争阶段资本主义的对外经济关系主要表现为商品输出，而垄断阶段这种对外经济关系则主要表现为资本输出。进入垄断阶段后，垄断资本凭借垄断地位已经积聚起巨额货币资本，而国内有利的投资部门已被垄断资本分别占领，由此形成的"过剩资本"只能投向国外以获取高额利润，并借以垄断原料来源和带动商品输出。

随着资本输出的发展，垄断资本之间为争夺有利的投资场所、销售市场和原料产地而展开了激烈竞争。为了避免两败俱伤的结果，各国垄断资本之间常常订立协议，通过建立国际垄断同盟来瓜分世界市场、分享利益。

除了在经济上瓜分世界之外，垄断资本还通过夺取殖民地的方式在领土上瓜分世界，以此获得最有利的投资场所、最可靠的销售市场和最有保证的原料供应地。从1876—1914年，列强将世界领土分割完毕。随着经济、政治和军事实力对比的变化，列强之间又出现了重新瓜分世界领土的斗争。垄断资本主义发展过程中发生的两次世界大战，是列强之间争夺世界霸权和重新瓜分世界领土斗争的最高表现。

（三）垄断资本主义的新特点

第二次世界大战后，随着科技革命的出现和经济全球化的发展，垄断资本主义呈现出一些新特点，主要表现为：

第一，生产和资本的集中度进一步加强，兼并、收购、联合、重组成为垄断资本扩张势力的基本途径，巨型垄断企业不断出现。

第二，金融资本的统治地位进一步加强。

第三，随着金融资本的巨大增长，垄断资本对外输出资本的规模迅速增大，其中发达国家之间的资本输出增长迅速。

第四，国际垄断同盟得到了发展。

第五，采用新的方法继续对发展中国家进行控制和掠夺。随着垄断资本主义的发展，资本主义国家对经济的干预也发展起来了，国家在经济发展中的作用不断增强。

三、国家垄断资本主义及其新发展

直到20世纪三四十年代以前，政府在资本主义社会中都是一个消极的角色，除保护社会安全的基本职能外，一般不干预经济活动，而任由市场自发调节，奉行自由放任主义。

1929—1933年席卷世界的资本主义经济大危机沉重打击了资本主义的经济。

严重的经济危机使人们认识到，自由放任的政策已经不能完全适应经济发展的要求，由此国家对经济的干预也应运而生。

国家垄断资本主义就是资本主义国家和私人垄断资本相结合而形成的一种垄断资本主义。由一般垄断资本主义向国家垄断资本主义发展是资本主义基本矛盾发展的必然结果，其原因主要有：

第一，私人垄断资本无法满足大规模生产需要的巨额投资。

第二，私人垄断资本不愿投资大规模公共设施的建设。

第三，私人垄断资本不愿涉足重大的科学研究和技术开发。

第四，私人垄断资本难以解决社会总产品的实现问题。

第五，私人垄断资本无力调节社会财富的两极分化。

20 世纪 70 年代开始，发达资本主义国家普遍陷入经济停滞与高通货膨胀并存的困境，以国家干预为特征的国家垄断资本主义陷入困境。在这种情况下，以私有化、放松管制、紧缩货币、削减税收和财政开支为基本主张的新自由主义思潮成为新的主流经济学。受此影响，美、英等发达资本主义国家采取了一系列自由放任的改革。

第二部分　案　例

案例一

［案例名称］　东印度公司的介绍

［案例适用］　资本主义经济制度的形成与原始资本的积累

［案例来源］　柴彬，常仕欣. 一个在印度打了两百年仗的“公司”[J]. 历史评论，2021(3).

东印度公司

（一）简　介

东印度公司与今天的跨国公司并不相同。东印度公司是从自己政府那里获得贸易独占权而且拥有武装部队（包括舰队），在殖民地建立政府机构，对殖民地进行残暴的政治统治、经济掠夺以及奴隶贩卖、毒品运输等勾当的军、政、经合一的殖民机构。它们产生和存在于 16 世纪末到 19 世纪上半期，对各西欧国资本主义原始积累起了重要作用。

随着工业革命的开展和逐步完成，自由竞争、自由贸易已成为新兴工业资产阶级的强烈需求，这种特权公司已不适应资本主义进一步发展的要求，18 世纪中期，先后被各国政府解散。

16 世纪末 17 世纪初，先后有葡、英、荷、丹、法等国在东半球的印度、印度尼西亚、马来西亚等地成立东印度公司。最后，英国取得胜利，英国东印度公司也最有名。

不列颠东印度公司（或作“英国东印度公司”，British East India Company，BEIC），有时也被称为约翰公司（John Company）。1600 年 12 月 31 日，英格兰女王伊丽莎白一世授予该公司皇家许可状，给予它在印度贸易的特权。实际上这个许可状给予东印度贸易的垄断权为 21 年。

随着时间的变迁，东印度公司建立了英属印度，从一个商业贸易企业变成印度的实际主宰者，直到 1858 年被解除行政权力为止，期间它还获得了助理政府和军事的权力。

（二）特　点

1. 殖民手段：武力（以不列颠东印度公司为例）

（1）军队组成

绝大多数国家的东印度公司，都拥有军事权力，包括本国的海外部队、雇佣当地居民的雇佣兵、海军部队、私掠船队等，形式多样，因地制宜。

不列颠东印度公司会在印度本地招募军队，招募来的人按照欧洲军队的组织形式进行训练，装备欧式武器，其用度支出完全由印度承担。这支军队充当了东印度公司在印度殖民侵略的“打手”。在 1857 年印度民族大起义时，整个印度共有“招募兵”23.3 万人，而英国士兵只有 4.5 万人。

（2）战术方面

各国的东印度公司大多会避免与当地部落联邦正面对抗，而是利用当地的部落、国家冲突，逐一攻占各个部落，使其无法联合力量对抗技术先进但人数不足的东印度公司军队。

不列颠东印度公司的策略也基本如此：

1757 年普拉西战役成为东印度公司开启大规模侵略印度的标志性事件。东印度公司军队击溃了孟加拉军队，随后控制了孟加拉地区。东印度公司先后于 1767—1769 年、1780—1784 年、1790—1792 年同印度迈索尔王国发生过三次较大规模的战争。经过长期战争的消耗，迈索尔实力日渐衰弱，最终于 1799 年被彻底征服，其都城被攻陷后遭到东印度公司军队的大肆劫掠。1817 年，在与马拉塔人的第三次战争之后，东印度公司最终控制了马拉塔邦。到了 1830 年，东印度公司直接或间接统治了几乎印度全境。

（3）压制反抗

不列颠东印度公司面对印度各民族的不断起义问题时，采取了最直接的方法：雇佣当地部落的成员组成公司军队，并且由当地出资运行军队。这就造成当地有战斗力的成员以及支持起义的财力都不得不注入到东印度公司的军队中去，起义失去了必要的物质基础。

2. 获利手段：推行畸形经济，从中“吸血”

（1）贸易垄断

1694 年，英国国会通过了一个非管制法案。这个法案允许任何英国公司与印度进行贸易，除非国会通过法案禁止该贸易。这样英国国会实际上取消了施行了约100年的许可状。

此后几十年中，国会和东印度公司之间不断征战，公司希望自己成为一个永久性的设施，而国会则不放过任何机会来占用公司的财富同时又不使它获得更大的自主权。

与此同时，英国通过工业革命超过了它的欧洲竞争者。由于战时军队和经济的补给需要与印度的贸易大增，同时英国获得原材料的能力和生产方式的效率也提高了，这导致的生产和需求的增加又提高了它对远洋贸易的需要。东印度公司成为英国对世界市场的单一最大占有者，并对政府施政加以影响。

(2) 打破当地传统经济结构，改变原有土地制度，增加赋税

东印度公司建立了一套完整的土地税征收体系，依靠这套体系，大肆从印度农村“吸血”，印度农民的赋税成倍增加。

1793年，东印度公司实行“固定赋额制”将土地集中于柴明达尔地主手中，通过这些地主来搜刮农民，征收高额赋税。柴明达尔地主征收地租并从中获益，因此十分支持这一制度。依据记载，孟加拉的最后一位穆斯林统治者在其统治的最后一年(1764年)实征的田赋是81.7万英镑。而英国统治者在30年内每年在同一地区实征田赋286万英镑，增加了2.27倍。印度农民的血汗被东印度公司的殖民者搜刮殆尽。

对于具体的经济行业，在第一次工业革命完成之前，为了保护英国本土纺织业，英国禁止印度生产的棉布运往英国本土，而将其转口出售到欧洲大陆。到了18世纪末，英国及东印度公司依靠工业革命建立的生产优势向印度倾销纺织品，并强制干涉印度纺织工人的生产活动，消灭了印度原有的家庭手工业。英国的强制干涉导致印度大量纺织工人失业，印度的纺织业遭到毁灭性打击。

(3) 鸦片贸易

东印度公司在印度大量种植棉花、罂粟等经济作物，将印度变成原料产地和商品市场，经济长期畸形发展。在18世纪，中国对鸦片的需求十分之高，而在1773年，东印度公司在孟加拉取得了鸦片贸易的独占权。但由于东印度公司的船只被禁止运送鸦片到中国，所以在孟加拉生产的鸦片要先在加尔各答出售，再从那里运到中国。需要指出的是，鸦片销往中国，造成中国白银大量外流，并且严重危害了中国人民的身体健康。

(4) 硝石贸易(军火贸易)

自17世纪中期，东印度公司开始涉足硝石贸易。由于硝石是制造火药的原料，因此英国军队对硝石的需求十分殷切，而英皇每次订下的合约往往需要数百吨的硝石，东印度公司则可从中赚取数万英镑。公司其中一位总督甚至曾经在1864年说到，从卖硝石中赚的钱比课盐税还要高。

3. 经济困难与改革

东印度公司在征服反抗国家方面越来越大胆和野心勃勃，但公司无法管理占据地盘的巨大耗资。1770 年的孟加拉大饥荒（当地六分之一的居民饿死）在英国本土也敲响了警钟。由于劳动效率的降低，英国在孟加拉占领地区的军备和管理支付不断增加，逐渐失去控制。同时在工业革命后时期欧洲的贸易也萧条，英国参与美国革命，而法国也濒于爆发革命。公司绝望的总裁们向国会呼吁，希望其能提供经济资助。1773 年国会通过了《茶叶法案》。这个法案给予东印度公司在与美洲贸易时更大的自主权。讽刺的是，公司的垄断行为导致了波士顿茶叶事件，反而成为了引发美国独立战争的一个重要导火线。

（三）总　结

东印度公司殖民印度的历史就是一部战争、剥削和压迫的历史。东印度公司就是一个由西欧资本主义国家主导的殖民地组织。为了更好的从殖民地获得世界市场运行的各种必需品，它犯下了累累罪行，给世界范围内的人民造成了深重灾难。正如马克思所作的评论："不列颠人给印度斯坦带来的灾难，与印度斯坦过去所遭受的一切灾难比较起来，毫无疑问在本质上属于另一种，在程度上要深重得多。这里所指的还不是不列颠东印度公司在亚洲式专制的基础上建立起来的欧洲式专制，这两种专制结合起来要比萨尔赛达庙里任何狰狞的神像都更为可怕。"

[引导讨论题]

（1）以东印度公司为代表的殖民公司给殖民地带来了怎样的危害？

（2）以东印度公司为代表的殖民公司通过怎样的手段与措施推动西欧资本主义的积累与发展？

案例二

[案例名称]　关于股份制的历史与思考

[案例适用]　资本主义经济制度的形成

[案例来源]　(1)卫兴华，宫玉松．关于股份制的发展历史和马克思恩格斯的论述[J]．中国青年政治学院学报，2000，(01)：68-73.

(2)刘清芳．股份制的历史、现在和前瞻[J]．经济论坛，1997(21)：15-19.

资本主义萌芽时期，世界上最早出现的企业组织是个人的、独资的，这种企业由一人出资承办并掌握其完全所有权和控制权。随着社会生产力的不断发展，个人的资产已经无法触碰到更多的财富，于是人们开始寻找新的出路，股份制应运而生。

早在 15 世纪，地中海沿岸已出现股份制的雏形。16 世纪在英国早期资本主义时期的贸易领域出现了股份制企业，即通过发行股票在更广泛的社会范围内筹集资金开办企业。这是个人资本联合的高级形态。17 世纪，为适应资本原始积累需要，以殖民掠夺为目的的海外贸易公司应运而生，如英国 1600 年成立的东印度公司。这些海外贸易公司虽带有特许和垄断性质，但已初步具备现代股份制公司的基本特征，因而成为“现代股份公司的前驱”。继海外贸易公司之后，以 1694 年英国成立英格兰银行为标志，股份制在金融业异军突起，并逐步排斥了非股份银行。到了 19 世纪特别是下半叶之后，股份制呈加速发展之势。

19 世纪以后，随着资本主义工商业的发展，公司的财产组织制度逐步完善，并形成了股份制的几个重要特征：一是企业的法人地位。股份制的出现，使企业取得了独立于股东的法人地位。股份制企业成为具有民事权利、承担民事责任的民事主体。股份制企业拥有法人财产权。二是股东的有限责任。股东以其出资额为限，对企业债务承担责任，从而使投资风险大为降低。三是董事的信托责任。由于股份制企业尤其是股份有限公司的股权分散，股东众多，股东需要委托代理人进行经营。董事作为股东的代理人，可以是股东，也可以不是股东。股东委托董事经营自己的财产，就要赋予董事代表股东的权力，这就是董事信托责任的实质内容；同时，董事必须诚信勤勉，以股东的利益为行为准则。这些重要特征是股份制企业运作的基本机理，也是与私营企业、合伙企业的主要区别。

总体而言，直到 19 世纪末叶之前，股份制并不发达，表现在股份制企业数量少、比重低及股票市场发育滞后等方面。正如恩格斯在《资本论》第三卷结束时所说的，股份制只是当时资本主义体系中的“次要因素”，交易所主要交易的是政府债券。在欧洲大陆和北美，股份制的主要形式是“联合股份银行”，它们大多数是从事殖民贸易和对外冒险掠夺活动的，很少有从事直接生产活动的股份公司。

[案例评析]

作为资本主义制度发展过程中的重要组成部分，从 15 世纪萌芽到 19 世纪的大发展，股份制的诞生和发展经过了漫长的过程。股份制是如何形成的？社会环境如何造就了股份制的发展？股份制的性质是什么？作为一个时代最伟大的经济学家，马克思和恩格斯以极其敏锐深刻的洞察力，密切关注着股份制这一时代最突出的经济现象之一，并提出了至今仍闪耀着真理光芒的深刻见解。

马克思认为，股份制是社会化大生产的产物。

首先，社会生产力发展导致工人创造的剩余价值量骤升，企业扩大再生产后生产规模迅速扩大。企业规模不断扩大，扩大速度不断提高，扩大再生产所需庞大资本远远超过企业家私有资本，为了追求更大的利润与剩余价值，企业家就必须集中更多的资本以持续扩大发展。

第二，当资本集聚时企业之间的联系合作越来越密切。股份制是实现高效率企业合作、联系的有效形式。它显示出过去料想不到的联合的生产能力，并且使工业企业具有单个资本家力所不能及的规模。

第三,社会生产力发展要求资本大量集中,股份制是打破资本积累时间缓慢限制、迅速实现资本集中的有力杠杆。

马克思认为,发达的信用制度是股份制产生和发展的催化剂。

股份制是分散在市场中的不同企业家之间的合作,这种资本合作必定离不开信用制度的中介,股票发行需要银行等金融机构的承销,股票流通离不开市场交易,等等。也就是说,要想稳定地实现股份制,发达的信用制度是重要的基础。

从马克思的以上论述中可以看出,股份制是生产社会化和市场经济关系特别是信用制度发展的产物,是适应社会化大生产要求、依托发达的信用制度而产生和发展起来的一种企业制度。只要存在社会化大生产和发达的信用制度,就存在股份制产生和发展的可能性。尽管马克思从未讲过社会主义条件下也存在股份制的话,但社会主义经济同样是社会化大生产,同样存在着日益发展的信用制度,并且实行社会主义市场经济,因而存在着股份制产生与发展的物质基础和经济基础。

关于股份制到底是属于私有制还是公有制,人们一直有不同的看法。在对于其性质的辩论中,人们通常引用马克思与恩格斯对其的描述来证明自己的观点。

马克思认为股份制具有二重性质,一方面,它是市场经济条件下与社会化大生产相适应的一种社会化的企业组织形式,作为一种企业组织形式,它本身并不内在地具有所有制属性;另一方面,任何一种企业组织形式都不可能不受外部占统治地位的生产关系及内部产权性质与产权安排方式的制约,从而必然要反映某种所有制性质。资本主义制度下的股份制,虽然是多人集体的资本联合,已经具有"社会资本"的形式而不能算是"私人资本",但其本质仍是私有制。

马克思曾指出:"这种向股份形式的转化本身,还是局限在资本主义界限之内;因此,这种转化并没有克服财富作为社会财富的性质和作为私人财富的性质之间的对立,而只是在新的形式上发展了这种对立。"也就是说,股份制虽然看似是一种"集体经济",资本家之间的联合需要集体形式的管理,但其本质是在资本主义的条件下的资本家的联合,是私人资本之间的联合,这种联合并没有改变他们作为资本家、资产阶级剥削者的地位,甚至加剧了对劳动人民的剥削;原本掌握生产资料的资本家看似将生产资料与集体共享,但仍属于联合的资本家们。股份制事实上是一种更高级的私有制。

虽然马克思曾说过"股份制是导向共产主义的最完善形式",但这实际上并不能作为将资本主义股份制认为是公有制的理论依据。详细阅读马克思原定《政治经济学批判》一书写作计划中第一册第四篇的标题及有关内容的提示,我们不难看出马克思的原意只是表达了股份资本的重要性及其作用。在马克思和恩格斯设想的社会主义社会实行的单一的社会所有制中,不存在商品货币关系,就更不会存在股份制了。股份制具有一定的"社会"属性,在于其将单人私有资本扩大到小部分集体的共同私有资本,这是一种过渡,在过渡完成后股份制便完成了它的使命,失去了其存在的基础与必要性。

当然，资本主义股份制除了有积极的一面，也有消极的一面。由于资本主义的股份制并没有根本改变资本主义私人占有的性质，资本家和劳动人民仍处于对立面，甚至因为资本的集聚扩大而加剧了这种对立和剥削，加深了资产阶级与无产阶级之间固有的矛盾。

如何正确看待股份制的双重作用，如何理解马克思对于股份制性质和作用的思考，如何利用好“股份制”这个所有制形式更迭转折过渡点，都是我们需要继续思考的问题。

［引导讨论题］

(1) 股份制的基本特点是什么？

(2) 在马克思看来，股份制形成的社会条件有哪些？

案例三

［案例名称］　关于福特制历史介绍和思考

［案例适用］　资本主义经济运行的特征

［案例来源］　李娉. 葛兰西对福特制资本主义的批判述评[J]. 天中学刊，2018，33(06)：67-70.

随着第二次科技产业革命的发展和工业化浪潮的到来，工业家福特在他的工厂生产中引进泰勒的管理组织模式，进行大规模的集约生产，通过提高工资来缓解劳资冲突，刺激大规模消费。福特主义开创了资本主义发展的新阶段，在 20 世纪产生了深远影响。

虽然老福特一直不愿意承认福特制是由泰勒制发展而来的，但要想了解福特制仍要先了解泰勒制。泰勒的管理方式不仅仅来源于经验，更融入了科学依据，他认为管理的目的并不是简单地靠斗争盈利，而是靠提高劳动效率以发展生产力。

泰勒对科学管理探究的最初实验是在他所在的钢铁公司的生铁搬运小组中。该小组的工人原本平均每人每天装货 12.5 吨，泰勒通过仔细了解搬运工人的工作流程后，将他们的工作进行科学划分与研究，对工人的负荷、时间、动作进行精密的设计，通过科学的方法重新安排工人们的工作流程，最大程度节省工人的体力和时间，最终算出每个工人每天能够搬运生铁 47～48 吨。随后，泰勒选出一位工人严格按照他的科学方法进行工作，由一位监督者对他的劳动时间进行计时，最终这位工人一天完成了 47.5 吨的生铁搬运。生产效率相比于过去大幅度提高。

泰勒将自己的科学管理看作是一场思想革命，他强调自己的目的并不是找到一个工人在突击中的最大生产力，而是一个长期状态下的工人们能够适应的最佳工作量。泰勒的科学管理并没有完全站在劳动者的对立面，甚至将劳动者与资本联合在一起形成阶级合作，取代了资本家一贯的阶级对抗的方式。用科学代替经验，用合作取代对抗，泰勒的最终目的就是提高劳动生产率。

如果说泰勒是在理论上对提高劳动生产率进行了系统的分析论证，福特则是采取了实践上的行动。福特制是典型的资本主义大工业生产的组织形式，代表了传统机器大工业生产的最高水平。工业化时代的主题，就是追求更多的产量，创造更大的市场。

在泰勒制推广后，企业实行泰勒制后发展出一系列技术成果。1913 年，亨利·福特创建了世界上第一条流水生产线。该生产线将产品的生产工序细化为无数个小单位，每单位的工作的技术含量都极低，且单一而重复。“按工序将工具和人排列起来，以便能够在尽量短的时间内完成零配件的装配”，让不同工人分别负责一份单一的劳动，从而降低生产成本，提高劳动生产率，实现机械化大量生产。

从 20 世纪初的生产力水平发展来看，福特制的运用确实使得工厂生产效率大幅度提高。通过工人简单单一重复的高强度劳动，工人之间、部门之间横向的零联系、森严的等级，流水线式的线性生产组织形式，不仅大幅提高了福特汽车的产量，更减少了工厂的生产人员，对整个资本主义世界都产生了巨大的影响。采用福特制确实对生产力的提高做出了巨大贡献，但同时也对人力资源管理产生了颠覆式的影响。

1914 年 1 月，一位工人的妻子给福特写信说：“你所使用的生产线是一种奴隶驱赶装置，我的上帝！福特先生。我丈夫回家后一头卧倒，不吃晚饭，他太累了。”在福特制下，工厂的生产率水平大幅升高，也增大了企业家的野心。如此高效率的劳动让他们追求更多的剩余价值与超额剩余价值，把人当作无情的生产机器。部门之间、工人之间越来越少的交流，上下严格的服从制让资本家们忽视了劳动者的情感变化，加深了资产阶级与无产阶级之间的矛盾。劳动者在工厂中的地位不断下降，越来越专业化的设备的诞生将劳动者不断生产边缘化。在资本家眼中，工人生产的产品标准化程度低、生产效率低、劳动力成本高，于是不断提高生产过程中的资本有机构成，而工人则被视为流水线的附属物。

在企业实施的工位管理中，工人每天高强度地、机械地重复从事某项工作，不被关心，与其他工人没有沟通，工作劳累又无满足感的同时自己的地位不断下降，最终导致工人在工作中丧失创造力与积极性。简单的工作导致了工人在工厂中的地位低下，容错率低，必须完全服从上级，劳资地位严重不平等。表面上看福特制使得工厂运行有条不紊，实则让工厂两端的两大阶级越走越远，资本家沉浸在超额利润中对劳动者的剥削不断加重，工人则在劣势地位中越来越消极，上下级之间信任关系消解，利益矛盾不断加深。

[案例评析]

资本主义在 19 世纪与 20 世纪过渡的时期发生了显著的变化。按照葛兰西的说法，是由旧的经济的个人主义向计划经济的过渡，产生了有可能组织计划经济的内在必要性，最典型地体现在以福特制和泰勒制为代表的生产和劳动方式中。葛兰西最早将资本主义工业企业生产的组织结构变化与资本主义所处整个历史阶段联系起来，用“福特制”泛指未来资本主义的一个新时代。由此可以看出葛兰西对于福特制资本主义的认识是极其深刻的，了解他对福特制的看法对我们具有重要意义。而和葛兰西同时代的卢卡奇则对资本主义福特制的态度与葛兰西差别较大，这又是为什么呢？

葛兰西认为福特制资本主义是资本主义发展的一个新阶段，但他并没有超越资本主义。福特制改变了资本主义工厂原有的生产方式、组织方式，社会生产水平大幅提高，社会生产的组织性、计划性不断提高，自由经济向计划经济过渡，工场手工业生产方式向泰勒制流水线式生产方式过渡；自由竞争的市场体系向以科层制为基础的组织化体系过渡。葛兰西看到了福特制资本主义在历史发展的角度的优点，同时也指出了其局限性与消极面。总的来说，葛兰西看待福特制资本主义更多关注其现实意义，包括对于社会组织、劳动生产力的评价，从历史角度出发，看见了福特制的历史意义。

面对葛兰西评价福特制资本主义时代生产和劳动的组织化、合理化、机械化的加强，卢卡奇主要从人道的角度关注人性遭受的摧残和压抑，认为工人逐渐沦为流水线的附属品，生产地位不断降低最终会导致人性沦落为物性。卢卡奇指出：“合理化的不断增加，工人的质的特性，即人的——个体的特性越来越被消除。一方面，劳动过程越来越被分解为一些抽象合理的局部操作，以至于工人同作为整体的产品的联系被切断，他的工作也被简化为一种机械性重复的专门职能。另一方面，在这种合理化中，社会必要劳动时间，即合理计算的基础，最初是作为仅仅从经验上可把握的、平均的劳动时间，后来是由于劳动过程的机械化和合理化越来越加强而作为可以按客观计算的劳动定额（它以现成的和独立的客观性同工人相对立），都被提出来了。随着对劳动过程的现代‘心理’分析（泰勒制），这种合理的机械化一直推行到工人的‘灵魂’里，甚至他的心理特性也同他的整个人格相分离，同这种人格相对立地被客体化，以便能够被结合到合理的专门系统里去，并在这里归入计算的概念。”

总的来说，卢卡奇认为，福特制的生产模式，一方面，破坏了产品自身的统一性，产品的生产被分解为无数个小过程交给不同的人或者机器生产，产品本身不再是劳动过程的对象。另一方面，由于工人的工作细化，往往只负责产品生产的一小部分甚至需要依附于机器生产，工人看不到生产的全貌，生产积极性、主动性降低，生产满足感降低，工人对自己的工作不再有自主认知，自我意识被不断剥夺，劳动力似乎也成了一件没有意识的商品，没有人关注工人们的心理问题，没有人关心工人的身体情况与情绪变化。在资产阶级眼中，无产阶级逐渐变成了可以“占有”或“卖出”的东西，原本属于人与人之间的关系因为福特制而变成了物与物、物与人的关系；甚至在无产阶级自己的眼中，自己也逐渐变成了没有思想意识的物。卢卡奇认为福特制资本主义社会是受物化意识支配的病态社会。无产阶级被物化的现象只有无产阶级自己觉醒，才能从困境中摆脱。

对比了葛兰西和卢卡奇对待福特制资本主义的态度与思考，我们可以看出，站在不同的思考问题的角度，对于一个时代的评价、对现状的改变和未来道路方向的选择也会不同。葛兰西从历史与现实的角度出发，看到了资本主义福特制对于社会生产力、社会组织化、计划性发展的帮助，也看到了其资本主义局限性，对其做出了客观的评价。而卢卡奇从资本主义自身的阶级矛盾出发，带有强烈的批判意识，看到了资本主义福特制对这种阶级矛盾的扩大与异化，站在无产阶级的角度强烈抨击资本家对于劳动人民的忽视。两种完全不同角度的思考，对我们具有深刻的启发意义。

［引导讨论题］

(1) 在福特之前，泰勒的管理理念是什么？

(2) 福特制资本主义为资本主义乃至社会生产力的发展带来了怎样的影响？

第五章　资本主义生产

第一部分　本章内容导读

第一节　货币转化为资本

一、资本总公式及其矛盾

简单商品流通的公式是：商品—货币—商品（W—G—W）。商品生产者先是出卖自己的商品，取得货币，然后再以货币买进自己所需的商品。在这个公式中，货币是单纯作为流通媒介存在的。资本流通的公式是：货币—商品—货币（G—W—G）。资本家用货币买进商品，然后再把商品卖出去，重新取得货币。

当货币在运动中发生了价值增殖，货币就转化为资本。这里，$G'=G+\Delta G$。ΔG是运动过程中的价值增殖额，称为剩余价值。资本流通的目的，就是为了获得比预付货币价值更多的价值。在资本流通中，货币在运动中能够带来剩余价值，发生了价值增殖，这时货币已不是普通的货币，而是转化为资本，成为资本的存在形式。所以，资本就是带来剩余价值的价值。G—W—G′这个公式，对一切形式的资本都适用。不仅商业资本的运动直接表现为先买后卖的过程，而且产业资本和借贷资本运动的基本过程也是这样，它们不过是在这一公式基础上的补充或简化。因此，这一公式概括了产业资本、商业资本和借贷资本运动的共同特点。所以，它表现为资本的总公式。

从形式上看，资本总公式是同价值规律相矛盾的。价值规律要求商品化为交换按照等价原则进行，因而交换的结果只会使价值的表现形式发生变化，而价值量不会发生变化。但资本总公式表明，货币资本在流通过程中发生了增殖。这就是资本总公式的矛盾。

在资本总公式中，剩余价值表现为流通的结果。但是，剩余价值是不可能从流通领域中产生的。剩余价值不能产生于流通过程，但又离不开流通过程，它必须以流通过程为媒介。这就是解决资本总公式矛盾的条件。那么，价值增殖究竟从哪里发生的呢？答案是，货币所有者购买到了某种特殊的商品，这种商品具有特殊的使用价值，通过对它的使用能创造价值，特别是能够创造比这种商品自身价值更大的价值。这种特殊商品就是劳动力。劳动力成为商品，是货币转化为资本的前提。

二、劳动力的买和卖

作为买卖对象的劳动力商品,同样具有使用价值和价值两个因素。劳动力的价值也是由生产和再生产这种特殊商品所必需的劳动时间决定的。由于劳动力的生产以劳动者的存在为前提,因此,生产劳动力商品的社会必要劳动时间,可以还原为生产维持工人正常生活所需要的生活资料的劳动时间,或者说,其价值就是维持劳动力所有者生存所需要的生活资料的价值。具体包括三个部分:在正常状况下维持工人本人生活所必需的生活资料价值;维持工人家属所必需的生活资料的价值;劳动者的教育和培训费用。劳动力的价值是由生产、发展、维持和延续劳动力所必需的生活资料的价值构成的。

劳动力商品的最主要特点,表现在它的使用价值上。普通商品在消费或使用时,随着使用价值的消失,价值也消失或转移到新产品中去。劳动力的使用价值就是它能够生产商品和创造价值,它的使用或消费就是劳动,而劳动凝结在商品中则形成价值。因此,劳动力商品的使用价值的特殊性在于它是价值的源泉。劳动力的使用不仅能为它的购买者创造出等同于劳动力价值的新价值,还能创造出超出劳动力价值的剩余价值。

第二节　剩余价值的生产

一、劳动过程和价值增殖过程

资本主义生产过程是劳动过程与价值增殖过程的统一。

资本主义劳动过程具有以下两个重要特点:工人的劳动属于资本家,工人在资本家的监督下劳动;劳动产品全部归属于资本家。

资本主义劳动过程首先也必须生产出某种使用价值,以满足人们的需要。但是,生产使用价值并不是资本家的目的,他的目的是生产剩余价值,获得价值增殖。资本主义生产的实质是剩余价值的生产。

价值形成过程是如何变成了剩余价值的生产过程呢?雇佣工人的劳动时间可以分为两部分:一部分是必要劳动时间用于再生产劳动力的价值;另一部分是剩余劳动时间,用于无偿地为资本家生产剩余价值。剩余价值就是雇佣工人所创造的并被资本家无偿占有的超过劳动力价值的那部分价值。它是雇佣工人在剩余劳动时间创造的价值。

二、不变资本和可变资本

不变资本以生产资料的形式存在,它在生产过程中被消耗,生产出新产品。生产资料的价值是通过工人的具体劳动被转移到新产品中的,其转移的价值量不会大于它原有的量。尽管转移的方式不同，有的是在一次生产过程中全部转移，有的是在多次生产过程中逐渐转移，但转移的总是生产资料原有的价值量。以生产资料形式存在的资本在生产过程中不改变自己的价值量，所以叫作不变资本(c)。

可变资本是变为劳动力的那部分资本。可变资本的价值在生产过程中不转移到新产品中去，因为资本家购买劳动力支付的价值被工人用于购买生活资料，在生产过程以外消费掉了。劳动力的价值是由工人的劳动创造的新价值的一部分来补偿的。劳动力在生产过程中发挥作用的结果，不仅再生产出劳动力的价值，而且生产出剩余价值。以劳动力形式存在的这部分资本价值，在生产过程中发生了量的变化，即发生了价值增殖，所以叫作可变资本(v)。

三、剩余价值率

剩余价值率(m')是剩余价值(m)同可变资本(v)的比率。

剩余价值率的表示方法有两种，一种是物化劳动，即价值表示法：

$$剩余价值率(m')=剩余价值/可变资本=m/v$$

它表示在雇佣工人的劳动所创造的价值中，资本家和工人各占多少份额。

另一种是活劳动，即劳动时间表示法：

$$剩余价值率(m')=剩余劳动时间/必要劳动时间$$

该公式表明，在工人一个工作日的全部劳动时间中，有多大部分用于补偿劳动力的价值，多大部分用来无偿地给资本家生产剩余价值。

第三节　剩余价值生产的两种形式

一、绝对剩余价值生产

绝对剩余价值就是指在必要劳动时间不变的条件下，由于延长工作的劳动时间而生产的剩余价值。资本主义制度下工人工作日的劳动时间分为两部分：必要劳动时间和剩余劳动时间。在必要劳动时间既定的条件下，工作日越长，剩余劳动时间就越长，资本家从工人身上榨取的剩余价值就越多，从而剩余价值率也就越高。此外，资本家还用提高工人劳动强度的方法来榨取剩余价值。提高劳动强度，意味着工人在同样的工作日劳动时间内支出了更多的劳动量，实际上等于延长了工作日。

二、相对剩余价值生产

绝对延长工作日劳动时间生产剩余价值的方法，受到工作日时间长度的限制，又容易引起工人阶级的反抗，不能满足资本家追求更多剩余价值的贪欲。于是，资本家为了在工作日劳动时间长度既定的条件下提高剥削程度，就需要改变工作日中必要劳动时间和剩余劳动时间的比例，缩短必要劳动时间以延长剩余劳动时间。这种在工作日劳动时间长度不变的条件下,资本家通过缩短必要劳动时间相对延长剩余劳动时间而生产的剩余价值,就是相对剩余价值。

在工作日劳动时间一定的条件下,必要劳动时间的缩短意味着剩余劳动时间的增多,等于延长了剩余劳动时间,因而能生产出更多的剩余价值。

怎样才能缩短必要劳动时间呢?必要劳动时间是再生产劳动力价值的时间。要缩短必要劳动时间就要降低劳动力的价值。劳动力价值由维持工人及其家属生活所必需的生活资料的价值所构成。这些生活资料价值和生产它的劳动生产率成反比。要降低生活资料价值就必须提高这些生产部门的劳动生产率。同时,生活资料的价值中包括生产资料转移的价值,这些生产资料部门的劳动生产率提高了,也会降低生活资料的价值。因此,相对剩余价值的生产是由于社会劳动生产率的提高,降低了劳动力的价值,从而缩短了必要劳动时间,相应延长了剩余劳动时间的结果。

在现实的经济运行过程中,劳动生产率的提高总是从单个企业开始的。由于竞争的作用,企业必须不断提高劳动生产率,才能在竞争中得到生存和发展。不过,单个企业提高劳动生产率本身并不能产生出相对剩余价值,而只能产生超额剩余价值。因为,商品价值决定于生产商品的社会必要劳动时间,而不是决定于个别劳动时间。所以,单个企业劳动生产率的提高不能使生活资料价值降低,不能使社会必要劳动时间缩短,从而不能产生相对剩余价值。但单个企业提高了劳动生产率,它生产商品的个别劳动时间低于社会必要劳动时间,个别价值低于社会价值,因而就会产生出超额剩余价值。所谓超额剩余价值,是指企业由于提高劳动生产率而使商品个别价值低于社会价值的差额。超额剩余价值的源泉也是工人的剩余劳动。它的产生不是因为商品的价格高于价值,而是劳动生产率高的工人在同样的劳动时间中创造了更多的价值。

但是,个别或少数资本家获得超额剩余价值只是一种暂时的现象。为了追求超额剩余价值,资本家之间进行激烈的竞争。因此,少数企业不可能长期垄断先进生产条件,其他企业也会竞相采用新技术。当先进技术得到普及后,部门的平均劳动生产率将会提高,此时生产商品的社会必要劳动时间降低,商品价值相应下降。原来的先进生产条件转化为一般的生产条件,社会价值和个别价值的差额将不复存在,从而超额剩余价值也就消失了。超额剩余价值在个别资本家那里消失,整个资本家阶级却普遍获得了相对剩余价值。当生活资料以及有关生产部门的劳动生产率提高以后引起了劳动力价值下降,于是,工人的必要劳动时间便缩短,剩余劳动时间则相应地延长。可见,追求超额剩余价值是各单个资本主义企业改进生产技术、提高劳动生产率的直接动机,而各个资本主义企业追求超额剩余价值的结果,却是相对剩余价值的形成。

绝对剩余价值生产和相对剩余价值生产作为资本家提高剥削程度的两种基本方法,既有联系又有区别。

从资本家对雇佣劳动的剥削来看,这两种方法是一致的。无论是绝对剩余价值还是相对剩余价值的生产，都是延长了工人的剩余劳动时间，增加了资本家无偿占有的剩余价值量。但绝对剩余价值生产是资本主义剥削的一般基础，也是相对剩余价值生产的起点。资本主义剥削无论在什么时候都必须将工人的劳动时间绝对地延长到必要劳动时间以上，否则就不可能生产剩余价值。而相对剩余价值的生产，则是以工作日已经分为必要劳动时间和剩余劳动时间为基础的，由此来进一步缩短必要劳动时间，相应地延长剩余劳动时间。

两种提高剥削程度的方法在资本主义发展的不同阶段上起着不同的作用。在资本主义生产的初期，由于生产工具没有重大变化，生产力发展比较缓慢，绝对剩余价值生产是资本主义加重剥削的主要方法。随着资本主义的发展，科学技术在生产中被广泛应用，生产力有了突飞猛进的发展，从而相对剩余价值生产的作用就日益突出了。当然，这两种方法不是互相排斥的，资本家总是尽可能地同时并用，以便从工人身上榨取更多的剩余价值。

三、剩余价值规律是资本主义的绝对规律

追求剩余价值的最大化是资本主义的基本经济规律。

第一，剩余价值规律决定着资本主义生产的实质。资本主义生产的实质就是增大资本的价值或者说生产剩余价值。

第二，剩余价值规律决定着资本主义生产发展的一切主要方面和主要过程。

第三，剩余价值规律决定了资本主义经济的发展及其历史趋势。

第四节 资本主义工资

一、资本主义工资的本质

劳动力和劳动是两个不同的概念。在资本家与工人的买卖关系中，工人出卖的是劳动力，而不是劳动，能成为商品的只是劳动力，而劳动则根本不能成为商品。工资的本质是劳动力价值或价格。

二、资本主义工资的基本形式

资本主义工资的形式多种多样，但其基本形式不外两种：计时工资和计件工资。计时工资是按照劳动时间支付工资的形式。计件工资是按照劳动成果数量支付工资的形式。一般来说，计件工资更有利于降低工资成本，刺激工人提高劳动生产率。

三、资本主义工资数量的变动趋势

工资采取货币形式就会有名义工资和实际工资的区分。名义工资就是货币表现的工资，也叫货币工资。实际工资就是工人用名义工资能买到的生活资料和服务的

数量。名义工资和实际工资经常是不一致的。只有实际工资才能真正反映工人的实际生活水平。实际工资的多少不仅取决于名义工资的高低,而且还取决于物价的高低。

资本主义工资的变动趋势具有如下特征:第一,名义工资一般呈增加趋势。第二,从资本主义发展的历史过程来看,实际工资有时降低、有时提高。

考察资本主义工资的变动,趋势除了看工资的绝对量,还需看工资的相对量。相对工资指工人新创造的价值 v+m 中,工人工资 v 所占的份额。第二次世界大战后,工人阶级在收入分配中的相对地位有所改善。但从 20 世纪 70 年代开始,相对工资出现下降趋势,工人创造的财富更大的部分被资本家无偿占有。

四、资本主义工资的国民差异

工资的国民差异,指各国由于经济发展水平、历史文化水平不同而导致工资水平存在的差异。具体有三方面原因:

第一,劳动生产率的国际差异。

第二,劳资力量对比的国际差异。

第三,垄断资本主义世界体系下落后资本主义国家与发达资本主义国家的差异。

第五节　资本主义再生产和资本积累

一、资本主义简单再生产和扩大再生产

任何社会生产总是在不断重复和更新中进行的。不断重复和更新的生产就叫作再生产。社会再生产按其规模来分,有简单再生产和扩大再生产。

(一) 资本主义简单再生产

资本主义简单再生产是资本家把剩余价值完全用于个人消费而在原有规模上重复进行的再生产。通过对资本主义简单再生产的分析,可以更清楚资本主义剥削的实质。

首先,从简单再生产的过程来看,可以发现资本家以工资形式购买劳动力预付的可变资本是工人用自己的劳动创造的。

其次,从简单再生产的过程来看,还可以发现资本家的全部资本都是工人的劳动创造的。

最后,对简单再生产过程的分析进一步表明,雇佣工人的个人消费也是完全从属于资本家追逐剩余价值需要的。

(二) 资本主义扩大再生产和资本积累

资本主义扩大再生产是指资本家不是把剩余价值全部用于个人消费,而是把其

中一部分剩余价值转化为新的资本，用来购买追加的生产资料和劳动力，使生产在扩大的规模上进行。剩余价值的资本化就是资本积累。扩大再生产是从物质形态上看的，资本积累是从价值形态上看的，它们是同一个事物的两个方面。

资本主义扩大再生产的目的是获取更多的剩余价值。它不仅是物质资料的扩大再生产，而且也是资本主义生产关系的扩大再生产。

二、资本积累的一般规律

（一）资本有机构成的提高

资本的构成可以从物质形式和价值形式两个方面考察。从物质形式上看，资本由一定数量的生产资料和劳动力构成，两者的比例由生产的技术水平决定。这种由生产技术水平决定的生产资料和劳动力之间的量的比例，叫作资本的技术构成。

另一方面，从价值形式上看，资本由一定数量的不变资本和可变资本构成，不变资本和可变资本之间的比例，叫作资本的价值构成。资本的技术构成和价值构成之间存在着内在的有机联系，一般情况下，资本技术构成的变化会引起价值构成的变化，而资本价值构成的变化又大体上反映技术构成的变化。马克思把这种由资本技术构成决定并且反映资本技术构成变化的资本的价值构成，叫作资本的有机构成，通常用 $c:v$ 表示。

从资本积累的规律来看，资本有机构成随着劳动生产率的提高有不断提高的趋势，表现为全部资本中不变资本所占的比重增大，可变资本的比重减少。由于生产技术的发展，不同企业或部门或不同生产发展时期，资本的有机构成是不相同的。

（二）相对过剩人口和失业

随着资本积累、劳动生产率的提高，资本有机构成必然提高。资本有机构成提高，可变资本相对减少，从而对劳动力的需求相对减少。所谓相对人口过剩，就是劳动力的供给超过了资本对它的需求。相对过剩人口规律是资本积累的必然产物，同时又是资本主义生产方式存在和发展的必要条件。相对过剩人口意味着失业问题是资本主义制度性的问题。

（三）资本的集聚和集中

个别资本总额增大是通过资本积聚和资本集中两种形式来实现的。资本积聚是个别资本依靠剩余价值的资本化来增大自己的资本总额。资本集中是指把原来分散的、众多的中小资本合并成为少数大资本。它既可以采取大资本兼并中小资本的形式，也可以采取组织股份公司的形式，资本集中是借助于竞争和信用两个强有力的杠杆来实现的。资本积聚和资本集中，两者之间既有区别又有联系。

区别：第一，资本积聚不仅使个别资本总额增大，而且使全社会资本的总量增加；而资本集中不会引起社会总资本的增加；第二，资本积聚受到剩余价值量绝对增长的限制，因而增长缓慢；而资本集中通过兼并或联合中小资本可以在短时间使企业集中大量资本。作为资本集中载体之一的股份公司也因而逐步成为适应社会化大生产的现代企业制度的主流形式。

联系:一方面,资本积聚越多,大资本经济力量增长越迅速,能够增强资本竞争的力量,因而可以通过竞争加速资本集中,支配更多的社会资本。资本积聚水平决定着资本集中能力。另一方面,随着资本集中,少数大资本家更有可能采用先进技术,提高劳动生产率,获得更多的剩余价值,从而增大资本积累的规模,加速资本积聚。

(四)资本积累的一般规律与两极分化

资本主义积累一般的规律是,一极是财富的积累,另一极是贫困的积累。资本积累的结果就是资产阶级和无产阶级在财富占有上的两极分化。

第六节　资本主义生产的新变化

一、生产社会化的发展

生产社会化是指由分散的、小规模的个体生产,转变为集中的、由社会分工联系起来的大规模社会生产过程,是社会生产力和社会分工发展到一定高度的必然表现。

20世纪50年代以来,新的科技革命发展,电子计算机和自动控制技术的出现和应用,使资本主义国家工业生产的社会化程度进一步加深。80年代以来的通信技术发展催生了新型的网络化生产组织形式,进一步加深了资本主义生产的社会化和国际化。

二、劳动对资本从属关系的演变

资本主义发展过程是劳动对资本的从属关系不断加深的过程。科学技术的不断发展使资本对劳动的控制不断加强。

三、劳动和资本关系的变化

第二次世界大战后,在劳动对资本的从属关系不断加深的同时,工人与资本家的关系出现了一些新特点,如下:

第一,工会组织发展。20世纪80年代以后,工会组织遭到打击,工会成员数下降。

第二,雇员参与制度和雇员持股制度出现。

第三,管理层地位发生变化。管理层在企业决策中的控制权加强。

第二部分　案　例

案例一

［案例名称］　资本视角思考准时化生产增殖的原因

［案例适用］　剩余价值的生产；利润率提高

［案例来源］　(1) 刘辉. 基于资本视角思考的准时化生产增殖的奥秘——以丰田汽车公司为案例［J］. 价值工程，2012(18)：131-132.

(2) 凌颂纯. 日本丰田集团的“JIT”体制［J］. 现代日本经济，1991(03)：60.

19世纪60年代，丰田汽车公司对汽车生产方式进行创新，运用JIT生产方式取代传统大批量生产方式，并取得极大成功，使其安然渡过20世纪70年代的能源危机并打开美国汽车市场。

日本汽车工业起步不算早，第二次世界大战前是其发展的萌芽期。这个时期，日本政府开始重视对汽车工业的发展，但大多仍是照搬欧洲车型和生产方式。而日本真正自己的汽车工业的发展则是在第二次世界大战后开始的。到如今日系车在东南亚市场的占有率超过80%，2019年丰田汽车汽车销量位列世界第二名 。国土面积狭小又经过第二次世界大战重创的日本，其汽车工业方面能在世界市场上占有一席之地，关键在于他们从一开始就把目光放在创新生产的思想。从一开始的技术设备引进阶段，日本汽车工业就没有全部照搬美国的汽车生产方式。他们从一开始就意识到了，美国汽车工业的生产方式虽然已很先进，但需采取一种更灵活，更能适应市场需求的能够提高产品竞争力的生产方式。这就为JIT生产方式的诞生做了铺垫。

第二次世界大战后，世界经济极不稳定，高速增长和经济滞涨在世界不同地方同时发生着。变幻莫测的市场对企业的考验极大。像丰田汽车这类大型公司，如果不能及时应对变化的市场，生产或买进过剩的产品和零部件，不仅要积压资金，增加库存，而且还要增加管理环节，空耗人力物力，造成一连串的浪费，甚至使企业陷入困境或危机。而该体制就是适应当前市场偏求变幻莫测和现代化生产往往造成产品或某些零部件生产过剩的情况而产生的。

JIT是Just In Time(准时制生产方式)的简称，又称作无库存生产方式，是日本丰田汽车公司在20世纪60年代实行的一种生产方式，1973年以后，这种方式对丰田公司度过第一次能源危机起到了突出的作用，后引起其他国家生产企业的重视，并逐渐在欧洲和美国的日资企业及当地企业中推行开来。

在准时制生产方式倡导以前,世界汽车生产企业包括丰田公司全部都使用福特式的"总动员生产方式",即在零件还未到的前半段时间,人员、设备等流水线都处于停止等待的状态,等零件一运到,全体人员包括全体设备总动员,紧急生产产品。这种模式极为简单,也造成了大量生产上的不合理现象。从最开始零件缺失时的等待状态,生产线以及工人的停滞,到开始生产后的加急大量生产状态造成的库存积压,这种模式导致了严重的资源浪费,包括时间、空间、人力资源的浪费。而丰田公司则专门针对这些生产过程中的问题进行改进,准时制使用的是多品种、少批量、短周期的生产方式,实现了消除库存、优化生产物流、减少浪费的目的。JIT 生产方式的基本思想是"只在需要的时候,按需要的量,生产所需的产品",达到了一种无库存或者是库存量最小的生产系统。

JIT 的基本思想是生产的计划和控制及库存的管理。所以,JIT 生产模式又被称为"精益生产"。其核心是追求一种无库存的生产系统,或使库存达到最小的生产系统。为此而开发了包括"看板"在内的一系列具体方法,并逐渐形成了一套独具特色的生产经营体系。

[案例评析]

JIT 从准时生产的角度出发,首先发现生产过量的问题和生产过程中的空间、时间人力资源的浪费,然后针对这些问题对设备、人员等进行淘汰、调整,达到降低成本、简化计划和提高控制的目的。在生产现场控制技术方面,准时制的基本原则是在正确的时间,生产正确数量的零件或产品,即时生产。它将传统生产过程中前道工序向后道工序送货,改为后道工序根据"看板"向前道工序取货,看板系统是准时制生产现场控制技术的核心,但准时制不仅仅是看板管理。JIT 的基础之一是均衡化生产,即平均制造产品,使物流在各作业之间、生产线之间、工序之间、工厂之间平衡、均衡地流动。为达到均衡化,在 JIT 中采用月计划、日计划,并根据需求变化及时对计划进行调整。

为什么 JIT 生产方式能够从众多生产方式中脱颖而出,一举帮助丰田公司渡过难关甚至走上了新的高度?根据政治经济学理论我们来分析其背后的经济原因。

准时化生产是指需要的物品,在需要的时间,按照需要的量进行生产和提供。为实现这一标准,在生产过程我们采取推动式生产;为了防止生产过量造成的浪费,确保按需进入生产过程,在库存管理上实施零库存管理;为确保在需要的时间,物料到达适当的地点,准时化生产计划生产部门把生产计划做到了以小时计算;为确保半成品在最短的时间内制造出来,准时化生产按 5S 要求对生产车间进行 U 型或 S 型配置。

企业利润率若想高出行业平均利润率,根据公式,显然要从三方面着手:其一,增加资本周转次数 n;其二,增加单位劳动力资本支出所推动的利润率 p/v;其三,提高个别资本构成 c/v。丰田汽车公司便是从这三方面入手,进行准时化生产并取得了极大的成功。

从资本周转次数入手，公司目标为提高资本周转速度。

丰田公司通过对准备、运输、排队甚至是加工时间的缩短，使得生产提前期急剧减少，最终使生产时间缩短。1974 年，每辆汽车生产时间需要 44 小时，1983 年下降到 27 小时，汽车生产时间几乎降了一半。在 JIT 生产模式下，生产时间降低到最低限度，流通时间也很小，因此，其资本的周转速度增加到最大。1976 年丰田公司年流动资金周转率高达 63 次。

从提高单位劳动力资本支出所推动的利润出发，丰田公司需要尽量降低成本并提高产品质量以提高产量，同时还要减少对 v 的支出。

(1) 降低成本，提高产量

购买生产资料和劳动力的支出构成企业成本。所购买的生产资料按其资本周转周期的不同，可分为流动资产和固定资产。在 JIT 生产模式中，把推动式生产变为拉动式生产，同时将加工与装配相连接流水化，消除中间库存。产品及中间库存的降低减少了固定资产投资，如仓库及与其相关的设施；节省了流动资产投资，如原料的投放；废除了仓管岗位，节省仓管人员费用支出。有资料显示：相对于大批量生产方式，JIT 生产模式中工厂占用空间减少至 1/2；生产过程的在制品库存减至 1/10；成品库存减至 1/4。

JIT 生产模式实施全面质量管理，追求“零缺陷”。JIT 的全面质量管理使产品质量提高了 3 倍。这样，在汽车市场价格一定的情况下，JIT 生产方式一方面通过“零库存”减少了成本，另一方面通过“零缺陷”增加了产量，二者共同作用的结果是销售利润增加。

(2) 从减少 v 的角度出发

丰田公司制定弹性配量制，根据工作任务的多少配置作业人数和设备，使生产资源合理利用。弹性配量作业制依据生产量的变动按照一定比例对各生产线的工作人员适当地增减，以尽量少的员工完成较多的生产任务，这种“少人化”的管理技术使得准时化生产相对于大批量生产员工人数减少到一半左右。由于所需员工数量急剧减少，即使单个员工工资费用增加，企业所需支付的员工费用相对于大批量生产来说还是会极大减少。

(3) 从提高个别资本构成出发

资本构成 c/v=(流动资本额＋固定资本额)/员工费用。在准时化生产中，实施零库存管理、采用新的空间布置，使仓库、生产车间等基础设施投资减少，这使得固定资产投资资本额减少；零库存也使流动资产投资额节省。在人力资源管理中，企业实施弹性工作制，所需员工人数减少，企业所支付的员工相关费用降低。企业实施准时化生产，资本周转速度提高，企业周转而来的资本再次用于生产循环，使得流动资产投资及员工费用支出进一步减少。资本构成 c/v 的两个决定因素,都在降低,资本构成 c/v 的变动趋势就取决于两因素的变动程度。从劳动生产率来看,丰田公司的资本构成 c/v 相对大些。在 1976 年,人均生产汽车辆通用公司为 11.5 辆,而丰田公司则为 54.6 辆。劳动生产率相对较高意味着单个工人所能推动的生产资料相对较多,即 c 较多。如果工资水平一致或相差甚小的情况下,劳动生产率较高的公司,个别资本构成 c/v 也相对较高。利润率与企业的个别资本构成成正比,所以,丰田公司获得高于行业的平均利润率的利润。

此案生动形象地展示了企业为了追求最大的利润,对生产的每个过程、每个生产要素都进行了最大化的调整。通过对利润率 $P'=p/(c+v)$ 的分析,从三个大方面入手,即增加资本周转次数 n,增加单位劳动力资本支出所推动的利润率 p/v,提高个别资本构成 c/v 来增加利润。

[引导讨论题]

准时化生产是怎样帮助日本丰田公司成为世界汽车工业强有力竞争者之一的?

案例二

[案例名称] 最低工资制度的社会效应分析——以美国最低工资制度为例

[案例适用] 工资制度;社会消费水平

[案例来源] (1) 吉姆·奥尼尔.一份给资本主义的续命工资[N].第一财经日报,2019-25(A12).

(2) 傅端香.美国最低工资标准行业就业效应分析[J].统计与决策,2019,35(13):119-121.

美国在 2019 年的失业率处于 3.6%,近乎是 20 世纪 60 年代末以来的最低水平。甚至有迹象表明,由于雇主在供应紧张的劳动力市场中四处搜寻边缘雇员,一些以前退出劳动力市场的人正被吸引回去。而与该消息一致的是,美联储主席杰伊·鲍威尔(Jay Powell)指出工资增长终于开始惠及低薪劳动者了。

另一个造福低薪劳动者的举措则是美国众议院在 2019 年 7 月通过了一项法案,将联邦最低工资从每小时 7.25 美元提高到每小时 15 美元(这一增长将在 7 年内逐步实现),只不过该立法无法获得共和党控制的参议院同意。此外,国会预算办公室推测 15 美元的最低工资水平将导致 130 万低薪工人失去工作机会。

[案例评析]

值得注意的是，近年来，美国联邦最低工资标准调整呈现低幅慢速特点，美国对最低工资的提高保持谨慎的态度，自 2009 年 7 月调整为 7.25 美元/小时以来就没有再调整。结合以上案例中美国众议院的法案，我们不禁思考：美国提高联邦最低工资是否可行？最低工资标准提高对行业就业是否会产生影响？为解决疑问，我们引用了河南理工大学傅端香教授的论文（详情见案例来源），来科学分析最低工资的社会效应。

在引用的分析中，作者的研究对象为美国零售业、餐饮业和住宿业的就业。研究得出：最低工资对美国零售业、住宿业和餐饮业就业具有负效应。最低工资提高 1%，将使零售业就业水平降低约 0.21%，住宿业就业降低约 0.68%，餐饮业就业降低约 0.79%。

可能的原因主要在于：

（1）相对零售业、住宿业和餐饮业这些低薪行业来说，美国联邦最低工资水平较高，对行业成本造成了一定的压力，特别是餐饮业，最低工资与行业平均工资的比值超过了 60%。劳动力成本压力在一定程度上降低行业对劳动力的用工需求，从而使该行业失业人员增加。而且，平均工资水平越低的行业，其最低工资就业负效应越明显。

（2）美国劳动力相对资本来说，劳动力相对短缺。在劳动力成本较高的情况下，更多行业用人单位会采用资本替代劳动力，或者通过雇佣更高层次的技能工人来替代较多数量低层次工人，从而减少对低端劳动力的需求。

(3)最低工资合规程度较高，执行力度越严格，在同等条件下最低工资就业负效应相对更明显。美国最低工资的合规率较高，工人工资低于最低工资水平比率年均不超过 3%。这也可能是造成美国行业最低工资就业显著负效应的原因之一。

[引导讨论题]

（1）最低工资的标准是不是越高越好？

（2）在什么情况下才可以提升最低工资标准？

案例三

[案例名称]　工业 4.0 对资本有机构成以及马克思劳动价值理论的影响

[案例适用]　资本有机构成；剩余价值的生产

[案例来源]　（1）郭朝晖．敲开工业 4.0 之门——《工业 4.0：即将来袭的第四次工业革命》导读［J］．可编程控制器与工厂自动化，2015(9).

（2）刘贝．正视“无人化”工厂对劳动价值论带来的挑战［J］．现代商贸工业,2021,42(22):61-62.

(3)"无人工厂"探营——东莞民企领跑机器换人热潮.科技日报,2015-5-7(第001)(记者 :左朝胜; 通讯员: 吴少芳, 张荣锋).

(4) 昌盛包装打造智能化无人工厂[J].绿色包装, 2021,(03):20.

(5) 老板电器:建成行业首个智慧"无人工厂"[J]. 信息化建设,2021,(01):29.

(6) 周钰良.从剩余价值理论视角探析对无人工厂的再认识[J]. 学理论, 2020,(09):26-27.

工业4.0与无人化工厂的诞生

(一) 工业4.0

工业4.0的特征是将信息物理系统用于生产、营销、研发、服务等各个方面,全面深入地推进智能化。信息物理系统是由信息系统和物理系统深度融合而成的,可智能化地应对系统内外部状态与环境的变化。在工业4.0时代,最普通的生产模式中将看不见工人的身影,绝大部分设备自主协调运转,生产标准化、定制化的产品。工人则从重复、机械化的流水线生产中解脱出来,转向技术含量更高的服务中,例如创新、监管、优化等,以创造更高的价值。人们不再被毫无新意的机械化的工作所束缚和局限,以更少的体力、更少的时间创造更多的价值以获得更高的收入。也就是说,工业4.0不仅是一种技术进步,更为人类社会的发展构建出一个更明晰的美好蓝图。

推进工业4.0,只关注技术逻辑是不够的。工业4.0的终极目标之一就是无人工厂。事实上,早在1984年世界上第一个无人工厂就诞生了,但它却没有被当时的企业界采纳。正确解析其失败的原因,理解无人工厂真正可行的经济门槛,我们才能避免重蹈覆辙。一个企业是否选择先进技术,关键在于采用先进技术是否能提高企业的经济效益。如果一个先进技术的使用成本过高,而先进技术可以取代的劳动力的成本低,那么工厂就会在经济效益的驱动下放弃先进的技术。过去建无人工厂,经济上往往不合算。建立无人工厂,即生产线自动化,由于机器无法达到像人工一样灵活可以掌握复杂的行动,所以生产线上的生产过程必须分为适合于机器自主完成的简单动作,也就是说,生产线越长,越复杂,需要分解出来的环节就越多,需要的机器设备越多,成本造价越高,经济效益就越低。同时,这种机器生产线往往缺乏灵活变通性,只能生产相对固定的产品,难以适应市场高速的变化。可喜的是,随着工业机器人、数控机床、PLC等智能设备的发展,现在建设全自动产线的复杂度和成本逐渐降低,无人工厂逐渐逼近经济可行的门槛。

在生产技术不断提高,人口红利的背景下,产品生产过剩,第二产业竞争激烈,要想在市场上拔得头筹获得更高的经济效益,必须从第三产业中寻找出路。工业4.0

推崇个性化定制，以满足顾客更加精细的需求，提供更好的服务。提供个性化定制服务，与以往的简单生产不同，既需要精准收集顾客购买时的需求，购买后的评价，又需要一套能够及时调整生产线的设备与系统保证准时交货。从中可以发现，这一套全新的生产流程的特点：灵活性、信息化、大数据化与互联网的特性相契合，可见要实现产业的升级必须依赖互联网将用户、企业、中间商等一系列主体联系在一起，形成一个全新的生产体系。

（二）中国无人化工厂

1. 长盈精密技术有限公司的“无人工厂”

广东东莞的长盈精密技术有限公司，采用机器换人，以大小、形态各异的机械手与为数不多的操作人员通过人机交互完成各项生产作业。如某“无人车间”之前用工600多人，通过引入60台打磨机器人，人工数量降到了60人。较之手工打磨，机器人打磨平均不良率降低了20.7%，效率提升了2倍。

“无人工厂”自动化系统使用智能管控系统和机械手臂从事生产制造工作，填补结构性用工荒，不仅可以缓解劳动力短缺的压力，还能大幅提高工作效率和产品质量，实现劳动生产率的大幅提升。

2. 昌盛包装打造智能化无人工厂

湖北宜昌昌盛科技有限公司，是一家专业从事瓦楞纸箱包装设计制作、纸板与彩面加工生产、销售、配送服务为一体的专业企业，年产1.2亿平方米瓦楞纸箱包装产品。近年，经历了“机器换人”智能化、“管理换脑”信息化，一跃成为实现工业4.0的传统纸品包装制造商之一。工厂任何一个生产环节，都可以在无人状态下自行运转。公司生产岗位的员工仅50多人，告别了劳动密集型的传统企业。从产品下单到成品下线，都实现了数字化、智能化。公司拥有进口品牌的瓦楞纸板自动生产线，以及与之配套的智能物流系统、全自动堆码机器人等国际先进的智能化包装设备，通过互联网版ERP系统实现下单、生产排程全自动，采用PDA入库、PDA送货，巧妙完美连通、整合各工序，产品实现“自动找工位、自动转工序、自动找仓储、自动化堆码”的现代化工厂模式。

3. 老板电器的智慧“无人工厂”

作为高端厨电领导品牌的老板厨房电器“未来工厂”，以1个数据中心+N个协作平台，建成行业首个智慧“无人工厂”。能够实时从线上/线下接收全球产品订单，基于客户需求，动态调整设计、采购、生产和物流方案。在自主研发国内首条集烟罩、灶具底盘等智能制造生产线基础上，创新应用5G、人工智能、工业互联网、边缘计算等先进技术，实现信息深度自感知、精准控制全流程、优化决策全要素，真正做到“生产无人化、管理智慧化”。取得了良好成效，产品制造周期缩短20%，产品不良率降低30%，能源利用率提升5%，生产效率提升30%，运营成本降低6%。

[案例评析]

随着互联网技术的高速发展,网络已经进入家家户户,互联网正在影响着我们生活的方方面面。生产要素变化也由传统的土地、劳动力、资本到土地、劳动力、资本和技术再到当下的土地、劳动力、资本、技术数据,这一系列的变化也恰恰是反映当今社会生产实践领域的变化,这对于传统的劳动价值论提出了新的挑战。

1. “无人化”工厂对资本有机构成的影响

(1) 资本有机构成的不断提高

资本家预付的资本分为不变资本和可变资本。不变资本以生产资料的形式存在,它在生产过程中被消耗,生产出新产品。可变资本是变为劳动力的那部分资本。因其劳动生产出剩余价值使资本发生了增殖,所以称为可变资本。

在传统的大工业生产模式之下,人力资本占主导地位,即劳动密集型产业。而在人工智能的操作条件之下,生产时间和场所趋于弹性化,人力资本开始消失在生产中。“无人化工厂”相较于从前传统的工厂,不变资本 c 比重不断增加,可变资本 v 比重不断减少,资本有机构成不断增加。

(2) 预付可变资本

无人工厂的出现一方面带来了更现代化、更高效的生产方式,另一方面也带来了一些新的问题。首先,无人工厂没有“活劳动”,工厂创造的价值、剩余价值来自哪里?马克思主义的劳动价值论认为劳动是价值的源泉,并且在此基础上进一步分析资本主义的生产方式,认为劳动力作为一种特殊的商品,可以创造出高于自身价值的价值,这种高于劳动力自身价值的价值就是剩余价值。工厂创造的巨大价值和巨额利润的获得来自剩余价值的积累,归根结底来自蕴含在产品中的无差别的人类劳动,而无人工厂的“无人化”或者说“近无人化”的特征表明,工厂内并不需要工人的直接劳动依然可以生产商品,就像案例中的机器人替代或部分替代自然人劳动力,生产效率更高,给企业带来更高的利润。这种情况从表面上看同马克思主义的剩余价值理论相悖。

无人化工厂中是机器设备代替了工人劳动创造了价值吗?答案是否定的。无人工厂中的机器设备与工人的劳动存在着本质的差异,二者无法等同,在生产过程中机器设备仍然仅仅是作为一种生产工具参与到生产活动中,只是将产品自身的价值分批次地转让到产品中去,价值量并没有产生增减变化,因此应该将其归结为不变资本的范畴。但由于无人工厂的特殊性,如果简单地将机器设备归结为不变资本,就会导致无人工厂内的资本构成仅存在不变资本,从而难以解释剩余价值的产生。因此在无人工厂中必然内在地蕴含着可变资本。那么无人工厂的可变资本究竟藏在哪里呢?

回到无人工厂诞生最初,工业 4.0 的特点。工业 4.0 推崇的是工厂个性化定制,而不是仅仅依靠科技含量高的设备。要实现个性化定制，仅改变工厂是不够的，还需要有人精确搜集到用户需求，设计成本和效率，对接后续服务，保证产品生产的时间和具体数量与质量。应对这些空前的挑战，必须依靠互联网，将用户、研发、服务、销售、供应商联系在一起，形成全新的价值网络。也就是说，无人工厂并非真正无人，资本家在购买机器设备时同样也相当于购买了生产这些机器设备的科学家和工人的劳动，这也表明无人工厂中不仅仅存在不变资本，同样也存在可变资本，并且这种可变资本暗含在不变资本之中，无人工厂的资本家相当于在购买机器时预付了一定的可变资本，这一部分的预付可变资本附着在作为生产工具的机器设备之上，成为之后无人工厂生产的剩余价值的来源。

马克思主义的剩余价值理论认为的劳动是剩余价值的唯一源泉，在生产中劳动力作为可变资本出现，同样适用于解释无人工厂的价值来源问题，即使在生产中不存在直接的人工劳动，但在购买生产工具时已经预付了可变资本，相当于间接性地购买了他人的劳动。在当今科技成为第一生产力，机械化、自动化、智能化盛行的情况下，作为生产工具的机器设备更多地被创造和应用是一种趋势，在研究经济活动的价值时，也不应该机械化地理解不变资本和可变资本，尤其是现代的生产工具在不依赖工人的直接操作的情况下依然能够创造出巨大的价值，不能单纯地将其归为不变资本，而应该看到蕴含在机器背后的人的劳动，这种劳动甚至大多是复杂的脑力劳动，应该看到资本家购买机器时预付的可变资本。

2. 资本主义剥削的本质

马克思认为资本家财富的积累、利润的产生和提高均来自对工人无酬劳动的剥削，即资本家在生产中对劳动者剩余价值的掠夺，并且认为资本家处于追逐高额利润的目的会通过各种方式进一步加深这种剥削。但是无人工厂在生产中并没有采用工人，即人的“活劳动”，那么在无人工厂中是否存在对工人的剥削呢？

(1) 对剩余价值的占有增加

剩余价值理论的另一大贡献在于揭示了资本主义剥削的本质以及资本家获取利润的真正来源，剩余价值实际上就是由雇佣劳动者的剩余劳动产生，被资本家无偿占有的那部分价值，任何工厂的生产活动而产生的剩余价值实际上都代表着资本家对雇佣劳动者的剥削。在无人工厂中，尽管生产过程中用到的直接劳动极少，但根据上文的分析，无人工厂的价值来源于隐藏在机器设备背后的间接劳动，依然没有摆脱劳动本身而实现价值创造，因此，即使无人工厂减少了资本家对劳动者的直接剥削，也可以理解为是无人工厂内存在对设计和生产机器设备的工程师及工人的间接剥削，即存在对上一级生产环节的劳动工人的剥削，并没有改变资本家的剥削本质。不仅如此，无人工厂甚至可以产生“指数级利润”，给资本家带来了比一般工厂更高的价值，这意味着资本家对剩余价值的剥削也更为严重。

(2) 对工人提出了更高的要求

社会的劳工结构发生变化，通过机器社会代替人工进行劳作，在提高生产效率的前提下,将人们从重复、繁重的劳动中解放出来。在这种生产效率依靠科学技术快速提高的背景下,生产相同数量的产品所需要的工人也越来越少,并且马克思认为"这种使工人过剩的现象,甚至比资本的增加更要快得多"。大量相对过剩的工人形成庞大的产业后备军,一方面,劳动力市场的竞争日趋残酷和激烈,劳动者被迫降低工酬使得生活日益贫困。另一方面,生产工具更为全面和智能地为生产服务并不意味着生产过程可以完全离开人类的劳动,劳动生产对从事简单劳动的劳动者需求量减少的同时,对拥有高新技术和管理才能,从事复杂脑力劳动的劳动者的需求量大幅增加,社会生产的革新促使劳工结构发生变化,对工人的个人素养和能力提出了更高的要求,在无人工厂表面"无人化"的表象下,是越来越多的科研人员投入到技术的研发过程。总体上来说,无人工厂在给工人体力减负的同时也促使工人进行更多、更复杂的劳动形式,并且这种劳动形式的变化可以为工厂创造更多的价值和剩余价值。

在社会化大生产的条件下,资本家的剥削也应该从参与到全社会生产的劳动者中去考虑,在各个生产部分的生产更加精细化、专业化、组织化的背景下,资本家获取的剩余价值来源于整个社会的生产活动,对工人的剥削也不再局限于某一个工厂内或者某一个行业内,而是扩展到了社会生产领域,并且随着生产的全球化有向全球化扩展的趋势。因此,无人工厂的出现不仅不代表资本对工人劳动者剥削的消失,相反,意味着资本家剥削范围和能力的扩大。从马克思主义的剩余价值视角分析无人工厂的问题,可以帮助我们更为清楚地了解工厂内高额价值的来源,以及资本家对工人剥削加深的事实。

3. 马克思主义政治经济学的与时俱进

马克思主义政治经济学是一个与时俱进的理论体系。马克思的代表作《资本论》虽然是写于19世纪末,是对19世纪自由主义时期社会的分析,但他对事物的辩证分析方法、对大量历史的考察至今对我们都有借鉴意义。随着时代的发展,一次次工业革命的展开,资本主义在不同时期呈现出不同的特点,但马克思主义政治经济学也不是一个封闭的理论体系,我们需要始终在强调马克思主义具有时代性和科学性,始终以一个开放姿态去不断地适应时代发展的需求,去给其理论注入源源不断地新鲜血液。21世纪初我们迎来了第四次工业革命,此次工业革命是以人工智能、机器人技术、量子信息技术为技术突破口的工业革命。以前的工业革命是机器取代了原本的手工劳作,家庭作坊也慢慢改变成为大型工厂,一个工人操作一台机器工作效率也得以提升。而随着现代人工智能的发展,使得劳动及其产品的非物质化,生产方式也出现了极大的变化,"无人化"工厂也随之应运而生。马克思主义政治经济学也要将"无人化"工厂纳入自己的研究领域,对于其劳动价值理论做出新的解释。

[引导讨论题]

(1)"无人化"工厂的有机资本构成是无穷大吗?

(2)"无人化"工厂最终会成为主流吗?

第三部分　计算题

1. 吉林省辽源煤矿在日伪时期“万人坑”里，发现死难矿工牛世清尸骨上有一张欠债工票，上面记载1842年11月牛世清挖煤30天，月工资32.34元。据资料记载（资料来源于张维达主编的《政治经济学教科书》，P358），当时工人每日产煤1.88吨，每吨煤市价22.65元，每吨煤生产费用（包括支付工资在内）14.90元。

试计算：

(1) 资本家一个月在牛世清身上榨取多少剩余价值？

(2) 剩余价值率为百分之多少？

解：

(1) 工人生产1吨煤可以为资本家带来的剩余价值量：

因为商品的价值量是由生产费用和剩余价值两个部分构成的，即

$$w = k + m \qquad \text{故剩余价值量 } m = w - k \text{ 。}$$

所以每月的剩余价值量＝(22.65元－14.90元)×1.88×30＝7.75元×1.88×30＝437.10元。

(2) 剩余价值率为 $m' = m/v$＝437.10元/32.24元＝1351.58%。

答：(1)资本家一个月从牛世清身上榨取的剩余价值为437.10元；(2)剩余价值率是1351.58%。

2. 某资本家纺纱厂原来属于中等生产条件，按社会劳动生产率，月产棉纱1万斤。投资在机器设备等劳动资料上面价值6万元，平均使用年限5年，价值逐渐转移到商品中去；每月消耗原材料等劳动对象价值16000元；雇佣工人50人，每人平均月工资80元；剩余价值率为100%。而本月由于改进技术，企业个别劳动生产率比社会劳动生产率提高了半倍，除原材料等劳动对象价值消耗按比例增加外，其他资本价值消耗没有增加。

试计算：

(1) 每斤棉纱的社会价值是多少？

(2) 资本家每月获得超额剩余价值是多少？

(3) 本月剩余价值率为百分之多少？

解：

(1) 因为每日固定资产折旧费＝60000元/(12×5)＝1000元，

每月工人工资＝80元×50＝4000元，

所以每月总产值＝(1000＋16000)c＋4000v＋4000×100%m＝25000(元)，

单位商品的社会价值＝25000元/10000＝2.5元。

(2) 因为劳动生产率提高50%,即产量增加到15000斤,原料耗费为16000元×(1+50%)=24000元,

所以当月个别价值=(1000+16000×1.5)c+4000v +(4000×100%)m=33000(元),

当月社会价值=15000×2.5元=37500元,

所以本月的超额剩余价值=37500元-33000元=4500元。

(3) 本月剩余价值率为$m'=(4500+4000)/4000=212.5\%$。

答:(1)每斤棉纱的社会价值为2.5元;(2)资本家每月获得超额剩余价值为4500元;(3) 本月剩余价值率为212.5%。

3. 某制鞋厂拥有平均生产条件,资本家雇佣工人50人,工作日为8小时,工人人均4小时生产1双鞋,消耗生产资料价值为22元,每个工人1小时创造新价值2元,劳动力价值8元。试计算:

(1) 该厂工作日中的必要劳动时间和剩余劳动时间。

(2) 该资本家一天消耗的资本价值,其中c和v各为多少?

(3) 资本家一天共获得的剩余价值和剩余价值率。

(4) 每双鞋的价值量。

解:(1) 必要劳动时间=8/2 = 4(小时),

剩余劳动时间=8-4 = 4(小时)。

(2) c=22×(8/4)×50 = 2200(元),

v= 8×50=400(元),

共计耗费资本价值=c+v=2600(元)。

(3) m = 2×4×50=400(元),

m′= 400/400=100%。

(4) 总价值=c+v+m=2200+400+400 = 3000(元),

总双数=8/4×50 = 100(双),

每双价值量=3000/100 = 30(元)。

答:(1)工人工作日中必要劳动时间和剩余劳动时间各为4小时;(2)资本家一天耗费的资本价值为2600元,其中c为2200元,v为400元;(3)资本家一天共获取剩余价值400元,剩余价值率为100%;(4)每双鞋的价值量为30元。

4. 某制鞋厂拥有一般生产条件,工作日为8小时,每个工人生产2双鞋,每双鞋社会价值量为30元,其中生产资料转移价值为22元,新创造价值为8元,工人日工资8元。如果该厂首先采用先进技术,劳动生产率提高了3倍,工人日工资仍为8元。试计算:该厂资本家一天从一个工人身上获得的超额剩余价值。

解：

一个工人一天生产的鞋量＝2×4＝8(双)，

社会价值总量＝30×8＝240(双)，

个别价值总量＝22×8＋8＋8＝192(元)，

超额剩余价值量＝社会价值总量－个别价值总量＝240－192＝48(元)。

答:该厂资本家一天从一个工人身上获得的超额剩余价值量为48元。

5. 某企业原预付资本总额为10万美元,有机构成(c∶v)为5∶1。工人平均周工资为50美元,这周按9∶1追加资本40000美元;原来资本进行更新使资本有机构成提高为19∶1。试计算:该企业这周是增加了就业人口,还是减少了就业人口造成工人失业,数量是多少?

解：

因为按原资本有机构成9∶1,10万美元可雇佣工人＝10000/50＝200(名)，

资本有机构成提高到19∶1后,原资本有机构成变为95000∶5000，

追加资本40000美元资本的有机构成为38000∶2000，

所以本周可变资本＝5000＋2000＝7000(美元)，

可雇佣的工人数＝7000/50＝140(人)，

本周失业人数为200－140＝60(人)。

答:该企业在本周就业人数减少,失业人数为60人。

第六章　资本主义流通

第一部分　本章内容导读

第一节　资本的循环

一、产业资本循环的三个阶段和三种职能形态

产业资本循环要经过的三个阶段是购买阶段、生产阶段和销售阶段，相应地采取的三种职能形式是货币资本、生产资本和商品资本。

产业资本循环的购买阶段是生产的准备阶段。这一阶段，产业资本在生产要素市场上用货币购买劳动力和生产资料，为剩余价值生产提供必要的前提。通过这一阶段，货币资本转化为生产资本。货币资本的职能就是购买生产资料和劳动力，为生产剩余价值做准备。

产业资本循环的生产阶段是生产资料与劳动力结合进行剩余价值生产的阶段。这一阶段，资本家使用购买到的生产资料和劳动力进行生产，在生产中，劳动者运用生产资料，生产出包含剩余价值的商品。通过这一阶段，生产资本转化为商品资本。生产资本的职能就是生产剩余价值。由于资本的价值增殖发生在生产阶段，因而它是资本循环中具有决定意义的阶段。

销售阶段是产业资本循环的第三阶段。这一阶段是产业资本从生产领域重又回到流通领域，把生产出来的包含剩余价值的商品卖出去，实现价值和剩余价值的阶段。通过这一阶段，商品资本转化为货币资本。商品资本的职能就是实现价值和剩余价值。经过商品转化为货币的过程，资本家既收回了最初预付的资本价值，同时也实现了在生产阶段新创造的剩余价值。因此，这一阶段既是第一个循环的终点，也是第二个循环的起点。

货币资本，其职能是购买生产资料和劳动力，为资本主义生产准备条件，即为生产剩余价值做准备；生产资本，其职能是让工人和生产资料相结合进行生产，不仅生产出产品，而且生产剩余价值；商品资本，其职能是把包含剩余价值的商品卖出去。

二、产业资本正常循环的条件

产业资本循环是货币资本循环、生产资本循环、商品资本循环三种循环形式的统一,它是以资本循环的连续性为条件的。

产业资本要连续不断地循环必须具备两个条件:

第一,产业资本三种职能形式在空间上的并存性。

第二,产业资本三种职能形式在时间上的继起性。

与产业资本连续不断循环的这两个条件相适应,产业资本也必然要同时在空间上并列存在货币资本循环、生产资本循环、商品资本循环,并且每一种循环形式也必须在时间上相继进行转化。因此,产业资本只有并列处在三种职能形式上,又同时处在三种循环形式上,才能有循环过程的连续性。产业资本循环的连续性,不仅是流通过程与生产过程的统一,而且也是三种循环形式的统一。

三、生产时间和流通时间

资本的循环时间是生产时间和流通时间之和。

资本的生产时间包括四个部分:生产资料储备的时间、劳动时间、劳动中断时间和受自然力作用的时间。劳动时间和生产时间并不是一致的,生产时间并非全部是劳动时间。一般来说,劳动时间包含在生产时间之内。

资本的流通时间包括生产要素购买时间和商品销售时间。所以影响资本周转的因素很多。劳动期间的长短,要受产品本身的性质、生产规模、生产技术水平、机械化程度、劳动组织的合理化和企业管理水平等因素的影响。一般说来,重工业产品比轻工业产品的劳动期间长。受自然力作用的时间和生产资料储备的时间,主要存在于同生物成长、化学变化或等待干燥有关的行业,比如种植业、饲养业、酿酒业、制革业、漂白业、陶瓷业、木器业等。由于现代生物学、化学、物理学方面新的科技成就在生产中的应用,大大缩短了这方面的时间。影响流通时间的因素有市场距离、交通运输、电信条件和信用制度。信息的卫星传播,微波通信技术的应用,航空事业、集装箱运输和高速公路的发达,以及信用卡的普及,都在一定程度上缩短了流通时间。产品的畅销或滞销对流通时间的长短也大有影响。

第二节　资本的周转

一、资本周转和资本周转速度

资本循环的不断反复、周而复始的运动过程就是资本周转。资本的周转速度是资本周转的中心问题。资本周转速度是指预付资本运动的快慢。它可以用周转时间和周转次数来表示。

$$资本周转次数N=\frac{一年时间U}{周转一次所需要的时间u}$$

由公式可见，资本的周转速度和周转时间成反比：资本周转时间越短，资本的周转速度就越快；资本周转时间越长，资本的周转速度也就越慢。

二、固定资本和流动资本

生产资本的构成，按照价值周转方式的不同，可以划分为固定资本与流动资本两类。

固定资本是以厂房、机器、设备、工具等劳动资料形式存在的那部分生产资本。它在物质形态上全部参加生产，往往多次在生产过程中反复发挥作用；而在价值形式上却一部分一部分地转移到产品上去，直至物质形态不再发挥作用为止。固定资本的流通不是物质形态的转变，而只是价值的转移。随着商品的销售，这部分价值再一部分一部分地周转回来。

流动资本是以原料、燃料、辅助材料、包装材料等生产资料形式以及劳动力形式存在的那部分生产资本。其中的不变部分在一次生产过程里即完成它的物质形态变化，价值也同时全部转移到产品中去；其中的可变部分即劳动力价值虽然不转移到产品中去，但会在一次生产过程中再生产出来成为产品价值的一个部分。

固定资本的周转速度与固定资本的有形磨损和无形磨损程度密切相关。固定资本按照它的磨损程度逐渐转移到新产品中去的价值，必须在产品销售以后作为折旧基金提取并积累起来，进行价值补偿，以便在固定资本价值全部转移完毕时，用于固定资本的实物更新。

生产资本的构成对预付资本总周转的影响来自两个方面：一是固定资本与流动资本在生产资本中所占的比重。在生产资本中固定资本所占比重越大，预付资本的总周转速度就越慢；反之，流动资本所占比重越大，预付资本的总周转速度就越快。二是固定资本与流动资本各自的周转速度。在固定资本与流动资本所占比重既定情况下，固定资本和流动资本的周转速度越快，预付资本的总周转速度也就越快；反之，预付资本的总周转速度也就越慢。

三、预付资本的总周转

预付资本一年中的总周转可用如下公式计算：

$$预付资本一年中的总周转次数=\frac{一年中固定资本周转的价值额+一年中流动资本周转的价值额}{预付资本总额}$$

四、提高资本周转速度的意义和途径

资本周转速度的快慢对于资本具有重要的意义，一方面，加快资本周转可以节省预付资本；另一方面，可以增加年剩余价值量和提高年剩余价值率。

（一）资本周转速度的快慢，影响预付资本的数量

资本周转速度对于预付资本量的影响，主要是由资本周转时间由劳动时间与流通时间长短决定的。一般来说，劳动时间和流通时间越长，资本周转速度越慢，需要的预付资本量就越大；反之，需要的预付资本量就越小。劳动时间的长短主要取决于产品的性质和制造产品的生产技术水平。

要加快资本周转速度，必须减少非劳动时间，从而缩小生产时间与劳动时间的差距。减少非劳动时间的主要办法有：第一，尽量减少不必要的生产性库存；第二，采用新科技、新工艺，尽可能缩短劳动对象受自然力作用的时间；第三，尽量减少停工时间，提高劳动资料的利用率。

流通时间包括购买时间和销售时间两个部分。流通时间对资本周转速度产生直接的影响，特别是其中的销售时间影响最大。影响流通时间的主要因素有：市场的供求状况、价格波动状况、竞争程度、生产地点距市场的远近，以及交通运输和通信条件的好坏、商品本身的质量和款式等。

从预付的固定资本来看，资本周转速度加快，既可以避免或减少无形磨损，也可以加快固定资本的更新，购置生产效率更高的机器设备，提高固定资本的利用率。加快资本周转，特别可以节省预付的流动资本。因为资本周转速度加快以后，维持同样生产规模所需要的流动资本数量越小，就越能节省预付资本。如果把节省的流动资本投入生产，就能扩大生产规模，获取更多的剩余价值。

（二）资本周转速度的快慢，影响年剩余价值量和年剩余价值率

资本周转速度的快慢，对剩余价值生产产生着重大影响。主要体现在可变资本的周转对年剩余价值量和年剩余价值率的影响。

年剩余价值量是资本在一年中剥削的剩余价值总量。剩余价值是可变资本 v 带来的，资本周转速度越快，同一数量可变资本 v 在一年中发挥作用的次数就越多，带来的年剩余价值量也就越多，用公式表示就是 $M=m'vn$。年剩余价值量 M 和可变资本 v 的周转速度成正比。

年剩余价值率 M' 是一年内生产的剩余价值总量和预付可变资本的比率，表示预付可变资本的增殖程度，即

$$M'=\frac{M}{v}=m'n$$

在年剩余价值量一定的条件下，年剩余价值率的高低和可变资本的周转速度成正比，可变资本的周转速度越快，年剩余价值率也就越高。这是因为，剩余价值是由实际发挥作用的可变资本带来的，可变资本周转越快，实际发挥作用的可变资本就越多，实际上剥削的劳动量也就越大，因而年剩余价值量就越大，年剩余价值率也就越高，否则情况就相反。

第三节　社会总资本的再生产

社会资本再生产,是指各个互为条件、互相交错的个别资本再生产的总和。考察社会资本再生产,必须分析社会总产品在一定期间的实现问题,即资本家如何出售商品,从哪里买到再生产所必需的生产资料,工人和资本家又从哪里买到他们所需要的消费资料。社会总产品只有价值上和实物上都得到实现,社会资本再生产才能顺利实现。

一、社会总产品

社会总产品,是指社会各个物质生产部门在一定时期内(通常以年为单位)生产出来的全部物质产品的总和。社会资本再生产的核心是社会总产品的实现问题,也就是社会总产品的补偿问题。它包括价值补偿和实物替换两个方面。所谓价值补偿,就是社会生产出来的总产品如何出卖,实现其价值的问题。所谓实物替换,就是资本家如何购买到所需要的生产资料,以及资本家和工人如何购买到所需要的消费资料。

二、考察社会资本再生产的理论前提

社会总产品的实现包括价值补偿和实物补偿两方面。从价值补偿形态上来看,社会总产品包含了不变资本价值(c)、可变资本价值(v)、剩余价值(m)三个部分。从实物补偿形态上看,社会总产品在最终用途上,分为生产资料和消费资料两大类。

从价值构成角度把每部类产品的价值划分为 c、v、m 三个部分,以及从使用价值角度把社会生产划分为两大部类,这是马克思研究社会再生产运动的两个基本理论前提。

三、社会总产品的实现条件

(一)社会资本简单再生产的过程和实现条件

① 社会总资本简单再生产所应具备的基本实现条件是:第一部类的可变资本价值和剩余价值之和必须等于第二部类的不变资本价值,即

$$\mathrm{I}(v+m)=\mathrm{II}c$$

这个条件表明,两大部类之间存在相互依存、相互制约的关系,即两大部类之间必须保持一定的比例关系。

② 从这个基本实现条件可以引申出另外两个实现条件:

一是第一部类生产的全部产品在价值上必须等于两大部类所消耗的不变资本之和,即 $\mathrm{I}(c+v+m)=\mathrm{I}c+\mathrm{II}c$。这个条件表明整个社会的生产资料的供给与整个社会对生产资料的需求之间必须保持一定的比例关系。

二是第二部类生产的全部产品在价值上必须等于两大部类的可变资本和剩余价值之和，即Ⅱ(c+v+m)=Ⅰ(v+m)+Ⅱ(v+m)。这个条件表明整个社会的消费资料的供给与整个社会对消费资料的需求之间必须保持一定的比例关系。

(二) 社会资本扩大再生产的过程和实现条件

① 第一部类一年中所生产的全部生产资料，除了维持两大部类简单再生产所需要的生产资料以外，还必须有一个余额，用以满足两大部类扩大再生产对追加生产资料的需要，用公式表示为：Ⅰ(c+v+m)>Ⅰc+Ⅱc或Ⅰ(v+m)>Ⅱc。

② 第二部类一年中所生产的全部消费资料，除了满足两大部类进行简单再生产过程中工人和资本家所需要的消费资料以外，还必须有一个余额，用以满足两大部类扩大再生产对追加消费资料的需要。如果用m/x表示剩余价值中供资本家个人消费的部分，那么m−m/x就表示剩余价值中供积累的部分。这个实现条件用公式表示就是Ⅱ(c+v+m)>Ⅰ(v+m/x)+Ⅱ(v+m/x)或Ⅱ(c+m−m/x)>Ⅰ(v+m/x)。

③ 社会总资本扩大再生产的基本实现条件是Ⅰ(v+Δv+m/x)=Ⅱ(c+Δc)。这里，Δc表示追加的不变资本，Δv表示追加的可变资本，这个条件表明，在扩大生产条件下两大部类互为条件、互相制约的内在联系。

④ 从这个基本实现条件也可以引申出另两个实现条件：

一是Ⅰ(c+v+m)=Ⅰ(c+Δc)+Ⅱ(c+Δc)。这个条件表明，在扩大再生产条件下，整个社会的生产资料的供给与整个社会对生产资料的需求之间的平衡关系。

二是Ⅱ(c+v+m)=Ⅰ(v+Δv+m/x)+Ⅱ(v+Δv+m/x)。这个条件表明，在扩大再生产条件下，整个社会的消费资料的供给与整个社会对消费资料的需求之间的平衡关系。

第四节　资本主义流通的新变化

一、资本循环的新变化

当今，经济全球化使国际分工和协作不断深化，促进了生产、资源、人员、贸易、投资和金融等生产要素的全球化流动和配置。资本循环在购买、生产、销售三个阶段都出现了新的特征。

在购买阶段，发达资本主义国家从发展中国家获取廉价的生产要素，即原料、燃料和劳动力。经济全球化使跨国公司成为在全球布设研发、生产、销售链条的全球公司。生产阶段也形成了全球化的生产体系和生产链条。一般产品的研发在发达国家，制造在发展中国家。除了以最有利的条件来进行生产，还以最有利的市场来进行销售。尤其是互联网时代，电子商务大大加快了商品的全球销售。

二、资本周转的新变化

资本周转时间是影响资本周转速度的重要因素,随着交通等基础设施以及技术的发展,资本周转时间越来越短。第一,交通运输和信息业的发展大大提高了运输速度和减少了原材料等的储备量和储备时间;第二,发达的交通运输和信息系统也缩短了购买和销售时间。

三、社会总资本再生产的新变化

资本主义社会的扩大再生产使过剩商品成为常态,在凯恩斯主义兴起之前,商品过剩是西方经济危机的主要表现形式。新自由主义盛行以后,资本主义经济重心从生产转向金融,资本过剩问题开始凸显。经济金融化使金融泡沫恶性膨胀,加大了金融活动与实体经济的背离。随着资产证券化、结构化的过度膨胀,以金融衍生品及其他金融创新产品为代表的虚拟资本逐渐脱离生产领域,金融虚拟化程度不断加深。这个阶段,经济危机由产业危机向金融危机、结构性危机转化。

第二部分 案　例

案例一

［案例名称］　巨人集团的兴衰史

［案例适用］　资本循环顺利进行的条件

［案例来源］　摘编自《北京青年报》,2001 年 10 月 31 日.

1989 年 8 月,在深圳,软件科学管理系硕士毕业的史玉柱和三个伙伴,用借来的 4000 元承包了天津大学深圳科技工贸发展公司电脑部,并用手头仅有的 4000 元在《计算机世界》利用先打广告后付款的方式做了 8400 元的广告,将其开发的 M－6401 桌面排版印刷系统推向市场。广告打出后 13 天,史玉柱的银行账户第一次收到三笔汇款共 15820 元,巨人事业由此起步。到 9 月下旬,史玉柱将收到的款项全部再次投入广告。4 个月后,M－6401 的销售额一举突破百万元大关,从而奠定了巨人集团创业的基石。

1991 年 4 月,珠海巨人新技术公司注册成立,公司共 15 人,注册资金 200 万元。1991 年 8 月史玉柱投资 80 万元,组织 10 多个专家开发出的 M－6403 汉卡上市。11 月,M－6401 汉卡销售量跃居全国同类产品之首,获纯利达 1000 万元。

1992 年 9 月,巨人公司升为珠海巨人高科技集团公司,注册资金 1.19 亿元,公司员工发展到 100 人。12 月底,巨人集团主推的 M－6401 汉卡年销售产值共 1.6 亿元,实现纯利 3500 万元,年发展速度达 500%。

1993 年 12 月，巨人集团发展到 290 人，在全国各地成立了 38 家全资子公司。集团在一年之内推出中文手写电脑、中文笔记本电脑、巨人传真卡、巨人中文电子收款机、巨人钻石财务软件、巨人防病毒卡、巨人加密卡等产品。同年，巨人实现销售额 300 亿元，利税 4600 万元，成为中国极具实力的计算机企业。与此同时，国际电脑公司进入中国市场，电脑业开始步入低谷，巨人集团也受到影响。于是巨人集团开始考虑新的投资领域，开始走上扩张之路。

1993 年，全国兴起房地产和生物保健品热，为寻找新的产业支柱，巨人集团开始迈向多元化经营之路——计算机、生物工程和房地产。在房地产方面，巨人集团投资 12 亿元兴建巨人大厦，投资 4.8 亿元在黄山兴建绿谷旅游工程，在上海浦东买下了 3 万平方米的土地，准备兴建上海巨人集团总部。在保健品方面，准备斥资 5 亿元，在 1 年内推出上百个产品。产值总目标是：1995 年达到 10 亿元，1996 年达到 50 亿元，1997 年达到 100 亿元。

巨人集团先是投资生物工程领域，然后在生物工程刚刚打开局面但尚未巩固的情况下，又毅然斥巨资向房地产这一完全陌生的领域发起了进军。欲想在房地产业中大展宏图的巨人集团一改初衷，拟建的巨人科技大厦设计一变再变，楼层节节拔高，从最初的 18 层一直涨到 70 层，投资也从 2 亿元涨到 12 亿元，1994 年 2 月破土动工，气魄越来越大。对于当时仅有 1 亿资产规模的巨人集团来说，单凭巨人集团的实力，根本无法承受这项浩大的工程。对此，史玉柱的想法是：1/3 靠卖楼花，1/3 靠贷款，1/3 靠自有资金。但实际上，大厦从 1994 年 2 月破土动工到 1996 年 7 月，巨人集团未申请过一分钱的银行贷款，全凭自有资金和卖楼花的钱支撑。

1994 年 8 月，史玉柱提出"巨人集团第二次创业的总体构想"。其总目标是：跳出电脑产业，走产业多元化的扩张之路，以发展寻求解决矛盾的出路。

1995 年 2 月，巨人集团隆重召开表彰大会，对在巨人脑黄金战役第一阶段作出重大贡献的一批"销售功臣"予以重奖。5 月 18 日，巨人集团在全国发动促销电脑、保健品、药品的"两大战役"。霎时间，巨人集团以集中轰炸的方式，一次性推出电脑、保健品、药品三大系列的 30 个产品。巨人产品广告同时以整版篇幅跃然于全国各大报。不到半年，巨人集团的子公司就从 38 个发展到 228 个，人员也从 200 人发展到 2000 人。

多元化的快速发展使得巨人集团自身的弊端一下子暴露无遗。1995 年 7 月 11 日，史玉柱在提出第二次创业的一年后，不得不再次宣布进行整顿，在集团内部进行了一次干部大换血。同年 8 月，集团向各大销售区派驻财务和监察审计总监，财务总监和监察审计总监直接对总部负责，同时，两者又各自独立，相互监控。但是，整顿并没有从根本上扭转局面。1995 年底，巨人集团面临着前所未有的严峻形势，财务状况进一步恶化。

1996 年初，史玉柱为挽回局面，将公司重点转向减肥食品"巨不肥"，3 月份"巨不肥"营销计划顺利展开，销售大幅上升，公司情况有所好转。可是，一种产品销售得不错并不代表公司整体状况好转，公司旧的制度弊端、管理缺陷并没有得到解决。相反“巨不肥”带来的利润还被一些人私吞了。集团公司内各种违规、违纪、挪用贪污事件层出不穷。其属下的全资子公司康元公司，由于公司财务管理混乱，集团公司也未派出财务总监对其进行监督，导致公司浪费严重，债台高筑。至1996年底，康元公司累计债务已达1亿元，且大量债务存在水分，相当一部分是由公司内部人员侵吞造成的，公司的资产流失严重。

此时巨人大厦资金缺乏，史玉柱决定将生物工程的流动资金抽出投入大厦的建设。进入7月份，全国保健品市场普遍下滑，巨人保健品的销量也急剧下滑，维持生物工程正常运作的基本费用和广告费投入不到位，许多公司一筹莫展，生物工程一度停产，资金补给线中断。巨人大厦终于抽干了巨人产业的最后一滴血。

按原合同，大厦施工三年盖到20层，1996年底兑现，但由于施工不顺利而没有完工。大厦动工时为了筹措资金，巨人集团在香港卖楼花拿到了6000万港币，国内卖了4000万元，其中在国内签订的楼花买卖协议规定，三年大楼一期工程（盖20层）完工后履约，如未能如期完工，应退还定金并给予经济补偿。而当1996年底大楼一期工程未能完成时，建大厦时卖给国内的4000万楼花就成了导致巨人集团财务危机的导火索。巨人集团终因财务状况不良而陷入了破产的危机之中。

[案例评析]

巨人集团失败给人们最大的启示是，在日趋激烈的市场竞争中，企业资本的运营是决定一个企业是否具有可持续发展能力的重要因素之一。

企业资本的运营，就是将筹集到的资本运用到企业的生产经营活动中去。企业投资决策取决于企业行为的利润最大化原则。要保证实现利润最大化，必须保证企业资本循环和周转的顺利进行。

巨人集团发展初期曾经一度辉煌，但从1994年开始巨人集团走向全面扩张，投资过于草率，缺少论证，资金结构不合理，最终导致资本循环过程中断，资金周转不灵而陷入停滞状态。

当电脑市场利润下滑时，巨人集团开始迈向多元化经营之路，以寻求新的产业支柱，这一点似乎无可厚非，但巨人集团投资缺乏整体安排，没有把资本按一定比例分配在不同的领域，即没有把资本按一定比例分配在货币资本、生产资本和商品资本三种不同的职能形式上，缺少可供周转使用的货币资本。如在保健品开发刚刚打开局面但尚未巩固的情况下，巨人集团斥巨资投资陌生的房地产领域，而且拟建的巨人科技大厦设计反复变化，楼层从最初的18层一直涨到70层，投资也从2亿元涨到12亿元。资本运营的混乱必然导致资本循环的中断。当巨人大厦缺少资金时，只能被迫挪用生物工程的流动资金，这又导致维持生物工程正常运作的基本费用和广告费用不足，生物保健品领域的资本循环中断，无疑抽干了公司的最后一滴血。巨人大厦也因为没有按合同如期完工，不得不按合同规定退还4000万元楼花定金并给予经济补偿，这对巨人集团来说无疑是雪上加霜。当巨人陷入危机的时候，一度只差2000万元资本周转就能渡过难关，可当时未到的货款竟高达3亿元。应收款或者说债权过大，巨人集团没有停止、没有休克时，这部分是资产，一旦出现意外，这部分就变成零了。

巨人集团不但投资草率，资金结构不合理，而且财务管理混乱。其属下的全资子公司康元公司，由于公司财务管理混乱，导致公司浪费严重，债台高筑。至1996年年底，康元公司累计债务已达1亿元，且大量债务存在水分，相当一部分是由公司内部人员侵吞造成的，公司的资产流失严重。

透视巨人集团资本运营，我们可以更深刻地理解马克思资本循环理论及其现实意义。资本是在运动中带来增殖的价值。产业资本的循环依次经过购买、生产、销售三个阶段，分别采取货币资本、生产资本、商品资本三种职能形式，相应地完成三种职能，最后又回到原来的出发点，最终实现价值增殖。产业资本的生命在于产业资本循环的连续性。要实现连续循环，又必须具备两个条件：一是必须保证产业资本的三种职能形式在空间上同时并存。这就必须把资本分为三部分，使它们同时处在循环过程的不同阶段上。这三种职能形式在价值上各占多大的比重，取决于企业的各种具体情况，包括生产资本的结构、生产的技术特点和生产力水平等，也会受到市场供求状况的影响。二是必须保持产业资本的三种职能形式在时间上相继转化。但巨人集团把资本投到了电脑、保健品、房地产三个行业上，缺少可灵活调度使用的货币资本，所以资本循环不畅；另外巨人集团的资本流动性差，过去巨人的资金要么是办公楼、巨人大厦，要么就是债权，这样一旦出现问题，抗风险能力就特别弱。

通过以上分析可以看到，资本要不断增殖，就必须不断循环。不断地运动是资本的内在要求和本性，资本一旦停止了运动，价值就无法增殖，资本就不成其为资本了。

[引导讨论题]

(1) 巨人集团失败的原因是什么？

(2) 巨人集团的失败带给人们什么启示？

案例二

[案例名称]　海尔现代物流系统建设

[案例适用]　顺利循环和加速周转的意义

[案例来源]　(1) 张金隆. 从“人单合一”模式到“海尔制”——访谈海尔集团张瑞敏先生内容观点摘编[J]. 管理学报，2018，(10)：949-952.

(2) 曾耀锐. 基于资金周转的海尔集团供应链管理研究[J]. 经营与管理，2022，(02)：83-89.

创立于1984年的海尔集团，是一家主要生产冰箱、洗衣机、冰柜、空调等大型家电的制造公司。海尔集团坚持“人单合一”管理理念，将企业变成一个网络化的组织，连续11年蝉联欧睿国际世界第一家电零售品牌。在对企业进行全方位流程再造的基础之上，建立了具有国际水平的自动化、智能化的现代物流体系，资金周转速度大大加快，实现了零库存、零运营成本和与顾客的零距离，突破了构筑现代企业核心竞争力的瓶颈。

(1) 采购环节，与上游供应商形成战略合作，信息流、资金流、物流等信息同步共享，形成“急需急供”的JIT供货模式和工厂仓库的“零库存”管理模式。让优质供应商直接参与产品生产，不仅能制造出更满足市场需求的产品，而且减少了库存、降低了生产成本、提高了营运资金管理效率。

(2) 生产环节实行大规模定制模式。这种定单经济，把定单作为业务流程的源头，完全按定单组织采购、生产、销售等全部经营活动。根据需求信息，制定主生产计划，同时实施模块化生产，加速产品生产速度，缩短产品生产周期。“人单合一”模式对员工也是一种激励，调动了员工积极性，能够加速产品生产。

(3) 营销环节采用“急需急供”模式。海尔集团注重用户的体验，自主开发了交互式平台终端，企业按客户提供的需求偏好来定制产品。同时，海尔集团在营销环节对售后服务也做到了及时跟进，确保产品尽可能地满足用户不同的喜好，提高了公司营销渠道营运资金的周转效率。

海尔建立了一整套对市场的快速响应系统。一是建立网上定单管理平台。二是建立网上支付系统。三是建立网上招标竞价平台。四是建立信息交流平台，供应商、销售商共享网上信息，保证了商流、物流、资金流的顺畅。集成化的信息平台架起了海尔与全球用户资源网、全球供应链资源网和计算机网络的桥梁，将用户信息同步转化为企业内部信息，以信息替代库存，强化了整个系统执行定单的能力，海尔物流成功地运用电子商务体系，大大缩短了海尔与终端消费者的距离，为海尔赢得了响应市场的速度，扩大了海尔产品的市场份额。

[案例评析]

(1) 此案例反映了现代物流对提高企业资本周转速度，节省企业流动资本和固定资本，提高企业创造价值能力的积极作用。

(2) 现代物流对提高企业资本周转速度大有帮助。资本周转理论告诉我们，资本的周转时间包括生产时间与流通时间。现代物流实际上既可以节省生产时间也可以节省流通时间，从而加快资本周转的速度。现代物流可以通过加快原材料配送、提高原材料配送质量来实现生产时间的减少。通过节省原材料采购、成品配送、生产前物质配送等环节的时间来缩短流通环节的时间，从而使资本周转时间大大减少，提高资本周转的速度。而加快资本周转速度是资本增殖最大化的根本手段。企业资本周转速度越快，资本的使用效率越高，增殖的价值也就越多。

海尔的业务流程重组，使得企业在成本、质量、服务和速度等方面都有很大的改善。其实质是加快了企业资金循环和周转速度，提高了企业的经济效益。

（3）海尔的业务流程重组和现代物流系统的构建，使企业节省了资金，从而提高了资金的使用效率。如案例中所谈，海尔通过现代物流系统的建设使公司的库存实现了零库存，库存占用资金也大大减少，这就提高了企业资金的周转速度。通过业务流程重组和现代物流体系的构建，企业资金的使用效率，如案例所说，海尔的销售资金占用率在快速下降。市场快速响应体系的建立也大大节省了海尔公司的采购成本和运营成本。根据价值规律，企业的成本和资金的减少实际上是表明企业的经营效率的提高和创造价值的增加。

（4）现代物流体系对企业竞争的重要性。现代物流体系的建立是大中型企业参与全球竞争必然要过的一关。全球竞争的关键是价值创造能力的大小。要实现价值创造的最大化，企业必须使价值创造成本最低，同时使消费者对企业提高的产品和服务定价最大。对于中国企业来说，我们认为近期的着眼点要放在降低价值创造的成本上，远期要注重提高消费者对企业产品和服务的定价。然而要降低价值创造的成本，就必须加快建立符合企业所在行业和业务特点的物流体系，进行业务的重组，而加快资金的周转速度，提高企业的核心竞争能力，这是中国企业成功的出路所在。

［引导讨论题］

（1）加快资本的周转速度对资本的增殖有何重要意义？

（2）你认为我国企业加快资本周转速度的方式有哪些？

案例三

［案例名称］　神秘服装盒来帮时装制造业去库存

［案例适用］　加速周转的意义

［案例来源］　Lena Lee. 北京时尚教育[EB/OL].[2022-02-07]. https://baijiahao.baidu.com/s? id=1671428200448089966&wfr=spider&for=pc.

2020 年，由于新冠疫情，时装产业正面临 100 多年来最大的危机，西方的时尚企业都在想方设法努力生存下去，而数以百万计的亚洲服装厂的员工则开始担心生计问题。为此，时装零售商和供应商都需要为变革做好准备。

彭博社新闻报道称，自疫情暴发以来，主要的时装品牌已取消了孟加拉国约 1089 家服装制衣工厂总共价值约 15 亿美元的订单。在其他地方，有些时装品牌取消了订单，并停止为已下订单付款，这给薪水已经很低并且没有社会保障的服装制造商带来了巨大的影响，孟加拉国的许多工厂已经无限期关闭，一些被解雇的员工收到的补偿是不足一个月的工资，而更多的员工则是一无所有。这些员工未来的日子里充满了挑战。为应对这些意外事情的发生,英国一家电子购物应用程序公司想了一个办法,通过卖服装包装盒的概念,来拯救面临危机的时装制造业和从业员工。

通过售卖服装盒以减少库存的想法来自于"遗弃库存"LostStock 网店,该公司隶属英国一家电子购物应用程序公司马尔兹。公司首席执行官卡里·拉塞尔表示,策划"服装盒"的概念是为了帮助工厂的员工,支持他们的生计。消费者通过"遗弃库存"网店可以直接从制造商那里购买已取消订单的服装,而且只需付衣服的半价,这不仅可以帮助工厂员工解决生存问题,使工厂能够处置库存,同时消费者也可以获得折扣。通过这种方式,可以实现时装行业的"二次废物"解决方案,否则这些未售出的库存通常会直接送到垃圾填埋场。

服装盒可以弥补有生存压力的制衣工人与浪费的服装之间的差距。消费者通过"遗弃库存" LostStock 网店订购盒子,根据年龄和颜色偏好选择衣服尺码,每个盒子的价格为 35 英镑,约 310 元人民币,是零售价的一半(每盒原价 70 英镑)。

服装盒是一个神秘的礼盒,只有在收到盒子后才知道里面有什么衣服,通常有 3 件来自高阶品牌的服装,且直接由孟加拉国的制造商发货。在大多数情况下,所有产品都是上衣和 T 恤,因为遇到合适的下装比较难。这些衣服原本是为高阶(指主要商业街)品牌特制的,但是由于品牌公司取消订单,衣服没有品牌标签。如果消费者收到不喜欢的衣服,可以和朋友交换并分享,目前,"遗弃库存"网店正为此开发另外一个共享平台。

"遗弃库存"LostStock 网店最初的目标是在 5 月能够支持 5000 个家庭生活的费用,到 2020 年底增加到 10 万个家庭。目前,已经卖出了超过 9 万个时装盒子,意味着有 9 万个家庭获得整整一周的生活费。网站表示,希望能够帮助尽可能多的人,并使 136 万至 516 万吨服装免于运往垃圾填埋场,从而拯救环境、拯救地球。

[案例评析]

"遗弃库存"LostStock 网店的成功主要是其良好的减少库存的策略。

(1) 广告语"买一个服装盒子,援助工人一周的生活(Buy a box, supports a worker for a week)"响亮、易记,激发了人们的同情心。在危机期间,买服装盒就是帮助失业的工人,就是做善事。

(2) 充分利用网络和粉丝的力量。"遗弃库存"LostStock 网店的倡议是积极有意义的,引起媒体、网红的关注和分享,大大促进了库存销售量。

(3) 利用了当下年轻消费者喜欢的潮流"盲盒"文化,极大激发了消费者尤其是年轻人的购买欲。

(4) 低价销售。降价一半,很实惠,自然会吸引购买者。

[引导讨论题]

(1) 你认为"遗弃库存"LostStock 网站成功的原因有哪些?

（2）通过这个案例，你如何理解马克思所说的“惊险的一跃”？

案例四

［案例名称］　资金链断裂的危机

［案例适用］　加速资本循环和周转的意义

［案例来源］　（1）孙添禹. ST凯迪资金断裂案例研究[D]. 长春：吉林财经大学，2020.

（2）邹梦雪. 互联网视频公司资金断裂的财务成因及对策研究[D]. 昆明：云南财经大学，2020.

材料1

2018年对于ST凯迪来说绝对是艰难的一年，从4月末公司未在规定时间披露上年度年报开始，到5月公司发生大规模债务违约，多名高管离职，随即被会计师事务所出具无法表示意见的审计报告，ST凯迪的危机正式拉开帷幕。众多债权人提起诉讼，公司多个银行账户遭遇冻结，大股东所持股份被司法轮候冻结，上市公司及控股股东均被证监会立案调查，公司大面积停产，涉诉案件上百起。外部融资环境收紧、盲目扩张加大经营风险、过度依赖债务融资、关联方占用大量资金及资金管控制度不严格是造成公司资金链断裂的五个主要因素。

材料2

我国互联网视频行业产生的时间不长，但是在十几年时间里迅速发展。尽管互联网视频行业前景广阔，但是在激烈的竞争和巨额的运营成本下，不少视频网站要么被收购了，要么转型了，要么被日益边缘化了，各网站纷纷寻求出路。暴风集团在上市后开始了朝着多元化经营的方向发展，并由此开始了一步步深陷资金链危机的境地。最开始是暴风集团由于退出了版权争夺战，失去了核心业务收入，于是开始转战互联网电视，以暴风TV为核心，开始进行大批量的生产和销售，而这些产品的毛利率一直为负，难以产生利润，这就使得暴风集团的资金链开始吃紧。在进行多元化经营扩张的过程中出现了投资不利，这就加重了暴风集团的资金链危机。而在融资方面，暴风集团也是挫折连连，两次融资的失败使暴风集团深陷资金链困境，而随着暴风集团2018年的5000万“迷你”定增计划的叫停和CEO冯鑫的被捕，标志着暴风集团的资金链已经彻底断裂。

［案例评析］

（1）资金链由资金投入链、资金运营链和资金回流链三个链条构成，对于企业来说,资金链的流动过程通常分为内部资金流动和外部资金流动两部分。内部资金流动,即资金流入—投资使用—销售回款这样一个反复的过程;外部资金流动,即外部融资—投资—投资资金回笼这样一个循环的过程。在实际中,由于企业资金是密不可分、相互关联的,所以往往把这两部分看成一个整体,因为在资金的流动过程中,企业获得外部融资后,开始逐渐转变为内部资金,资金通过购买生产材料、设备等,进行企业生产,在生产出可销售的产品后,再通过商品销售将资金回笼,回笼的资金再用于偿还融资本息和再投资,只有全盘考虑,资金链才能有效运转,企业才能更好把控资金,利用资金创造更多的价值。

(2) 资本循环和资本周转理论以生产和流通这两个过程统一的角度去阐述产业资本的循环与周转。所谓资本循环,简单来讲,资本最初以货币为表现形式,资本所有者以货币购买生产所需的原材料、劳动力等,然后进入生产过程,生产出可供销售的产品,此时完成了货币到产品的转化,再将产品投放于市场,当商品销售后,收回更多的货币,完成产品到货币的转化。经过购买阶段、生产阶段、销售阶段,实现了资本的循环运动,最后回到原来的出发点。所谓资本周转,是指资本靠不断地运动来实现增殖的,资本周而复始不断重复就叫资本周转。资本的周转的核心问题是周转速度,资本周转得越快,资本就能发挥越大的作用,创造更多的剩余价值。资本在循环的过程中会产生一定的剩余价值,进而实现资本的增殖,这也是资本家的目的,所以要持续实现这样的目的,只有保持资本一直循环下去,而想要使资本持续循环,就要满足资本的空间并存性和时间继起性。资本想要循环,就必须使资本处于不同的形态上,就是要依据公司实际情况,将资本按一定比例分为货币资本、生产资本、商品资本,这三种资本形式按着顺序,连续不断地在这三种资本形态之间进行转换,保持连续性。一旦资本在任一阶段出现停滞,都会对企业造成巨大的影响,如果在销售阶段出现资金停滞,表示商品销售不出去,或者销售后资金难以回收,那么企业就会缺乏资金,不能购买充足的生产物资,难以进行下一轮的生产,或者导致产能过剩,造成企业收入减少,利润降低,给企业带来资金压力,严重时甚至会造成资金链断裂。因此,合理地进行资本运作,保证资本在购买、生产、销售这三个阶段有条不紊地开展,是企业稳定发展的前提。利用资本循环周转理论,将其落实到公司中,保证公司的资金有着良好的循环和流动,是企业资金管理始终如一的要求。

[引导讨论题]

(1) 为什么资本周转速度对一个企业有这么重要的意义?

(2) 在现代社会,企业更加注重资本循环的哪一个环节?为什么?

第三部分　计算题

1. 假定某一资本的剩余价值率为100%，该资本4年周转一次，试问该资本的年剩余价值率为多少？

解：$M' = m' \times n = 100\% \times 1/4 = 0.25 \times 100\% = 25\%$。

答：该资本的年剩余价值率为25%。

2. 甲、乙两个资本主义企业，甲企业资本周转时间为3个月，乙企业资本一年周转0.5次。问：(1)甲企业资本周转次数是多少？(2)乙企业资本周转的时间是多长？

解：

(1) $n = U/u = 12/3 = 4$(次)；

(2) $n = U/u = 12/0.5 = 24$(月)$= 2$(年)。

答：(1)甲企业资本周转次数为4次；(2)乙企业资本周转的时间为2年。

3. 甲、乙两个资本主义企业，预付总资本均为100万元，甲企业固定资本为总资本的80%，使用寿命为10年；乙企业固定资本为总资本的40%，使用寿命为5年；甲企业流动资本年周转10次，乙企业流动资本年周转15次，资本有机构成为9∶1，剩余价值率为100%。求：

(1) 两企业的年剩余价值量各为多少？

(2) 年剩余价值率各为多少？

(3) 预付资本总周转次数各为多少？

解：(1) 年剩余价值量：

$M_{甲} = v \times m' \times n = 100/(9+1) \times 100\% \times 10 = 100$(万元)，

$M_{乙} = v \times m' \times n = 100/(9+1) \times 100\% \times 15 = 150$(万元)。

(2)年剩余价值率：

$M'_{甲} = M/v = 100/10 = 1000\%$，

$M'_{乙} = M/v = 150/10 = 1500\%$。

(3) 预付资本总周转次数：

$n_{甲} = 2.08$(次)，

$n_{乙} = 9.08$(次)。

答：甲、乙两企业的年剩余价值量分别为100万元和150万元；年剩余价值率分别为1000%和1500%；预付资本总周转次数分别为2.08次和9.08次。

4. 某企业年产10000件商品。投资固定资本30万元，使用年限为10年；投资流动资本9万元，周转时间为2个月；雇佣工人50人，月平均工资100元；每件商品社会价值为30元。

试计算：

(1) 剩余价值率为百分之多少？

(2) 年预付资本周转速度为多少次？

(3) 年剩余价值率为百分之多少？

解：

(1) m'＝生产周期的剩余价值量/实际使用的可变资本

＝[(30元×10000件)W－(9万元×12/6＋30万元/10年)c]/(50人×100元×12月)v＝9万元/6万元＝150％。

(2) 年预付资周转速度＝(30万元×1/10＋9万元×12/6)/(30万元＋9万元)＝1.9(次)。

(3) $M'=m'\times n=150\%\times 12/6=300\%$。

答：该企业剩余价值率为150％；年预付资本周转速度为1.9次；年剩余价值率为300％。

5. 某企业年产10000件商品。固定资本额为10万元，使用年限为10年，投入流动资本额为5万元，周转时间为3个月。雇佣工人200人，月平均工资30元，每件商品的社会价值为30元。请计算：

(1) m'是多少？

(2) 年预付资本的周转速度是多少次？

(3) M'是多少？

解：

(1) m＝30×10000(商品总社会价值)－10000(固定资本年周转额)－50000×12/3(流动资本年周转额)＝300000－10000元－200000＝90000(元)。

m'＝90000m/30×200×12＝125％。

(2) 年预付资本周转的速度＝(1＋20)/(10＋5)＝1.4(次)。

(3) 年剩余价值率是年剩余价值量和预付可变资本的比率。

计算方法1：

由(1)已知M＝90000元。预付可变资本额为30×200×3＝18000(元)。

M'＝90000元/18000元＝500％。

计算方法2：

$M'=m'\times n=125\%\times 12/3=500\%$。

答：该企业m'为125％；年预付资本周转速度为1.4次；M'为500％。

6. 社会总产品价值构成为：第Ⅰ部类，4000c＋1000v＋1000m＝6000；第Ⅱ部类：1600c＋800v＋800m＝3200；两大部类的积累率均为25％。试计算，为实现扩大再生产，如果第Ⅰ部类追加资本的有机构成为 9∶1，那么第Ⅱ部类追加资本的资本有机构成是多少？

解：

扩大后的第Ⅰ部类的生产模式为：4000c＋225Δc＋1000v＋25Δv＋750m/x＝6000，

根据扩大再生产实现的基本公式Ⅰ(v＋Δv＋m/x)＝Ⅱ(c＋Δc)，

则第Ⅱ部类扩大再生产的模式为 1600c＋175Δc＋800v＋25Δv＋600m/x＝3200，

第Ⅱ部类追加资本的资本有机构成 c∶v 应是 7∶1。

答：第Ⅱ部类追加资本的资本有机构成是 7∶1。

7. 社会两大部类预付资本情况是：

Ⅰ24000 c＋3000v；Ⅱ6000c＋1500 v 。

两大部类 c 中固定资本都各占 50%，使用年限均为 5 年，当年更新 1/5；剩余价值率 m′为 100%。试计算：

(1) 当年两大部类生产产品价值各为多少？

(2) 为实现扩大再生产，两大部类积累率均为 60%，第Ⅰ部类追加资本的有机构成为 11∶1，则第Ⅱ部类追加资本的有机构成比例应是多少？

(3) 第二年社会资本扩大再生产的结果，两大部类生产的发展速度各为多少？

解：

(1) 因为 w＝k＋m，

所以 Ⅰw＝(24000c×50%)/5＋24000c×50%＋3000v＋3000m ＝20400，

Ⅱ w＝(6000c×50%)/5＋6000c×50%＋1500v＋1500m＝6600。

(2) 先求Ⅰ(v ＋Δv)＋m/x＝3000＋3000×60%×1/(11＋1)＋3 000×(1－60%)＝4350。

因为Ⅰ(v ＋Δv)＋m/x＝ Ⅱc＋Δc，

所以Ⅱ Δc＝4350－Ⅱ3600c＝750。

又因为 m－m/x ＝Δc＋Δv，

所以Ⅱ Δv＝1500m×60/100－750c＝150，

所以Ⅱ Δc∶Δv＝750∶150＝5∶1。

(3) 先求Ⅰc 和 m，Ⅱ c 和 m。

Ⅰc＝[(24000c＋1650Δc)×50%]×(1＋1/5)＝12825×6/5＝15390，

Ⅱc＝[(6 000c＋750Δc)×50%]＋(1＋1/5)＝3375×6/5＝4050，

Ⅰm＝Ⅰ(3000v＋150Δv)×100%＝3150，

Ⅱm＝Ⅱ(1500v＋150Δv)×100%＝165，

所以 Ⅰ发展速度＝

(15390c＋3150v＋3150m)/(14400c＋3000v＋3000m)＝106.32%，

Ⅱ发展速度＝(4050c＋1650v＋1650m)/(3600c＋1500v＋1500 m)＝

111.36%。

答：(1)当年两大部类生产产品价值各为20400和6600；

(2)第Ⅱ部类追加资本的有机构成比例应是5∶1；

(3)两大部类生产的发展速度分别为106.32%和111.36%。

第七章　剩余价值的分配

第一部分　本章内容导读

第一节　平均利润和生产价格

一、生产成本

商品的价值由三部分组成：不变资本的价值(c)、可变资本的价值(v)和剩余价值(m)。用公式表示就是：W＝c＋v＋m。生产商品的全部劳动耗费与资本的耗费并不完全相同。生产商品的实际耗费即全部劳动耗费，等于商品的全部价值，即 c＋v＋m；而资本耗费是 c＋v，两者的差额就是被资本家无偿占有的剩余价值。

商品的资本主义生产成本，是按照资本的耗费来计算的，而商品的实际费用是按照劳动的耗费来计算的。生产成本是资本家企业的盈亏平衡点，商品价格高于生产成本就盈利，反之则亏损。

二、剩余价值转化为利润

剩余资本原是由可变资本带来的。可变资本交换的是劳动力，劳动力的使用是价值和剩余价值的唯一源泉。但资本家认为，剩余价值不仅是全部所费资本的一个价值增加额，而且是全部垫付资本的一个增加额。所以，当剩余价值不被看作是可变资本的产物，而被看作是全部垫付资本的产物或增加额时，剩余价值便取得了利润的形态。

剩余价值与全部预付资本的比率叫利润率。剩余价值率是剩余价值与可变资本的比率，而利润率则是剩余价值与全部预付资本的比率。用 p'代表利润率，C 代表全部预付资本，利润率 $p'=m/C$。

资本主义生产的目的就是以最小的预付资本取得最大限度的利润。影响利润率的变动的因素主要有四个：一是剩余价值率；二是资本的有机构成；三是资本周转速度；四是不变资本的节约。

剩余价值率和利润率是同一剩余量用不同方法来表示的比率。利润率是剩余价值率的转化形式，但两者有区别：在量上，利润率总是小于剩余价值率；在质上，反映的关系不同。

三、利润转化为平均利润

平均利润是不同部门的资本家通过竞争重新瓜分剩余价值的结果，平均利润实质上就是把社会总资本作为一个整体看待时所得到的利润率，用公式表示为

平均利润率＝剩余价值总额/社会总资本

在利润率平均化的条件下，各部门的资本家便可以根据平均利润率获得与其预付资本量大小相适应的平均利润，即

平均利润＝平均利润率×预付资本

平均利润率的高低取决于两个因素：第一，部门利润率水平低。如果部门利润率水平高，则平均利润高。第二，社会总资本在各部门之间的分配，即投在各部门的资本在社会总资本中所占比重的大小。如果投入利润率高部门的资本在社会总资本中所占的比重大，平均利润率水平就高；反之则较低。随着社会生产力的发展，社会资本平均有机构成会提高，因此平均利润率一般会趋于下降。

某些部门之间的利润率在个别年份可能存在较大差别，但从较长时期看，各个部门的利润率存在着平均化的趋势。

四、价值转化为生产价格

利润转化为平均价格，价值也就转化为生产价格。生产价格是生产成本与平均利润之和。

生产价格是价值的转化形式。生产价格的形成是以平均利润的形成为前提的。生产价格和价值之间存在差别。在质的方面，生产价格同资本相联系，同活劳动没有直接联系。在量的方面，生产价格和价值经常不一致。

资本有机构成高的部门，其产品的生产价格高于价值。资本有机构成低的部门，其产品的生产价格低于价值。只有资本有机构成相当于社会平均资本有机构成的部门，如纺织工业，其产品的生产价格正好同价值相等。

从整个社会来看，生产价格与价值没有发生量的变化，但从资本有机构成较高和较低的部门来看，生产价格和价值的差额是经常存在的。这样，在价值转化为生产价格的条件下，价值规律作用的形式发生了变化。商品不再以价值而是以生产价格为基础交换，市场价格的变动不再以价值为中心，而是以生产价格为中心。

商品的市场价格决定于社会生产价格。社会生产价格一般是由社会平均生产条件决定的。个别生产价格低于社会生产价格的企业，可以获得高于平均利润的超额利润。

生产价格的变动主要取决于价值的变动。平均利润是以剩余价值为基础的，它只是剩余价值在不同部门间重新分配的结果。生产价格是价值的转化形式。

五、平均利润率下降趋势

(一) 平均利润率的下降

随着资本有机构成的不断提高,平均利润率不断下降。但平均利润率下降并不意味着利润总量减少。总资本量的增加会使利润量也增加。

(二) 阻碍平均利润率下降的因素

在平均利润率下降的同时,也有一些因素阻碍平均利润率下降:第一,劳动剥削程度的提高;第二,工资被压制到劳动力价值之下;第三,不变资本价格下降;第四,相对过剩人口的存在;第五,对外贸易的发展。

(三) 平均利润率下降规律内在矛盾的展开

利润率下降和利润绝对量增加会加深资本主义的一系列矛盾:第一,生产扩大和价值增殖之间的矛盾;第二,相对人口过剩和资本过剩的矛盾;第三,剩余价值生产和剩余价值实现之间的矛盾。

第二节　商业利润、利息和地租

一、商业资本和商业利润

(一) 商业资本的本质和作用

资本主义的商业资本是从产业资本中分离出来,专门从事商品买卖,独立发挥商品资本的职能,以获取商业利润为目的的一种资本形式,是产业资本处于流通过程的商品资本、货币资本的独立的、转化的形式。

执行商品流通的职能,即在流通领域专门从事商品买卖以及相关的货币经营,以提高产业资本和总资本的运动效率和剩余价值率,实现商品中包含的价值和剩余价值,并获取商业利润,这是商业资本固有的、基本的职能。

商业资本促进了产业资本的发展,具体表现在:节省了流通资本,有利于产业资本家提高经济效益;缩短了流通时间,加速了产业资本的周转。

(二) 商业利润

商业利润是商业资本家从事商业经营活动所获得的利润,是来自商品购销的价格之差,是产业资本家让渡给商业资本家的由产业工人创造的剩余价值的一部分。商业利润大体上相当于平均利润。

(三) 商业流通费用及其补偿

商业资本由直接用于购买商品的预付资本和商业流通费用两部分构成。商业流通费用分为生产性流通费用和纯粹流通费用。生产性流通费用是由商品使用价值运动所引起的费用，如商品的运输、保管、分类、包装等费用，是商品价值的构成部分；纯粹流通费用是由商品的价值运动所引起的费用，即商品纯买卖行为引起的费用，如广告费、簿记费、办公费、商业店员工资等。生产性流通费用能够增加商品价值，参与利润平均化，通过商品的销售加以收回和得到补偿。而纯粹流通费用是通过商品售卖价格的加价办法来实现的，从价值补偿来看，它是剩余价值的一种扣除。

二、借贷资本和利息

（一）借贷资本

借贷资本是从职能资本（包括产业资本和商业资本）中游离出来的闲置货币资本转化而来的资本形式。它是拥有闲置货币资本的借贷资本家为了取得利息而暂时贷给职能资本家的货币资本。

（二）利息和利息率

借贷资本家不会让职能资本家白白使用这些货币资本，必须取得一定的代价。职能资本家使用借贷资本剥削工人的剩余价值也不能独吞，必须分出一部分以利息形式支付给借贷资本家。因此，利息就是职能资本家使用借贷资本而让渡给借贷资本家的一部分剩余价值。

借贷资本的产生使货币资本的所有权和使用权发生分离。借贷资本家是资本的所有者，职能资本家是资本的使用者。同一资本两重存在，借贷资本家和职能资本家对同一资本带来的平均利润进行瓜分。平均利润被分割为利息和企业利润两个部分，利息归借贷资本家所有，企业利润归于职能资本家所有。利息和企业利润的来源都是剩余价值，是平均利润在量上分割的两个具体形态。

明确了利息的本质，还需考察利息的量的规定。利息量的规定是由利息率决定的。利息率是一定时期内的利息量与借贷资本总额的比率，即

$$利息率 = \frac{一定时期的利息量}{借贷资本总额} \times 100\%$$

利息的数量则由借贷资本总额和利息率两个因素所决定，即

$$利息量 = 借贷资本总额 \times 利息率$$

利息是平均利润分割出来的一部分，所以利息率只能在最高界限平均利润率和零之间上下摆动。一定时期利息率的高低取决于两个因素：一是平均利润率水平；二是借贷资本供求状况。此外利息率的高低还受其他一些因素影响，如预期价格变动率、国家的财政货币政策、借贷资本风险的大小、借贷时间长短等。

（三）银行和银行利润

适应资本主义生产发展的需要，货币资本的借贷主要由银行来办理。银行是专门经营货币资本的企业。

银行资本家为经营银行业务所支配的货币资本，叫作银行资本。银行资本由两

个部分构成：一是银行预付的自有资本；二是银行吸收的存款。

银行经营货币资本，充当借贷中介人，主要职能有两个：吸收存款和发放贷款。银行的信用业务有负债业务和资产业务。负债业务就是以吸收存款方式借入资金，资产业务就是通过发放贷款贷出资金。此外，银行还有结算、代理等中间业务。

银行资本家经营银行业务是为了获取利润。贷款利息和存款利息之间的差额，扣除经营银行业务的费用以后，便构成银行利润。

银行资本家所获得的利润应相当于平均利润，银行资本家所获得的银行利润与其自有资本的比率，等于平均利润率。

银行利润的来源是生产部门的雇佣工人所创造的剩余价值，它是由向银行借款的职能资本家将其剥削雇佣工人所获得的剩余价值的一部分作为利息付给银行而形成的，所以，银行资本家也参与了剩余价值的瓜分。

（四）股份公司

随着资本主义信用制度的发展，股份公司也获得了广泛的发展。股份公司是通过发行股票集资经营的企业组织形式。现代资本主义国家的大中型企业，大都采取股份公司的形式。其中最典型和成熟的形式是股份有限公司。企业以其经营的法人财产为限，股东以其投资额为限，对企业债务承担有限责任。

股票是股份公司发给股东的入股凭证，是投资人入股取得股息等收入的凭证。股票持有人成为公司的股东，股东凭股票获得的收入叫股息。股息是按股票票面额从企业利润中分得的一部分企业利润。其实质是工人创造的剩余价值的转化形式。

股票一经售出，就不能退还给发行公司，但可以在证券二级市场出售。股票价格又叫股票行市。它不是股票所代表的现实资本价值的货币表现，只是一张有价证券，一种能够从股份公司获得股息收入的所有权证书，是股息收入的资本化。股票的买卖是由于资本主义信用制度的发展引起的，人们买卖股票，总要同货币资本的借贷收入相类比。股票价格计算的公式如下：

$$\text{股票价格}=\frac{\text{股息量}}{\text{利息率}}=\text{股票票面额}\times\frac{\text{股息率}}{\text{利息率}}$$

决定股票价格的基本因素是股息和存款利率，但股票价格还受其他一些因素的影响，如市场上股票的供求状况、物价水平、政府的财政税收和金融货币政策、经济周期变动，以及政治、心理、投机等因素。

资产阶级采取过宣扬“资本民主化”的方式，发行小额股票，让普通人也能购买股票，宣称这消灭了劳动与资本的界限，然而事实并非如此。股份公司的领导权完全操纵在少数大股东手里。因为股东的表决权是一股一票，大股东拥有股票的控制额。发行小额股票无非是资本家将劳动人民手中少量的积蓄集中起来进行资本生产的一种手段，并没有改变劳动人民被资本家剥削的经济地位。股份公司在本质上是大资本控制小资本的形式，也是大资本支配其他阶层货币收入的形式。

(五) 虚拟资本

虚拟资本是以股票、公债券、企业债券、银行券、不动产抵押单、金融衍生品等形式独立于实际资产之外的资本存在形式。由于这种类型的资产往往与一定的预期收益相对应，而且还可以通过交易得到相应的收益，从这个意义上可以被视作资本。但是，这种类型的资本既不同于生产和商业资本，也不同于货币资本，它们本身没有价值，不能作为价值符号，也不能在直接生产过程中发挥作用。一般情况下，虚拟资本的价格总额总是大于实际资本额的，其变化并不反映实际资本额的变化。

虚拟资本作为索取收益的权利凭证，其价格不是其面值，而是其预期收入的资本化，即

$$\text{虚拟资本的价格}=\frac{\text{预期收益}}{\text{平均利息率}}$$

虚拟资本的存在和发展要以实体资本为基础。虚拟资本能否实现价值增殖，必须以企业实体资本运作的有效性为前提。

虚拟资本对现实资本的发展有重要的作用，它能够创造货币，促进信用关系和股份制的发展，扩大货币资本的积累；推动资本的社会化，促进了资本的集中；加速了资本的周转，提高了社会经济运行效率；促进了新的社会经济部门的形成与发展。但是，虚拟资本的发展也给现实经济的发展带来了新问题。这类资本常常成为投机工具，造成虚假繁荣，导致金融和经济危机。虚拟资本不仅不反映现实货币资本的积累，而且自我扩张，过度发展。会牺牲和挤压现实资本，影响现实经济的发展，制造出经济泡沫，增大了调控宏观经济的难度。

三、资本主义地租

(一) 资本主义土地私有制和资本主义地租的本质

土地所有制是人们在一定社会制度下占有土地的形式。在资本主义制度下，土地归私人所有者占有。资本主义土地所有制是从封建土地所有制和个体农民的小土地所有制演变而来的。概括起来，有两条道路：一条是改良的道路，即按照资本主义经营方式改造地主庄园，逐步转变为资本主义土地私有制。在历史上以普鲁士为代表，所以称为普鲁士式道路。另一条是革命的道路，即在摧毁封建土地制度的基础上，使小农经济迅速两极分化，逐渐形成了资本主义的大农场，形成了资本主义土地私有制。历史上以美国为代表，所以称为美国式道路。

资本主义在农业中的发展和资本主义土地私有制的形成，不同的国家具有不同的途径。为了使资本主义土地私有制迅速发展，西欧一些国家通过采取暴力手段掠夺土地，强制农业小生产者与土地分离，这就是农业中的资本原始积累过程，这个过程在英国表现得最为典型。

资本主义地租的特征：

(1) 资本主义土地私有制反映着土地所有者、农业资本家和农业工人三个阶级之间的关系。

(2) 在资本主义土地私有制条件下，大土地所有者手中掌握和集中了大量土地，他们一般不直接从事农业经营，而是把土地租给农业资本家，建立起以土地租赁为基础的资本主义农场。

(3) 农业资本家雇佣农业工人，采取雇佣劳动剥削方式从事农业生产经营，并把剥削到雇佣劳动者的剩余价值的一部分，即超额利润，以地租形式缴纳给土地所有者。

资本主义地租是指农业资本家为租种土地、取得土地使用权，而向土地所有者缴纳的超过平均利润的那部分剩余价值。

地租性质：来源于农业工人创造，是超额利润的转化形式。

地租类型：资本主义制度下的地租，根据其产生的原因和条件，可以分为级差地租和绝对地租两种基本类型。另外还有垄断地租、矿山地租等特殊形式。

(二) 级差地租

资本主义级差地租是租种较好土地的农业资本家向大土地所有者交付的超额利润。它是由优等地和中等地农产品的个别生产价格，低于按劣等地决定农产品的社会生产价格之间的差额构成的。

农业中的基本生产资料是土地，不同土地存在着好坏差别，肥沃程度不一样或者地理位置有差别。其所提供的单位面积农产品数量也不同。农业资本家租种等级不同的土地所缴纳的单位地租数量便有差别。这就是地租的级差性。

级差地租形成的条件是土地自身的自然差别(肥沃程度或地理位置)以及对土地连续投资的收益差别。由于土地有肥沃程度、地理位置等方面的差别，投在不同土地上的等量资本，会有不同的生产率。投资较好的土地上生产农产品，借助于有利的自然条件，能够提高劳动生产力，降低成本价格和个别生产价格，获得超额利润，形成级差地租。

级差地租产生的原因是由于土地的资本主义经营垄断。首先，土地的资本主义经营垄断，农产品的社会生产价格决定于劣等地的生产条件，使经营优等地和中等地的农业资本家都能获得超额利润，形成级差地租。其次，土地的资本主义经营垄断，使农业中的超额利润具有相对稳定性质。

极差地租有两种形态：级差地租Ⅰ和级差地租Ⅱ。

级差地租Ⅰ是指并列地投在不同土地上的资本由于有不同的生产率而形成的超额利润。形成级差地租Ⅰ的条件有二：一是各个土地肥沃程度不同；二是各个土地的地理位置不同。

级差地租Ⅱ是连续投在统一土地上的各个资本由于生产率不同而产生的级差地租。

(三)绝对地租

农业资本家无论租佃好地或坏地,都绝对必须缴纳的地租叫绝对地租。

绝对地租形成的条件:在相当长的发展时期,农业的资本有机构成低于工业资本有机构成,或低于社会平均资本有机构成。

绝对地租产生的原因:农业中土地私有权的垄断。农业部门生产的剩余价值不参加利润率的平均化,农产品能够按价值出售,把超过生产价格以上的余额转化为绝对地租。

绝对地租的数量取决于两个因素:一是农产品的供求状况。求大于供,农产品价值和生产价格差额会全部转化为绝对地租。供大于求,农产品价值和生产价格差额的一部分转化为绝对地租。二是农业资本有机构成的高低。如果农业资本有机构成提高,农产品价值和生产价格的差额就会缩小,从而绝对地租数量就会减少。如果农业技术进步,出现农业资本有机构成和社会平均资本有机构成趋于平均,甚至高于社会平均资本有机构成的情况,那时农产品价值和生产价格的差额就会消失。但土地私有权的垄断依然存在,那时的绝对地租来自农产品的垄断价格。

在资本主义制度下,土地所有者不仅凭借土地所有权可以获得地租,而且可以出售土地。土地的价格不是价值的货币表现,而是资本化的地租。土地价格的计算公式如下:

$$\text{土地价格}=\frac{\text{地租}}{\text{利息率}}$$

土地价格的高低取决于两个因素:地租数量的大小和银行存款利息率的高低。

第三节　资本主义分配关系的新变化

一、国民收入分配关系的变化

随着资本主义经济关系的发展,资本主义分配关系也出现了一些新变化。

资本主义中国民收入分配的是新创造价值的实现形式 v+m 的部分。现实生活中的工资 v 呈现多样化形式,如生存性工资、激励性工资、福利性工资和保障性工资等。对劳动力消耗的补偿是工资的主要功能和作用,而在当代工资制度中,逐步转向重视对“劳动的刺激”,通过把工人的工资与其劳动贡献大小和企业经济效益联系起来。不管工资的具体形式如何变化,都不会改变其作为劳动力价值的性质。

在剩余价值分配部分,当代发达资本主义国家参与剩余价值分配的主体已不再局限在资本家阶级,已扩展到企业管理人员和一般劳动者。企业管理人员和科技劳动者会获得股票期权和技术股权,普通劳动者也可以购买企业股权,他们凭借股权获得部分剩余价值。财产性收入的增加是资本主义收入分配的一个重要变化。

二、国家的社会福利制度

社会福利制度是发达资本主义国家政府，以社会福利形式对国民收入进行再分配的一种制度。

资本主义福利制度的萌芽在资本主义早期就已经出现，如1601年英国政府颁布的历史上第一部具有社会保障性质的《济贫法》。作为一种社会分配制度，它是第二次世界大战后在资本主义国家形成和发展起来的。资本主义国家各国的社会福利制度具体内容和形式不尽相同。如日本分为社会保险、国家救济、社会福利、医疗保健和义务教育五部分。瑞典分为社会保险与社会救济、失业津贴与救济、残疾社会救济、免费教育与家庭福利、住房补助、职业培训六个部分。形成这种制度的主要原因有：

第一，科技和生产力的发展使资本家剩余价值和国家税收不断增加，社会福利也增加。

第二，资产阶级为缓和阶级矛盾而推行各种福利制度。

第三，发达资本主义国家掠夺落后国家和地区大量财富，其中部分用之于社会福利。

资本主义的社会福利制度对资本主义国家的政治稳定、经济发展、社会进步起到促进作用。但也加重了政府的财政负担，推动了物价上升，不利于调动职工的劳动积极性等。这迫使西方发达国家从20世纪80年代末开始，着手对这一制度进行调整或改革，如控制和消减各种社会福利支出、推动社会福利“私有化”等。

三、发达资本主义国家在全球范围的掠夺和剥削

当代发达资本主义国家通过经济、文化、军事、政治等手段在全球范围内掠夺和剥削发展中国家，主要有：

(1) 通过商品的不等价交换获取暴利。在经济全球化过程中，发达国家利用其优势的高价的高技术产品和发展中国家的低廉的低技术产品进行不平等交换来获取利润。

(2) 通过国际资本市场获取暴利。某些发达国家经济实力强大，其货币具有世界货币性质，因而可以获取“货币税”。

(3) 通过政治和军事的干预获取暴利。有的西方国家通过政治、军事干预掠夺石油、矿藏等自然资源。利用跨国公司的资本输出和贸易中的不平等交换来剥削发展中国家。

第二部分 案 例

案例一

［案例名称］ 级差地租在乡村转型过程中的作用

［案例适用］ 级差地租

［案例来源］ 肖娅.级差地租理论视角下乡村转型的解析与假设——以武进区礼嘉镇的乡村为例[D].南京:南京大学,硕士论文,2017.

材料1

土地承包经营权流转成为级差地租产生的推手。随着农村专业合作制度的不断完善,新型股份土地合作社大量涌现。随着土地流转在礼嘉镇的日益普遍,农村社区股份合作社、农民专业合作社和家庭农场逐渐成为土地经营流转的重要表现形式。以礼嘉镇的宏宏果品专业合作社为例,这是一个以种植户联合成立的非土地股份合作社,成立至今的三年内,通过引进葡萄新品,至2016年9月份累计实现销售收入3000多万元(包括葡萄、水蜜桃等所有果品),示范带动周边果品种植3000亩,种植户500户,积极带动农民增收创收。由于葡萄在不同肥沃和技术创新土地上的产量的增加和品质的提升,前后产量和销售价格的差值共同构成了级差地租产生的利润空间。

材料2

现代农业产业园的建设提供了更大的级差地租空间。现代农业产业园主要是应用先进的农业生产技术,改变种植物品种销售的盈利,级差地租的拉大先后得益于土地增减挂钩和新投资者对土地的投资。土地增减挂钩政策是指将土地所有权由集体所有变为国家所有,其实质的所有权发生转移。将置换出来的地块用于商业、工业或都市农业,相较于农业地块的生产效益实现了较大提高。因此,置换出来的地块由于位置距离市场更近(区位租),或通过新投资者追加投资提高生产效率(投资租),成为城乡建设用地增减挂钩中级差地租产生的两种原因。

［案例评析］

级差地租是经营较优土地所获得的,归土地所有者占有的农产品的个别生产价格低于社会生产价格而形成的超额利润。产生级差地租的前提主要分为三类:①土地不同的丰度条件;②土地不同的区位条件;③为提高劳动力生产率而在同一块地上连续投资。级差地租按其不同的形成条件分为级差地租Ⅰ和Ⅱ两种形式:其中等量资本投入等量面积的不同地块，因土地肥沃程度和位置的差异而产生的由超额利润转化的地租为级差地租Ⅰ；在同一地块上连续追加投资形成不同生产率，而产生的超额理论转化成的地租为级差地租Ⅱ。

“租隙”理论的基本内涵是潜在地租水平与在现行土地使用下实际资本化地租的差值。

[引导讨论题]

（1）你可以分辨出来上述材料 1 和材料 2 分别包含了哪种级差地租吗？

（2）近年来，我国大力推进乡村转型，不管是土地承包经营权流转、现代农业产业园建设，还是宅基地的有偿使用和流转盘活，其背后都有着级差地租的推动作用。你可以试着分析一下在某一种政策中，级差地租理论是如何发挥作用的。

案例二

[案例名称]　秦池集团“昙花一现”原因分析

[案例适用]　产业资本、商业资本

[案例来源]　泰山酒业：以品质品牌创引鲁酒振兴[N]. 华夏酒报，2021-8-31(C15).

秦池集团为何“昙花一现”

秦池酒厂的前身是 1940 年成立的山东临朐县酒厂，地处沂蒙山区。至 20 世纪 80 年代，秦池酒厂一直为年产量万吨左右的县级小型国有企业。截至那时，秦池酒厂都和普通工厂无二般。1995 年，秦池做了一个大胆而冒险的决定，同时又满怀希望的渠道：争夺 1996 年 CCTV 标王。

什么是 CCTV 的标王？即拥有在央视黄金时间段投放广告的权利。央视作为国务院直属正部级事业单位中央广播电视总台所属中华人民共和国的国家电视台，其黄金时间段面向的群体数量是难以想象的。可以说，成为了央视标王，几乎可以在一瞬间让全国都知晓这家企业的名字。所以，企业竞争标王就是在给自己的企业打一次巨大的广告。

1995 年 11 月 8 日，秦池以 6666 万元的天价击败众多竞争对手，成功夺取 CCTV 标王。成为 CCTV 标王，通过黄金时间段铺天盖地的宣传和炒作，秦池一时间成为全国知名的企业，企业品牌和产品知名度飞速提升，在白酒市场上甚至对标“茅台”，在原有市场基础之上秦池迅速形成了全国市场的宏大格局。

1996 年 11 月 8 日，秦池集团又以 3.2 亿元再次卫冕“标王”。如此庞大的广告开支，必须要有足够多的销售收入补偿。秦池集团对于自身利润计算过，3.2 亿元的宣传成本至少在未来一年里需要 15 亿元的销售收入。就算在消费者市场中有足够

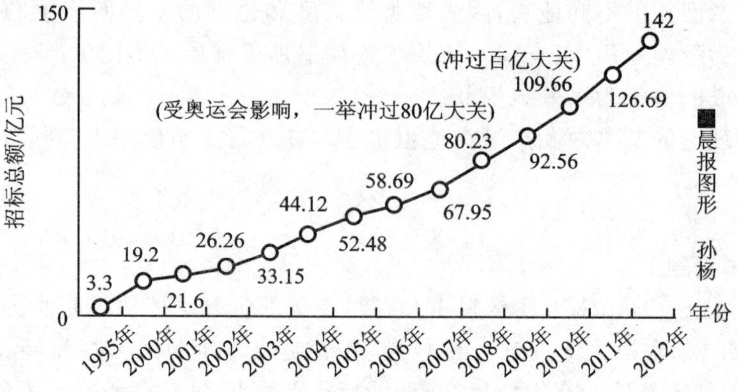

注：17年间，央视招标收入翻了43倍

央视历年的“吸金”之路

的买方，秦池集团自身也要有生产6.5万吨酒的能力。要生产6.5万吨左右的酒，需要约4万吨的原酒勾兑，这对于当时的秦池集团来说几乎是不可能的。每年固态发酵生产仅能产出3000吨的秦池集团为了实现大量订单大量收购四川散酒，加上本厂的原酒、酒精勾兑生产。

1997年初，某报社编发了3篇通讯稿，引发了消费者和市场巨大的争议。通讯稿中揭露了秦池集团自身实际的生产能力以及收购散酒进行勾兑的问题，而秦池集团本身未采取及时的公关措施，舆论界开始对秦池集团进行攻击，秦池酒的声誉急速下降，市场占有率也大幅下跌。1997年，尽管秦池的广告仍旧铺天盖地，但销售收入却比上年锐减了3亿元，利税下降了6000万元。

1998年1月至4月，秦池酒厂的销售收入比去年同期减少了5000万元。1996年底和1997年初加大马力生产的白酒积压了200车皮，1997年全年只卖出一半，全厂20多条生产线现在也只开了四五条，全年亏损已成定局，效益指标迅速下降。曾经辉煌一时的“秦池模式”转瞬成为即逝的泡沫。

泰山酒业：以品质品牌创引鲁酒振兴

2021年一季度，泰山酒业销售业绩同比疫情前的2019年增长32%；上半年，企业实现利税两亿元，在鲁酒中遥遥领先……数字增长的背后，是泰酒人近八十载匠心匠艺的发展历程和对品质、品牌的不懈坚守。

优秀品质严格保障，奠定泰酒全国化基石

走进泰山酒业集团，近3万平方米的酿酒车间是亚洲最大的单体车间。“吃饭吃小灶，喝酒喝小窖”，凭借着被列入非物质文化遗产的泰山传统酿造技艺，泰山酒业用过硬的产品品质，在白酒市场上推出了一个又一个爆款，塑造了一个又一个传奇。“对于任何一个行业，任何一个企业来说，产品都是最核心、最关键的武器。没有好的产品，就是没有好的武器，一切策略和战术都等于零。”泰山酒业集团董事长张铭新说到。

积极优化产品结构，打开“鲁酒振兴”一扇窗

毋须讳言，过去的20多年，由于种种原因，鲁酒长期在低端消费市场徘徊，蜗居本地市场难以外拓，不仅丧失了高端领域的竞争优势，也在全国化的市场进程中失去了发展机遇。“泰酒以稳为主，但并不代表我们不进取、不发展，而是在‘稳’字的基础上持续探索，这符合我们企业的发展理念。”张铭新说，面对消费的升级和多元化，泰山酒业对产品结构和产业结构进行了调整。通过大量行之有效的创新举措，凭借市场与消费下沉以及多元化发展战略，泰山酒业实现跨越式发展。为了迎合市场和消费者需求，泰山酒业推出“稳如泰山喜庆版”等战略新品，不仅稳步提升了产品结构，而且开发了一些新区域市场，为“鲁酒振兴”打开了一扇窗。

赓续泰山博大精深文化，构建泰酒品牌新高地

承袭着泰山文化的精神内涵，泰山酒业在创新中，将泰山文化的传承贯穿于企业发展的始终。“陆、空”一体的全覆盖模式，在提升泰山酒品牌知名度的同时，也把博大精深的“泰山文化”带到了全国各地。泰山酒业的市场不仅是在山东，而是面向全国，这一进程正在加快。泰山酒业重视营销队伍建设，努力打造出一支一流的营销团队，稳步推进泰山酒业“南进北拓”的全国化布局。“做企业就像跑一场没有终点的马拉松，考验的是耐力。我们把‘打造百年幸福泰酒　构建卓越和谐企业’作为企业发展的目标。”张铭新坚信，有好的产品、质量和品牌，泰山酒业的明天会更美好，对社会的贡献也会更大，打造百年幸福泰酒的目标也定能实现。

[案例评析]

秦池古酒为什么失败了

秦池古酒从走出平庸到回归，时间不超过3年。看似大胆又充满希望的道路为什么最终破产？为什么在已经成为家喻户晓的产品并且拥有大量订单后，企业仍然无法盈利？

1. 秦池古酒企业本身的局限性

从秦池古酒企业自身实力来说，它的创新能力、生产能力、管理能力以及企业资本都不足以支撑其竞争标王。“秦池古酒”既然以文化作为卖点之一，那首先就要保证自己产品足够独特，与众不同。这需要一定的生产技术的加成。中国历史源远流长，酒文化博大精深，秦池古酒想以文化作为一大卖点，势必要有与之匹配的足够独特的原酒。

秦池集团无论是对生产技术的要求还是核心原酒的需求，都需要大量资金的投入。然而秦池集团过分倚重广告营销，投入过大的商业资本，挤占技术改造资金，企业创新能力、运营能力大幅降低，即便集团知名度大大提高，订单量上升，也难以弥补企业内部的生产与管理问题，最终将问题暴露在大众视野中，名誉损失巨大。

2. 秦池酒厂缺乏有效的市场营销战略

(1) 没有认真分析外部环境

在产业政策方面,国家限制白酒的发展,对白酒业开征高达25%的消费税,并要求白酒企业的广告费从税后利润中列支,中央各部委也要求在公务活动中禁用白酒。白酒业已成为夕阳产业;在消费者习惯方面,随着经济水平的提高,人们的文化水平、生活水平改善,中国人对酒的追求开始多样化,越来越多的年轻人更加青睐口味清甜的果酒,保健意识越来越强的中国人不再追求高度数的烈酒,白酒市场潜力有限;在竞争者方面,白酒竞争市场激烈,数量多,供大于求,水平参差不齐,像茅台这种一直在高端白酒市场具有绝对竞争实力的头部企业,要撼动其地位绝非易事。

以上三个方面都充分说明白酒市场存在着巨大的风险,在没有充分的实力水平以及对市场的了解的情况下,盲目地投资以及扩张策略对于企业都是极其危险的。

(2) 没有认真剖析自身资源

秦池品牌自身创办历史并不久,资金积累相比其他老牌企业不算雄厚,产品自身特色不明显,企业规模中等,生产能力有限,生产技术水平不高,以上种种弱点都证明秦池集团还不具备享誉全国的名声。在实力还未达到特大企业的水平,却强行通过过高的商业资本提高自己的知名度与销售量,最终导致面对如此巨大的订单量时,在秦池集团二十几条生产线的生产能力远远不够的情况下,无法一时间扩大自己的企业规模而只能收购散酒,最终失去了消费者市场。

3. 过度依赖商业资本而缺乏对其他影响因素的考察

资本主义的商业资本本该是从产业资本中分离出来,执行商品流通的职能,即在流通领域专门从事商品买卖以及相关的货币经营,以提高产业资本和总资本的运动效率和剩余价值率,实现商品中包含的价值和剩余价值,并获取商业利润,这是商业资本固有的、基本的职能。像广告费这类属于纯粹流通费用。

秦池集团原本只是一个中小型企业,竞争“标王”花费的商业资本大多是银行贷款。企业要想持续发展,就必须要有持续充足的财务资源支持,先在商业资本中进行过量投入,占了产业资本的大部甚至超过了企业本身的产业资本,往往会造成企业陷入资金短缺、资产结构与资本结构不协调等多种财务困境。

通过大肆宣传自己的产品导致销售量暴增,秦池集团面临着不得不扩大自己的生产规模,提高自己的生产力以应对庞大的订单,从而提高固定资产等长期性资产比例的同时,使流动资产在总资产中的比例相应下降,由此降低了企业的流动能力和变现能力。

也就是说,此时秦池所面临的现实问题是:企业急需大量产业资本进行扩大再生产的同时,面临银行贷款到期要求还款之间的矛盾。

秦池集团对广告的过度依赖,让他们忽视了对企业自身和市场的敏锐观察。据了解,秦池集团1992年还处于亏损状态,1995年就花费6666万元竞争标王,次年更是以3.2亿元再次夺标。自身实力平庸、未及时观察到市场的变化、过分依赖商业资本的作用……秦池古酒最终还是在市场的竞争中失败了。

［引导讨论题］

(1) 毋庸置疑，秦池集团当年两次竞争“标王”的决策是错误的，那么秦池集团当年应该怎么做才能避免悲剧呢？

(2) 2021 年一季度，泰山酒业销售业绩同比疫情前的 2019 年增长 32%；上半年，企业实现利税两亿元，在鲁酒中遥遥领先……为什么同样是以鲁酒为特色，同样是原本毫不起眼处于市场边缘地带，泰山酒业却能够一步步发展壮大呢？泰山酒业与秦池集团相比，优势在哪里？

案例三

［案例名称］　级差地租在海洋渔业生产中的具体运用

［案例适用］　级差地租的具体运用

［案例来源］　(1) 郭昕，纪建悦，许瑞恒. 基于地租理论的养殖用海海域使用金定价机制探讨[J]. 海洋开发与管理，2020，37(12)：31-36.

(2) 郑天皓. 减负！山东威海调整养殖用海海域使用金征收标准最多下调 43%[EB/OL]. [2021-11-09]. https://baijiahao.baidu.com/s?id=1663010279047756017&wfr=spider&for=pc.

材料 1：减负！山东威海调整养殖用海海域使用金征收标准最多下调 43%

山东省威海市印发《关于调整威海市养殖用海海域使用金征收标准的通知》，自 2020 年 3 月 25 日—2025 年 3 月 24 日，实施新的养殖用海海域使用金征收标准。

据悉，围海养殖用海征收标准由每公顷 3000 元/年，调整为每公顷 1700 元/年，下调 43%；海底底播养殖用海征收标准调整为每公顷 500 元/年；海上网箱养殖用海征收标准调整为每公顷 1650 元/年；海上筏式养殖用海征收标准为每公顷 300 元/年；人工鱼礁礁体部分调整为：三等海域征收标准为每公顷 25840 元/年；四等海域征收标准为每公顷 20240 元/年；人工鱼礁礁体之外海域调整为每公顷 500 元/年；透水构筑物占比由 25%下调为 10%。

此外，对于海域使用金征收标准调整生效之日前已经确权的人工鱼礁项目用海，本着自愿的原则，用海单位可以对其已经实施的人工鱼礁礁体面积进行一次海底构筑物多波束扫测，扫测结果礁体面积占比高于 10%的，按执行扫测结果确定的礁体面积征收，礁体面积占比低于 10%的，执行 10%的新标准，不开展扫测的仍按礁体面积 25%的标准执行。扫测报告应于海域使用金调整标准重新公布之日起 6 个月内完成，否则视为自愿放弃扫测工作。

本次养殖用海海域使用金调整，有利于缓解企业由于成本上升带来的经营压力，促进威海围海海水养殖企业健康稳定的发展。据测算,调整后养殖用海海域使用金征收标准每年可为养殖用海企业和个人减轻负担766.23万元。

材料2

我国养殖用海海域使用金的制定存在年代久远、现势性较差以及不同地区差别较大等问题,为在经济层面上实现海域所有权,国家应向海域使用者征收绝对海租;由于海水质量和地理位置等因素直接影响养殖用海等海域开发利用活动的整体效果和经济利益,也应根据不同资源禀赋收取级差海租。因此,从地租角度考察养殖用海海域使用金的制定,应是绝对地租和级差地租的综合体现。

[案例评析]

在经济学中,"土地"并非仅指土地这种特定的资源,也可泛指一切自然资源。作为广义层面的土地,海域的特点和功能与陆域具有相似性。《海域法》释义提出,海域使用金是国家作为海域自然资源的所有者出让海域使用权应当获得的收益,是资源性国有资产收入。可以看出,海域使用金的定义也借鉴了"土地出让金"的概念。因此,借鉴地租理论研究海域使用金具有必要性和合理性。

1. 海域使用金的级差地租分析首先需要了解以下两个重要因素

(1) 养殖用海海域使用金

从《海域法》的颁布和实施、海域使用金征收标准的制定到原国家海洋局在《关于海域、无居民海岛有偿使用的意见》中对海域使用金的进一步说明,海域使用金为规范用海秩序以及维护海域所有者和使用者的合法权利发挥重要作用。然而目前我国养殖海域产权制度仍不完善,尽管《海域法》对养殖海域的最高使用年限明确界定为15年,但多地仍采用"一年一办证"的管理方法,使养殖用海使用权存在到期续约难和养殖海域无法固定等问题。责任不明晰在一定程度上促使养殖户片面追求经济利益而过量使用饲料和抗生素,对近海养殖生态系统平衡和可持续发展产生不利影响。因此,养殖用海海域使用金的合理制定和规范实施仍亟待改进。

我国沿海地区的围海养殖用海和开放式养殖用海由各地区依据本地情况,结合《关于加强海域使用金征收管理的通知》中的"海域等别"自行制定。我国沿海地区养殖用海海域使用金的征收标准具有4个主要特点:

第一,制定年代久远,现势性较差。现行的养殖用海海域使用金征收标准已逾10年,随着社会经济的发展、物价的上涨和耕海环境的变化,始终未调整的海域使用金征收标准已很难适应新时代养殖用海的发展需求。

第二,大多数沿海地区依据海域等别对辖区内的养殖用海进行差别化海域使用金定价。河北、辽宁、山东和浙江等多地根据管辖海域等别制定海域使用金征收标准。

第三,不同地区养殖用海海域使用金的差别较大。

第四,不同地区相同海域等别的海域使用金征收标准不同。同为一等海域,广东的征收标准是山东的4倍。

(2) 海水质量

《海水水质标准》针对海域的不同使用功能和保护目标，将海水质量分为4类，涵盖海洋渔业、海上娱乐、临海工业和港口建设方面。《中国近岸海域环境质量公报》将我国海域水质分为"优""良好""一般""差""极差"5个等级。

我国沿海地区的海水质量具有3个特点：

第一，东海的海水质量最差，南海的海水质量最好，黄海的海水质量优于渤海。

第二，海南、广西、辽宁和山东的海水质量较好，海南的海水质量等级连续11年为"优"；上海、浙江和天津的海水质量较差，上海和浙江的海水质量等级多年为"极差"；广东、福建、河北和江苏的海水质量等级居中。

第三，随着我国海洋生态环境保护力度的逐年加大，沿海地区的海水质量普遍向好（上海和浙江除外）。此外，海水质量与海水养殖产量高度相关，即海水质量越好，海水养殖产量越高。

2. 基于地租理论的养殖用海海域使用金

在土地私有制下，地租作为土地所有者实现其经济所有权的方式应运而生。然而海域资源开发利用的历史较短，且长久以来被视为公共资源的海域一直处于无偿使用的状态。随着我国海域有偿使用制度的确立，海域有偿使用的观念逐渐深入人心，此后我国对海域价值的评估和海域使用金的征收也越来越重视。

长久以来，受陆域思维的影响，人们对海域资源的定位仅是"鱼盐之利，舟楫之便"。随着海洋观念的树立和海洋科技的进步，人们对海洋资源的开发利用力度不断加大，海洋资源也给人类社会创造了多种价值。虽然绝大多数海域资源具有一定的可再生性，但海域的有限供给在人类的无限需求面前显得微不足道，加之对海域资源的不合理开发利用等也会使其再生速度减慢。因此，海域资源的有用性和稀缺性使对海域所有权的垄断具有合理性和必要性。

海域使用金与地租在形式和内容上具有一致性，海租价格的制定应同时包括海域使用价值以及因改变海域自然属性致使海域价值遭受损失的补偿，而后者目前在征收力度上仍存在欠缺。

为在经济上实现海域所有权以及推动海域资源的有序开发利用，国家实行海域有偿使用制度，即向海域使用者收取相应租金。在市场经济条件下，无论海域等级高低，海域使用者都应向海域所有者缴纳一定数额的租金，即绝对海租。因此，绝对海租是绝对地租理论在海域有偿使用和海域使用金征收领域的应用实践。

级差海租是指海域使用者开发利用海水质量较好的海域所带来的超额利润。由于不同海域的资源禀赋存在差异，当其他投入条件不变时，其边际生产力和超额利润有所不同，级差海租应运而生。我国沿海地区的海水质量和海域等别差异明显，因此应以级差地租的原理对养殖用海海域使用金进行差别化定价，即在海水质量好和资源丰富的海域与海水质量差和资源匮乏的海域分别制定不同的征收标准。结合我国沿海地区历年海水质量，从级差海租的角度来看，在养殖用海海域使用金的征收标准方面,海南、广西、辽宁和山东应为全国最高,广东、福建、河北和江苏应为中间地带,而浙江和天津应为最低。

[引导讨论题]

(1) 级差地租理论中的绝对地租与级差地租分别对应案例分析中的什么部分?

(2) 为什么级差地租理论可以运用到海洋养殖方面?

第三部分 计算题

1. 某资本家新办一个企业,用20万美元建造厂房,又用20万美元购买机器、设备,每年厂房、机器设备损耗10万美元,资本家购买一年内全部消耗完毕的原材料20万美元,雇佣工人一年工资10万美元,年产品的总价值为60万美元。试计算:

(1) 成本价格是多少?

(2) 利润率是多少?

(3) 请写出成本价格的概念及其对企业的意义。

解:(1)成本价格等于所耗的不变资本加可变资本,因而,

$$成本价格 =(10+20)c+10v=40(万美元)$$

(2) 利润率等于剩余价值与预付资本的比率,因而,

$$p'=(60-40)/(20+20+20+10)=28.6\%$$

答:(1)成本价格是40万美元;(2)利润率是28.6%;(3)成本价格是指所费的不变资本与可变资本的价值总和,是商品销售价格的最低界限和企业生产经营活动盈亏的界限,也是企业在市场竞争中成败的关键。

2. 有甲、乙、丙三个部门,投资总额均为100亿元,资本有机构成分别为9∶1、4∶1、7∶3,固定资本分别为总资本的80%、60%、40%,使用年限为10年;流动资本一年周转1次;m′为100%。试计算:

(1) 各部门的所费资本总额是多少?

(2) 各部门的剩余价值总额是多少?

(3) 各部门的利润率是多少?

(4) 各部门的平均利润率是多少?

(5) 各部门的平均利润是多少?

(6) 各部门的生产价格是多少?

解:

(1) $k_{甲}=c+v$

$$= 100\times80\%\times(1/10)+[100\times9/(9+1)-100\times80\%]+100/(9+1)$$

$$=8+10+10=28(亿元)$$

$k_{乙}=c+v=100\times60\%\times(1/10)+[100\times4/(4+1)-100\times60\%]+100/(4+1)$
$=6+20+20=46$(亿元)

$k_{丙}=c+v=100\times40\%\times(1/10)+[100\times7/(7+3)-100\times40\%]+100/(7+3)\times3$
$=4+30+30=64$(亿元)

(2) $m_{甲}=v_{甲}\cdot m'=10\times100\%=10$(亿元)

$m_{乙}=v_{乙}\cdot m'=20\times100\%=20$(亿元)

$m_{丙}=v_{丙}\cdot m'=30\times100\%=30$(亿元)

(3) $p'_{甲}=m_{甲}/c_{甲}=10/100=10\%$

$p'_{乙}=m_{乙}/c_{乙}=20/100=20\%$

$p'_{丙}=m_{丙}/c_{丙}=30/100=30\%$

(4) 平均利润率$=60/300=20\%$

(5) 平均利润$=100\times20\%=20$(亿元)

(6) 生产价格甲$=k_{甲}+$平均利润$=28+20=48$(亿元)

生产价格乙$=k_{乙}+$平均利润$=46+20=66$(亿元)

生产价格丙$=k_{丙}+$平均利润$=64+20=84$(亿元)

答:(1)甲、乙、丙三个部门所费资本分别为 28 亿元、46 亿元、64 亿元;(2)剩余价值总额分别为 10 亿元、20 亿元、30 亿元;(3)利润率分别为 10%、20%、30%;(4)平均利润率为 20%;(5)平均利润为 20 亿元;(6)生产价格分别为 48 亿元、66 亿元、84 亿元。

3. 设产业部门预付不变资本 16200 万元,其中固定资本 13250 元,使用年限为 5 年;可变资本 1800 万元;剩余价值率为 200%。商业部门设所用资本和所费资本相等,剥削生产性工人的剩余价值率也为 200%,预付资本的情况是:购进商品资本 1000 万元;保管费用 300 万元(其中:200c,100v);运输费用 500 万元(其中:400c,100v);纯粹流通费用 200 万元。试计算:

(1) 平均利润率为百分之多少?

(2) 产业资本获得的平均利润是多少?

(3) 商业资本获得的平均利润是多少?

(4) 产业部门商品出厂价格是多少?

(5) 商业部门售卖商品生产价格是多少?

解:

(1) 平均利润率=(产业部门工人创造的剩余价值+商业部门生产性工人创造的剩余价值−纯粹流通费用)/(产业预付资本总额+商业预付资本总额)

$=[1800\times200\%+(100+100)\times200\%-200]/(16200+1800+1000+300+500+200)$

$=19\%$

(2) 产业平均利润＝(16200＋1800)×19％＝3420(万元)

(3) 商业平均利润＝(1000＋300＋500＋200)×19％＝380(万元)

(4) 出厂价格＝(16200－13250×4/5)＋1800＋3420＝10820(万元)

(5) 商业售卖商品生产价格＝出厂价格＋商业利润＋保管费＋运输费＋纯粹流通费用

＝10820＋380＋300＋500＋200＝12200(万元)

答：(1)平均利润率为19％；(2)产业资本获得的平均利润为3420万元；(3)商业资本获得的平均利润为380万元；(4)产业部门商品出厂价格为10820万元；(5)商业部门售卖商品生产价格为12200万元。

4. 某银行资本家自有资本11.5万元；吸收存款100万元，存款利息率为3％；除银行业务开支5000元外，其余全部贷出，贷款利息率为5％。银行资本家用获得的利润创办股份公司，以票面额100元一张发行股票，按股息6％向外抛售。试计算：

(1) 银行利润是多少？

(2) 银行利润率是百分之多少？

(3) 每张股票价格是多少？

(4) 通过抛售股票又获取了多少利润？

解：

(1) 银行利润＝(贷款利息－存款利息)－其他手续费

＝(115000－5000)×5％＋1000000×(5％－3％)－5000

＝20500(元)

(2) 银行利润率＝银行利润/银行自有资本总额＝20500/115000＝17.8％

(3) 股票价格＝股息量/利息率＝股票票面额×股息率/利息率

＝100×6％/3％＝200(元)

(4) 抛售股票取得的利润额＝抛售额/票面额×(股票价格－股票票面额)

＝20500/100×(200－100)＝20500(元)

答：(1)银行利润为20500元；(2)银行利润率为17.8％；(3)每张股票价格为200元；(4)通过抛售股票又获取了20500元的利润。

5. 设农业部门所用资本和所费资本相等，与工业部门剩余价值相同。工业部门资本有机构成为8c∶2v；农业资本有机构成为6c∶4v，。社会平均利润率为20％，并设追加投资产生的超额利润全部转化为地租。各农业资本家共租种1万亩土地，投资情况如下：

土地分级	优等地		中等地		劣等地
投资/万元	初次	追加	初次	追加	10
	10	10	10	10	
产量10万公斤	7	8	5	6	4

试计算：

(1) 级差地租Ⅰ是多少？

(2) 级差地租Ⅱ是多少？

(3) 绝对地租是多少？

(4) 存款利率为3%时每亩土地价格是多少？

解：

(1) 先求农产品的社会生产价格：

每公斤农产品的社会生产价格＝(10＋10×20%)÷4 ＝ 3(万元)

级差地租Ⅰ＝单位农产品社会生产价格×优中等土地初次投资比劣等土地超产数

＝3×(7＋5－4×2)＝12(万元)

(2) 级差地租Ⅱ＝单位农产品社会生产价格×追加投资比劣等土地超产数

＝3×(8＋6－4×2)＝18(万元)

(3) 绝对地租：根据工业情况，求剩余价值率：

$m'=m/v=(k\times p')\div v=[(8+2)\times 20\%]\div 2=100\%$

单位农产品的绝对地租＝(劣等地剩余价值－平均利润)÷劣等地产量

$=(4v\times 100\% m'-10c\times 20\% p')\div 4=0.5$(万元)

绝对地租总额＝单位农产品的绝对地租×农产品总量

＝0.5×(7＋8＋5＋6＋4)＝15(万元)

(4) 土地价格：

地租总量＝12(级差地租Ⅰ)＋18(级差地租Ⅱ)＋15(绝对地租)＝45(万元)

土地价格总额＝45÷3%＝15(万元)

每亩土地价格＝1500÷10000＝1.5(万元/亩)

答：(1)级差地租Ⅰ为12万元；(2)级差地租Ⅱ为18万元；(3)绝对地租为15万元；(4)每亩土地价格为1.5万元。

第八章 资本主义经济危机和历史趋势

第一部分 本章内容导读

第一节 资本主义经济危机

一、资本主义经济危机的实质与原因

资本主义经济危机是指资本主义再生产过程中资本主义经济制度因素引发的周期性生产过剩危机。第二次世界大战之前,资本主义经济危机的表现为工业生产大幅下降、企业破产、工人失业、世界贸易萎缩等。当代资本主义经济危机的表现为虚拟经济脱离实体经济,大量资本滞留在金融领域,银行坏账增加。

在资本主义商品生产中,价值增殖是生产和交换的唯一目的,使用价值(实物)则仅仅是价值增殖的一种手段,这就必然导致生产和消费的严重冲突。马克思主义政治经济学认为,资本主义经济危机的根本原因是资本主义社会中社会化生产和资本主义占有这一矛盾。具体表现为:

第一,资本主义生产无限扩大的趋势与劳动人民有支付能力的需求相对缩小之间的矛盾;

第二,资本主义个别企业内部生产的有组织性与整个社会生产的无政府状态之间的矛盾;

第三,信用的发展是加剧资本主义经济危机的重要因素。

二、资本主义经济危机的周期性

资本主义经济危机不但不可避免地爆发,而且总是每隔一段时间就爆发一次,呈现出一定的周期性,一般包括危机、萧条、复苏和高涨四个阶段。

资本主义经济危机之所以能以周期性的方式进行,原因在于经济周期中存在着推动危机周期性发生的物质基础,即固定资本的更新。

三、当代资本主义经济危机的新特点

当代资本主义社会基本矛盾不断加剧,使得经济危机呈现出不同于以往的新特点:

(1) 资本与劳动的矛盾进一步加剧；

(2) 经济运行的无政府状态更加严重：20 世纪 70 年代新自由主义爆发后，自由市场经济和资本主义经济关系在全球迅猛扩张，同时也使市场经济的自发性、盲目性和无政府状态空前加剧；

(3) 虚拟经济与实体经济严重脱离：金融化不断膨胀的结果必然导致资产泡沫的破裂，导致金融危机，进而引起和加剧生产过剩的经济危机；

(4) 世界经济格局严重失衡：主要表现为发展中国家与发达国家经济发展水平、消费水平的失衡，一些主要经济体特别是发达国家消费与储蓄的失衡。

第二节　资本主义的历史地位

一、资本主义的历史进步性和局限性

生产力与生产关系的矛盾运动是推动人类社会进步的根本动力，在资本主义社会中表现为生产社会化与生产资料私人占有之间的矛盾。资本主义在历史发展阶段中，具有历史进步性和鲜明的局限性。

资本主义的产生打破了封建社会对社会生产力发展的束缚，为新的更高级的社会制度的产生奠定了基础。资本主义实现了商品关系的普遍化，促进了生产的社会化。人与人之间形成了全面的相互依赖和广泛的社会交往，促进了分工、协作、生产的集中以及劳动和自然科学的结合，推动了生产资料和劳动过程的社会化，打破了各国家之间的封闭状态，使生产和消费具有世界性，把人类历史变成了真正的“世界历史”。

对于剩余价值的极大化追求，使资本主义社会具有了前所未有的创新动力，从而推动了生产力的发展、科学技术的不断创新和人类社会的进步。资本主义社会催生了新技术革命，对劳动生产率的提高作出了显著贡献。

劳动力的商品化，使劳动者摆脱了奴隶制和封建制对统治者的人身依附，形式上实现了法律面前的平等和人身自由。这种法律上的平等和人身自由的获得，使劳动者摆脱了之前社会制度所形成的人身依附关系，有利于发挥生产者的积极性和创造性。

从本质上来说，资本主义社会是以资本主义私有制代替封建社会私有制，用资本主义剥削方式代替封建剥削方式，从而依然存在着不可克服的根本矛盾和严重弊端。特别是生产社会化和生产资料私人占有之间的矛盾，个别企业生产中的有组织性和整个社会生产中的无政府状态之间的矛盾，市场竞争的自发性和盲目性，以及社会财富的两极分化愈加严重，这些问题必将随着生产力进一步发展，实现社会主义制度替代资本主义制度而最终得到解决。

二、资本主义生产关系的自我调整

资本主义生产关系在其发展过程中,存在着为了适应生产力发展而进行的生产关系自我调整。

第一,所有制结构的调整。生产社会化发展到一定阶段后,一定程度上股份资本所有制必然被国家所有制所替代。第二次世界大战后,一些发达资本主义国家曾掀起了规模较大的国有化浪潮。虽然20世纪80年代开始,一些主要资本主义国家重新接受了新自由主义的主张,将国有经济重新"私有化"。但是国有化并未退出经济领域,它仍然是资本主义国家保障社会再生产顺利进行的重要手段。与传统的资本主义私有制相比,经过调整后的、包含国家所有制的资本主义所有制制度,在一定程度上适应了社会化生产的要求。但是,从根本上来说,资本主义国家是资产阶级的"总代表",国家是代表整个资产阶级占有和支配生产资料的,资本主义国有制资本在整个国民经济中只是私人资本的一种补充形式。国有化和私有化只不过是实现资本利益的两种不同手段。

第二,宏观政策的调整。早期资本主义实行的是自由放任政策,1929—1933年世界经济危机之后,主要资本主义国家开始实行国家干预政策,通过财政政策、货币政策、收入政策等手段对社会总供求关系进行调节,以维护宏观经济的稳定,遏制资本主义经济危机的频繁发生,从而形成资本主义经济计划性增强的结果。然而在资本主义经济的框架内,过度的国家干预会影响资本主义企业的经营自由,影响资本主义市场经济的正常运行,引起财政赤字过大、社会福利负担过重和企业活力不足等弊病,因此经济自由主义政策一直没有真正消失。国家干预主义和经济自由主义是资本主义国家在不同时期和不同条件下的两种政策,都服务于资本主义经济的发展,并不改变资本主义经济制度的根本性质。

第三,收入分配的调整。在资本主义经济制度无产阶级与资产阶级之间在经济利益上是对立的。资产阶级为了获得更多的剩余价值极力压低工人工资,从而导致资本主义基本矛盾尖锐化。为了缓解社会矛盾,资本主义国家不得不通过税收等手段,对收入分配过程进行调节,通过建立和完善社会保障制度等一系列社会福利政策,从而为劳资严重对立的资本主义生产关系营造一个缓冲空间,在一定程度上调整资本主义生产关系,以达到缓和阶级矛盾,稳定资本主义社会经济秩序的目的。

第四,国际政策的调整。生产社会化的发展必然导致经济的全球化,而经济全球化的发展又使资本主义基本矛盾的作用范围进一步扩大。随着世界各国之间的经济联系日益密切,资本主义的经济危机成为了世界性的经济危机,这就需要加强国际间的经济协调。第二次世界大战后,陆续建立起一系列超国家的国际经济组织,为战后国际经济协调发挥了一定的作用;20世纪70年代以后,西方发达国家之间开始通过国际会议协调宏观经济;20世纪90年代以来,区域经济集团化组织规模不断扩大,经济一体化程度不断提高。国际经济协调在维护世界经济秩序、推动世界经济发展等方面发挥了一定作用，但是国际经济政策的协调以主权国家的存在为前提，在世界各国之间既有广泛的协调，也存在着根本利益的矛盾和激烈的竞争。此外，由于历史原因和现实力量对比，国际经济规则的制定权垄断在少数发达国家手中，一些规则对广大发展中国家来说是不公正、不合理的。

资本主义生产关系的自我调整，客观上适应了生产力发展的要求，一定程度上缓和了资本主义的基本矛盾，推动了社会生产力的发展。然而这些调整又是被迫、局限且有限的，没有改变资本主义经济制度，也不可能从根本上克服资本主义的固有矛盾。随着生产力的发展，这些矛盾还将不断加剧并以各种新的方式表现出来。

第三节 资本主义发展的历史趋势

一、当代资本主义矛盾的运动

（一）关于无产阶级与资产阶级的矛盾

无产阶级和资产阶级之间的对立是资本主义基本矛盾的主要表现形式。第二次世界大战后，科技革命和产业结构发生变化，资本主义社会阶级结构也随之改变。然而这并不意味着资本主义的阶级矛盾发生根本性转变，无产阶级和资产阶级的矛盾也并未消失。资产阶级财富不断积累，无产阶级与资产阶级之间的贫富差距拉大，资本主义积累的这种两极分化的一般规律仍然是资本主义经济发展的内在规律。

（二）关于生产过剩的经济危机

生产过剩的经济危机是资本主义基本矛盾的必然产物。第二次世界大战后，各资本主义国家加强国家对经济生活的干预和调节，经济危机的严重程度和破坏作用有所缓和，但并未完全消失。20 世纪 90 年代，美国出现了所谓“新经济”的浪潮，其基本特征为在信息化与全球化基础上的较长时期的高增长、低通胀、低失业，曾经一度被学者认为能从根本上改变资本主义的性质和规律，但事实并非如此。经济泡沫、金融危机影响了实体经济的发展，从发达资本主义国家蔓延到整个世界。

（三）关于生产、消费与生态环境之间的矛盾

资本主义生产具有无限扩张的内在冲动，无止境地追求利润的冲动和社会生产的无组织性，使资本家在全世界范围内进行生产活动。过度的资源消耗、严重的环境污染影响着生态平衡，社会再生产的条件遭到破坏。生态危机成为当前资本主义经济体系面临的一个新的重要问题，伴随着生态危机的发展，资本主义生产关系的社会调节突破了单纯的经济领域，开始进入生态和环境领域。但由于获取剩余价值是资本主义生产的唯一目的，所以人类的生态危机不可能得到根本的解决。

（四）发达资本主义国家之间的矛盾

发达资本主义国家之间的矛盾，是由资本攫取更多剩余价值的本性所决定的。

资本的这一本性决定了资本具有掠夺性和扩张性。对超额利润的追求迫使资本向全球扩张,侵占原材料基地、销售市场和掠夺廉价劳动力,导致发达资本主义国家之间在掠夺与扩张的过程中展开竞争,进而逐渐上升为冲突。综观历史,世界上较大规模的战争,几乎都与发达资本国家分赃不均、重新瓜分世界有关。

(五) 发达资本主义国家与发展中国家之间的矛盾

发达资本主义国家全球扩张的最初时期,主要采取军事侵略、直接控制殖民地和附属国等手段,从发展中国家攫取原材料和劳动力,并作为产品的倾销市场。发展中国家由于长期处于附庸之下,各方面发展较为畸形,陷入了长期的贫困之中。进入20世纪,社会主义国家的出现打破了全球资本主义统治体系,为发展中国家寻求民族解放和独立提供了历史机遇,但发展中国家仍然面临着发展难题。发达资本主义国家一方面从产品输出中牟利;另一方面又依靠强大的技术和资金力量,通过控制核心技术垄断先进科技成果的应用,通过金融垄断控制发展中国家的资金供应链,对发展中国家形成了事实上的剥削。在制度上,发达资本主义国家是经济全球化的主导力量,长期把持国际经济制度和规则的制定权,利用不平等的国际经济秩序控制发展中国家的发展,从而保持发达资本主义国家的全球主导地位。

因此,尽管第二次世界大战后资本主义社会的生产力和生产关系发生了许多重要的变化,但资本主义的本质并没有改变,资本主义基本矛盾依然存在并支配着资本主义发展过程。

二、资本主义基本矛盾的深化

新一轮科技革命和产业革命的深入发展,促进了生产力的巨大进步和生产社会化的进一步发展,但同时也使资本主义基本矛盾进一步深化,资本主义制度的弊端进一步显露,具体表现为以下几个方面:

第一,垄断程度加强,市场竞争弱化。在具有代表性的新技术领域,资本对于技术和行业的垄断局面正日益加强。

第二,高科技公司金融化日益严重,阻碍技术创新。通过资本市场的助力,虽然高科技公司能够在初期迅速占领市场,获得利润,但也有部分企业逐渐偏离了技术创新的轨道,呈现出越来越投机化和泡沫化的趋势,阻碍了生产力的进步。

第三,就业不稳定性增强,劳动者地位降低。随着人工智能、深度学习等技术的发展,体力劳动以及部分简单重复的脑力劳动出现了被进一步替代的趋势,资本通过技术变革不断地使工人受到失业的威胁。此外,就业不稳定性增加,劳动者在劳资冲突中处于相对劣势的地位。

第四,对新技术的不平衡占有造成贫富差距加大。技术的发展增加了机器对体力、脑力劳动替代的可能性,弱化了劳动者对工资的议价能力;资本垄断新技术获取大量利润,劳动者内部日益分化。

总之,在资本主义的生产方式下,科技进步和生产力发展只能使少数垄断资本集团从中获益，而不能给广大劳动者带来普遍的福利，加深了资本主义的基本矛盾。

三、社会主义代替资本主义的历史趋势

资本主义的基本矛盾随着资本主义经济的发展而不断发展，这种矛盾发展的最终结果必然是社会主义代替资本主义。

(一) 马克思的两个伟大发现为社会主义代替资本主义奠定了科学基础

马克思发现了唯物主义历史观，通过剩余价值揭开资本主义生产的秘密，使社会主义理论成为科学，并指导包括中国在内的许多国家建立了社会主义制度。

唯物主义历史观揭示了生产力决定生产关系，经济基础决定上层建筑的客观规律。社会主义代替资本主义的历史趋势归根到底也是由这一客观规律决定的。资本主义创造了高度发达的生产力，但其生产关系和上层建筑无力容纳和驾驭这种生产力，只有被社会主义的生产关系和上层建筑代替，才能从根本上解决矛盾。

马克思运用唯物史观揭示了资本主义所特有的运动规律，创立了科学的剩余价值理论。马克思从商品的二因素、劳动的二重性出发，揭示了劳动力成为商品是货币转化为资本的前提，揭示了资本主义积累的一般规律和资本主义积累的内在对抗性质。一极是资产阶级财富的不断积累，另一极是无产阶级与资产阶级贫富差距的不断积累。资本主义积累所产生的贫富两极分化不仅反映在资本主义国家内部，而且还反映在发达资本主义国家与广大发展中国家之间。资本主义积累的对抗性质表现为无产阶级和资产阶级的对立，从而导致无产阶级最终消灭资产阶级、实现社会主义制度。

(二) 生产社会化为社会主义代替资本主义提供了物质条件

资本主义社会中科学技术的不断进步、资本积累的不断扩大、生产力的不断发展，使得资本主义生产社会化的程度不断提高，从而为社会主义代替资本主义提供了物质条件。生产社会化的发展主要表现在以下五个方面：

第一，生产资料使用的日益社会化。生产资料由个人所有转为共同使用，共同使用的人数越来越多，生产资料的规模越来越大，生产资料使用的社会化程度不断提高。

第二，生产过程的日益社会化。生产和资本的规模越来越大，社会分工越来越细致，从部门、企业到地区、国家，相互依赖、相互制约的关系越来越密切与复杂。

第三，劳动产品的日益社会化。由于生产资料和生产过程的社会化，劳动产品也从个人的产品变成了社会的产品。

第四，生产组织的日益社会化。在生产组织社会化的发展过程中，股份公司联合个人资本，突破了单个资本的限制，使其取得了社会资本的形式。随着生产力的进一步发展，少数控制生产和市场的大股份公司联合，形成私人垄断资本。私人垄断资本并不能完全容纳生产力的发展，资本主义国家不得不负担起组织社会经济的职能，形

成国家垄断资本主义,生产组织的社会化程度达到新的高度。

第五,生产管理的日益社会化。与生产组织的日益社会化相适应,生产管理也日益社会化,资本的所有权与经营权相分离。过去由资本家亲自履行的经营管理职能逐步独立出来,由职业经理人履行。

生产社会化的发展要求在事实上承认生产力的社会性质,要求生产资料占有的社会化,这在资本主义制度内是无法根本解决的。在资本主义制度下,社会化的生产力转变为剥削剩余价值和进行资本积累的能力;社会化的生产资料仍然被资本家私人占有;严密分工、广泛协作的社会化生产过程,被资本家按照追求剩余价值原则进行管理;共同劳动生产的社会化产品,被资本家无条件地私人占有。资本所有权与管理权的广泛分离使资产阶级在社会再生产过程中成为多余,但所有权却仍由他们掌握。上述这些,共同凸显了生产社会化在资本主义框架下实现的困难性。

(三)社会主义代替资本主义的长期性和曲折性

人类社会发展的历史证明,一种新的社会经济形态代替一种旧的社会经济形态,往往需要经历漫长、曲折的历史过程。在资本主义社会,生产社会化的发展虽然会逐步提供新的制度所需要的物质条件,但并不意味着资本主义制度会自动退出历史舞台。资本主义生产关系会随着生产力发展进行各种形式的自我调整,作为统治阶级的资产阶级,也必然会采取各种手段维护自己的统治地位和资本主义制度。另外,新的社会制度要想战胜旧的,就要创造出更高的劳动生产率。建立社会主义制度的国家尚需要时间巩固和完善社会主义制度,进一步发展社会生产力,提高劳动生产率。因此,社会主义代替资本主义是一个非常复杂、充满曲折的长期历史过程。道路是曲折的,前途是光明的,社会主义代替资本主义是历史发展的必然趋势。

第二部分 案 例

案例一

[案例名称] 大萧条

[案例适用] 资本主义经济危机

[案例来源] 佚名.那时的美国人"像畜生一样生活"[EB/OL].[2021-12-19].http://www.doc88.com/p-1446361246075.html.

大萧条概述:

1929年,美国经济日趋繁荣。美国的工业生产指数在1921年时平均仅为67(1923年至1925年为100),但到1928年7月时已上升到110,到1929年6月时则上升到126。给人印象更为深刻的是美国股票市场的行情。实业家、学究式的经济学家和政府领导人都表示对未来充满信心。财政部部长安德鲁·威廉·梅隆也于1929年9月向公众保证："现在，没有担心的理由，这一繁荣的高潮将会继续下去。"

1929年10月29日，人群聚集在纽约华尔街，当天的股市暴跌。美国的大萧条耗尽了美国原本可用于投资欧洲的资本。

1929年秋天，股票市场的价格跌到了最低点，世界范围的经济萧条随之而来，而且萧条的强烈程度和延续的时间都是空前的。造成这意想不到结局的似乎是严重的国际经济不平衡所致，这种不平衡是在（第一次世界大战之后）美国大规模地成为债权国时发展起来的。

英国在大战以前已是债权国，但它将来自海外投资和贷款的收入用来支付长期的入超。相反，美国则通常都是贸易顺差，而且由于国内政治原因使关税保持在高水平，这种贸易顺差也就被加大。此外，20世纪20年代，因不少国家支付战争债务，金钱源源不断地流入美国；美国的黄金贮藏量在1913年至1924年从19.24亿美元增加到44.99亿美元，即世界黄金总贮藏量的一半。

有好几年时间这种不平衡都因美国在国外的大规模贷款和投资而被抵消；1925年至1928年，美国平均每年的对外投资总额达到11亿美元。当然，这种情况最终加强了不平衡，不可能无限期地继续下去。由于支付款到期，债务国不得不减少从美国进口商品，美国某些经济部门，尤其是农业也就受到了损害。

美国经济的不平衡与国际经济的不平衡一样严重，其根本原因在于工资落后于不断上升的生产率。从1920年到1929年，工人每小时的工资只上升了2%，而工厂中工人的生产率却猛增了55%。同时，农民的实际收入也由于农产品价格的不断下跌、租税和生活费用的日益上升而正在减少。1910年，每个农场工人的收入还不到非农场工人收入的40%，而到1930年时，这一比例已低于30%。农村的这种贫穷是一个严重的问题，因为当时农业人口占总人口的五分之一。

美国银行业的弱点是造成1929年股票市场崩溃的最后一个因素。当时，有许多独立的银行在经营，有些银行缺乏足够的财力来战胜金融风暴。因此当一家银行倒闭时，恐慌传播开来，储户便会纷纷赶到其他银行去提取存款，从而也就引发了一个破坏整个金融结构的连锁反应。

事件过程：

1920年被称为"新时代"，财富和机会似乎向刚在第一次世界大战中获胜的美国人敞开了自己吝啬的大门。整个社会对新技术和新生活方式趋之若骛，"炫耀性消费"成为时代潮流。胡佛总统也认为，"我们正在取得对贫困战争决定性的前夜，贫民窟将从美国消失"。

1929年10月24日，美国迎来了它的"黑色星期四"（美国华尔街股市的突然暴跌事件）。这一天，美国金融界崩溃了，股票一夜之间从顶巅跌入深渊，价格下跌之快连股票行情自动显示器都跟不上。

1929年10月29日，纽约证券交易所里所有的人都陷入了抛售股票的漩涡之中。股指从之前的363最高点骤然下跌了平均40个百分点,成千上万的美国人眼睁睁看着他们一生的积蓄在几天内烟消云散。这是美国证券史上最黑暗的一天,是美国历史上影响最大、危害最深的经济事件,影响波及西方国家乃至整个世界。此后,美国和全球进入了长达10年的经济大萧条时期。因此,这一天被视作大萧条时期开启的标志性事件,由于正值星期二,也被称为"黑色星期二"。从1929年10月29日到11月13日短短的两个星期内,共有300亿美元的财富消失,相当于美国在第一次世界大战中的总开支。但美国股票市场崩溃不过是一场灾难深重的经济危机爆发的火山口。

当时纽约流行一首儿歌:"梅隆拉响汽笛,胡佛敲起钟。华尔街发出信号,美国往地狱里冲!"(Mellon pulled the whistle, Hoover rang the bell, Wall Street gave the signal and the country went to hell)随着股票市场的崩溃,美国经济随即全面陷入毁灭性的灾难之中,可怕的连锁反应很快发生:疯狂挤兑、银行倒闭、工厂关门、工人失业、贫困来临、有组织的抵抗、内战边缘。农业资本家和大农场主大量销毁"过剩"的产品,用小麦和玉米替代煤炭做燃料,把牛奶倒进密西西比河,使这条河变成"银河"。城市中的无家可归者用木板、旧铁皮、油布甚至牛皮纸搭起了简陋的栖身之所,这些小屋聚集的村落被称为"胡佛村"。流浪汉的要饭袋被叫作"胡佛袋",由于无力购买燃油而改由畜力拉动的汽车叫作"胡佛车",甚至露宿街头长椅上的流浪汉身上盖着的报纸也被叫作"胡佛毯"。而街头的苹果小贩则成了大萧条时期最为人熟知的象征之一。在那些被迫以经营流动水果摊讨生活的人中,有许多从前是成功的商人和银行家。

股票市场的大崩溃导致了持续四年的大萧条,这次经济危机很快从美国蔓延到其他工业国家。对千百万人而言,生活成为吃、穿、住的挣扎。各国为维护本国利益,加强了贸易保护的措施和手段,这也进一步加剧了世界经济形势恶化,这是第二次世界大战爆发的一个重要根源。

大萧条也造成了严重的社会问题:大萧条期间有200万~400万名中学生中途辍学;许多人忍受不了生理和心理的痛苦而自杀;社会治安日益恶化。其中最重要的问题是失业。在美国,失业人口总数达到了830万人,在美国各城市,排队领救济食品的穷人长达几个街区。英国则有500万~700万人失业,不得不排着更长的队伍等候在劳务交易市场内。这次美国经济大萧条造成的灾难是人类历史上所前所未有的。这次美国经济大萧条(1930—1933年)爆发的严重的经济危机,导致全美国出现大饥荒和普遍营养不良,大量人口非正常死亡。最保守估计,至少有700万人死亡,约占当时美国人口的7%。20世纪30年代的美国大萧条:千百万人必须像畜生一样才能活命。

记录美国历史的《光荣与梦想》中曾这样写道:"千百万人只有像畜生那样生活,才免于死亡。"这一情景描述的正是美国大萧条时期的民生状况。

［引导讨论题］

（1）历史上骇人听闻的美国大萧条发生的根本原因是什么？

（2）我们能从美国大萧条中吸取什么教训？

案例二

［案例名称］　环球金融危机

［案例适用］　资本主义经济危机

［案例来源］　（1）https://baike.baidu.com/item/%E5%85%A8%E7%90%83%E7%BB%8F%E6%B5%8E%E5%8D%B1%E6%9C%BA/8868464?fr=aladdin(访问时间:2022年2月6日).

（2）https://zhidao.baidu.com/question/98368015.html.(访问时间:2022年2月6日).

（3）https://wenku.baidu.com/view/97a55df44b35eefdc9d33343.html?=SS-bdtg02&utm_source=bdss-WD&utm_medium=cpc&utm_account=SS-bdtg02&e_creative=54469562758&e_keywordid=339142507007&bd_vid=11395689432323778477(访问时间:2022年2月6日).

2007—2009年环球金融危机，又称世界金融危机、次贷危机、信用危机，是一场在2007年8月9日开始浮现的金融危机。自次级房屋信贷危机爆发后，投资者开始对按揭证券的价值失去信心，引发流动性危机。即使多国中央银行多次向金融市场注入巨额资金，也无法阻止这场金融危机的爆发。直到2008年9月9日，这场金融危机开始失控，并导致多间相当大型的金融机构倒闭或被政府接管。

最初的流动性危机可以在事后被看作是由于早期次级房屋信贷危机所引发的。北岩银行是首批遭遇冲击的对象之一，它是英国的主流银行。该行已借不到额外资金来偿还2007年9月中旬产生的到期债务。由于没有持续现金注入，其所经营的高杠杆性质的业务无法持续，最终导致其被接管，并形成了很快降临到其他银行和金融机构的灾难的早期迹象。

在松弛的签名承受标准下的过度借贷为美国房贷泡沫的特征之一。信用泛滥并导致大量的次级按揭（次级贷款），投资者认为这些高风险的贷款会被资产证券化而缓和。自1989年以来，美国发行MBS的主要机构Fannie Mae（房利美）Freddie Mac（房地美）、Ginnie Mae（吉利美）所发行的MBS殖利率平均高于美国十年期公债殖利率137个基本点，吸引了许多法人投资。雷曼兄弟MBS指数显示，无论利率升降，自1996年以来该指数连续十年都是正报酬，最差的1999年也有2.1%的报酬率，同时期MSCI全球债券指数在1999年、2001年、2005年却是负报酬率。这个策略似乎以骨牌效应扩展和散布。由失败的资产证券化计划所导致的损害横扫了房屋市场及其企业,继而引发了次级房屋信贷危机。这危机令更大量的银主盘被银行在市场上抛售。这些过量的房屋供应使得周边的住屋价格都大为下跌,造成它们容易遭法院收回拍卖或被放弃。这个结果为往后的金融危机埋下了伏笔。

最初,受影响的公司只限于那些直接涉足建屋及次级贷款业务的公司,如北岩银行及美国国家金融服务公司。一些从事按揭证券化的金融机构,例如贝尔斯登,就成为了牺牲品。2008 年 7 月 11 日,全美最大的受押公司瓦解。由于房屋价格的不断下滑以及房屋回赎权丧失率的上升,印地麦克银行的资产在他们被紧缩信贷下的压力压垮后被联邦人员查封,投资者想知道政府是否将试图救助抵押放贷者房利美和房地美。2008 年 9 月 7 日,已是晚夏时节,虽然联邦政府接管了房利美和房地美,但危机仍然继续加剧。

然后,危机开始影响到那些与房地产无关的普通信贷,进而影响到那些与抵押贷款没有直接关系的大型金融机构。在这些机构拥有的资产里,大多都是从那些与房屋按揭关联的收益中所取得的。对于这些以信用贷款为主要标的的证券,或称为信用衍生性商品,原本是用来确保这些金融机构免于倒闭的风险的。然而由于次级房屋信贷危机的发生,使得受到这些信用衍生性商品冲击的成员增加了,包括雷曼兄弟、美国国际集团、美林证券和 HBOS。而其他的公司也开始面临压力,包括美国最大的存款及借贷公司华盛顿互惠银行,并影响到大型投资银行摩根士丹利和高盛证券。

2008 年 9 月 14 日,雷曼兄弟在美国联准会拒绝提供资金支持援助后提出破产申请,而在同一天美林证券宣布被美国银行收购。这两件事标志着接下来这一星期,即 2008 年 9 月全球股市大崩盘的序幕拉开了,在 9 月 15 日和 9 月 17 日全球股市发生了市值暴跌的情况。在 9 月 16 日,美国国际集团(AIG)因持有许多信用已经违约的到期合约而被调低其信用评级,该保险集团自身也陷入了一场清偿危机(liquidity crisis)。在美国国际集团(AIG)证实其已经无法找到愿意给它提供贷款、拯救它避免破产的出借人的情况下,联储局应 AIG 要求,向 AIG 提供高达 850 亿美元的同业信贷融资便利服务(credit facility),条件是获取 AIG 79.9%的权益性资本(equity interest),并有权对之前已经发行的普通股、优先股暂停派发红利或股息。

2008 年 9 月 16 日,金融市场上一家大型的共同基金 Reserve Primary Fund 因为披露其持有雷曼兄弟公司(Lehman)的债券,其股价下跌至 1 美元以下,这导致投资者赎回他们的基金需求大幅扩散,金融危机进一步恶化。截至 9 月 18 日早晨,总市值为 4 兆美元的市场上,机构投资者要求"卖出"(sell orders)的交易订单市值高达 5000 亿美元,而美国联邦储备系统(Federal Reserve)注入市场的流动性资金仅有 1050 亿美元,此刻立即使市场崩解。在 9 月 19 日,美国财政部提供暂时性的保险(akin to FDIC insurance of bank accounts)向货币市场挹注资金。到本周末,英国金融服务管理局(Financial Services Authority)、美国证券交易委员会(Securities and

Exchange Commission)暂停了对本国的金融类股票短线卖空(short selling)交易;其他国家的金融主管单位也采取了类似的因应措施。市场信心也在财政部和美国证券交易管理委员会的努力及公关宣传下得到了一定的恢复。

2008 年 9 月 19 日,美国财政部长保尔森公布了一项法案计划,以改善次级房屋信贷危机所造成的经济困境。他提出了一项问题资产解决方案(之后整合在 2008 年经济稳定紧急法案中),将允许美国政府从金融机构购买有问题的流动资产(又称不良资产)。这项法案对美国金融安全保障方面的重要性而言,是相当难以确定的。在美国财政部长、美国联邦储备系统主席和美国证券交易委员会主席三者之间的协商会议当中,美国国会主席和美国总统提议出计划,以进一步全面的解决金融机构不良资产所产生的问题。在周末前财政部长和总统乔治·布什宣布救市方案,内容包括政府拨出 7000 亿美元来购买非流动的不动产担保证券,目的是增加次级贷款市场的流动性和减少拥有这些证券的金融机构可能会面对的亏损。

对于美国政府的 7000 亿美元纾困案,有 65%的美国民众反对。美国民众指出,大银行们先是主张资本主义式的放任型扩张,结果出了事却要求以社会主义的方式掏国库的钱救大银行的资本家们,民众却失业,信用破产与失去房子。除此之外,国际上也有一些学者认为,7000 亿美元根本远远不够。

由于金融危机愈演愈烈,美联储在 2009 年 3 月 18 日宣布将在未来几个月内收购 3000 亿美元的长期美国国债和最多 1.25 兆美元房利美与房地美发行的抵押贷款支持证券,即所谓的"量化宽松"货币政策。"美联储的真正家底是 8200 吨黄金储备,但即使将其全部抛售也仅值 2700 亿美元左右,连此次购买长期国债的钱都不够。"因此各界评论纷纷指出美联储正在开印钞机救市,而这将导致美元的通货膨胀。

[引导讨论题]

(1) 2008 年美国金融危机为什么发生?

(2) 2008 年美国金融危机对我国有什么影响?

第九章　社会主义经济制度

第一部分　本章内容导读

第一节　社会主义经济制度的建立和发展

一、马克思·恩格斯关于未来社会的科学构想

社会主义制度是在马克思主义理论指导下建立和发展的，社会主义经济制度也是如此。19世纪40年代，马克思、恩格斯在批判性地继承空想社会主义理论成果的基础上，根据辩证唯物主义和历史唯物主义创立了科学社会主义理论。不仅克服了空想社会主义缺乏理论与实践支撑的缺陷，而且通过对生产力和生产关系矛盾运动的深刻分析，揭示了导致资本主义制度必然为社会主义制度代替的内在矛盾，从而把社会主义理论从空想转变为科学。

马克思、恩格斯对于未来的社会主义和共产主义两个阶段并没有做更详细的论述，只是做了科学的构想和大致的描述，特别是关于未来社会在经济方面的主要观点：

第一，消灭私有制，生产资料社会占有。未来社会将是“一个集体的、以生产资料公有为基础的社会”，它“在实行全部生产资料公有制（先是国家的）基础上组织生产”。“共产党人可以把自己的理论概括为一句话：消灭私有制”。

第二，消灭商品生产，社会生产实行有计划的生产。恩格斯指出：“一旦社会占有了生产资料，商品生产就将被消除，而产品对生产者的统治也将随之消除，社会生产内部的无政府状态将为有计划的自觉的组织与代替”。

第三，尽可能快地发展生产力。生产力的发展是建立共产主义社会“绝对必需的实际前提”。社会主义社会的主要任务就是“尽可能快地增加生产力的总量”。

第四，按劳分配和按需分配。社会主义阶段个人生活资料只能根据个人的劳动量实行按劳分配，因为生产力还不能满足生产出足够多的物质产品和服务。共产主义阶段则实行按需分配的原则。

第五，消灭阶级对立，建立自由人的联合体。共产主义社会阶级将被消灭，国家将自行消亡，“每个人的自由发展是一切人的自由发展的条件”。

二、十月革命和社会主义的最初探索

马克思、恩格斯的科学社会主义思想从理论到实践的飞跃，首先是在列宁领导的俄国实现的。1917 年的十月社会主义革命胜利是人类历史上一次划时代的历史事件，彻底推翻了之前长期存在的人剥削人、人压迫人的制度，建立了人类历史上第一个工人阶级掌握政权的社会主义国家。

十月革命胜利后，新政权面临着国内外反动势力的武装干涉，列宁建议实施以消灭商品货币关系为主要特征的战时共产主义政策。这个政策虽然发挥了重要作用，保卫了社会主义新政权，但是，其给生产力的制约作用带来了不小的负面影响。列宁在发展面临的新状态下提出了新经济政策，主要内容就是实行经济核算制、租借制和租让制，允许个体经济、私人经济和国家资本主义经济成分的存在。新经济政策的实施表明列宁关于社会主义建设思想方面有了重大发展，主要体现在以下几个方面：第一，建设社会主义是一个长期探索、不断实践的过程；第二，大力发展生产力、提高劳动生产率要放在社会主义建设的首要地位；第三，在多种经济成分并存的情况下，利用商品、货币和市场发展经济；第四，利用国家资本主义的发展来搭建通向社会主义的桥梁。总之，列宁努力把马克思主义基本原理同俄国的具体实践相结合，探索出一条适合俄国国情的社会主义道路，这是列宁对马克思主义发展的重大贡献。

三、社会主义经济制度在中国的建立和发展

从 1949 年 10 月中华人民共和国成立到 1956 年，我国坚持马克思主义基本原理同中国实践相结合的原则，创造性地实现了由新民主主义到社会主义的转变，开辟了一条具有中国特色的社会主义改造道路。社会主义改造的基本完成使我国社会经济结构发生了根本变化，社会主义经济成分占据绝对优势，从此社会主义公有制成为我国社会的经济基础。之后，毛泽东发表《论十大关系》，标志着中国共产党积极探索适合我国国情的社会主义建设道路。1956 年到 1966 年，中国经济建设取得了巨大成就，为社会主义中国的发展打下了坚实的物质基础。当然，也有着明显的失误并造成了国民经济发展的损失。1966 年到 1976 年“文化大革命”使社会主义经济建设遭受到挫折，但是，国民经济仍然取得了一定的发展。总之，长达近 30 年的发展，我国逐步建立起独立的、完整的工业体系，积累了在中国这样生产力水平十分落后的国家建设社会主义的宝贵经验。这些都为新的历史时期中国特色社会主义的发展提供了重要的支持作用。

四、建设中国特色社会主义经济

1978 年 12 月，党的十一届三中全会重新确立了马克思主义的思想路线、政治路线和组织路线，坚持解放思想、实事求是，作出把党和国家工作中心转移到经济建设

上来、实行改革开放的历史性决策。从此开始了中国改革开放和社会主义现代化建设的新时期。之后中国共产党坚持从实际出发,把马克思主义基本原理同当代中国实际和时代特征相结合,提出了我国的社会主义社会还处在初级阶段的论断,明确了就中国现阶段的社会性质来看,已经是社会主义社会,必须坚持而不能离开社会主义。明确了就中国目前社会主义社会的成熟程度来看,它还处在初级阶段,决不能超越这个阶段。

社会主义是共产主义的初级阶段,中国又处在社会主义的初级阶段,所以,根据生产力和生产关系、经济基础和上层建筑之间关系的基本原理,始终坚持社会主义的根本任务是发展社会生产力,必须以经济建设为中心,坚持四项基本原则,坚持改革开放,建设社会主义现代化强国。社会主义的根本任务是发展生产力,这是由社会主义的本质决定的。第一,是由社会主义社会的基本矛盾决定的。第二,是社会主义最终战胜资本主义的客观要求。第三,是为将来过渡到共产主义社会创造物质条件的需要。

第二节　新时代中国特色社会主义经济建设

一、中国特色社会主义进入新时代

党的十九大报告提出:“经过长期努力,中国特色社会主义进入了新时代”。这一提法明确了我国社会主义发展的历史方位,具有十分重要的意义。党的十八大以来,以习近平同志为核心的党中央科学研判和深刻把握当今世界和中国的发展大势,创造性地提出一系列新思想新战略,推动中国特色社会主义进入新时代。

党的十九大报告明确概括了新时代的内涵:这个新时代,是承前启后、继往开来、在新的历史条件下继续夺取中国特色社会主义伟大胜利的时代,是决胜全面建成小康社会、进而全面建设社会主义现代化强国的时代,是全国各族人民团结奋斗、不断创造美好生活、奋力实现中华民族伟大复兴中国梦的时代,是我国日益走近世界舞台中央、不断为人类作出更大贡献的时代。

中国特色社会主义进入新时代,我国社会主要矛盾已转化为人民日益增长的美好生活需要和不平衡不充分的发展之间的矛盾。我国社会主要矛盾的变化是关系全局的历史性变化,从而要求更好地解决发展不平衡不充分的总量,更好地满足人民在经济、政治、文化、社会、生态文明等方面日益增长的需要,推动社会全面进步,实现人的全面发展。

二、决胜全面建成小康社会,决战脱贫攻坚

改革开放初期,我们党提出“三步走”战略目标,党的十七大对全面建成小康社会的愿景做了进一步的描绘,党的十八大进一步确认了“两个一百年”奋斗目标。“十三

五”时期是全面建成小康社会的决胜阶段。习近平在党的十八届五中全会上强调：“今后5年党和国家各项任务，归结起来就是夺取全面建成小康社会决胜阶段的伟大胜利，实现第一个百年奋斗目标。”党的十九大进一步号召全党：决胜全面建成小康社会，夺取新时代中国特色社会主义伟大胜利。

全面建成小康社会取得伟大历史性成就，决战脱贫攻坚取得决定性胜利，实现了从大幅落后于时代到大踏步赶上时代的新跨越。从此，我国进入了全面建设社会主义现代化国家的新发展阶段。

三、中国进入新发展阶段

全面建成小康社会实现了第一个百年奋斗目标之后，我们要继续实现第二个百年奋斗目标，即“全面建设社会主义现代化国家，基本实现社会主义现代化”，这标志着我国进入了一个新发展阶段。党的十九届五中全会着眼于“两个一百年”奋斗目标的有机衔接、接续推进，把握全面建设社会主义现代化国家的目标要求，提出了到2035年基本实现社会主义现代化的远景目标。

现代化是生产力发展的客观要求，对于中国来说，现代化是具有中国特色的现代化，是社会主义的现代化。在新发展阶段，坚定不移地推进中国式现代化，以中国式现代化来实现中国梦，为世界发展作出新的中国贡献。

第三节　坚持以人民为中心发展

一、新时代社会主义经济发展的根本指针

物质生产活动是人类最基本的实践活动，人民群众是历史的创造者。坚持以人民为中心的发展思想，是新时代中国特色社会主义经济发展的根本指针，体现了社会主义基本经济规律的要求。坚持以人民为中心的发展，就是体现了社会主义本质特征和社会主义生产目的的要求。它决定着社会主义经济发展的一切主要方面和一切主要过程。

坚持以人民为中心的发展，是贯穿于中国特色社会主义经济全部过程和一切环节的逻辑主线，只有始终把握住这一特点，才能保证我国经济发展不偏离社会主义方向。

二、坚持以人民为中心的发展的内涵和要求

坚持以人民为中心的发展的内涵和要求主要包括三个方面：一是发展为了人民。坚持以人民为中心，一切为了人民，是我们党的根本宗旨。二是发展依靠人民。人民群众是决定党和国家的根本力量，只有健全人民当家作主的制度体系，才能充分发挥人民群众的主动性、积极性和创造性。三是发展成果由人民共享。坚持以人民为中

心的发展要体现在发展成果由全体人民共同享有,实现共同富裕,这是社会主义的本质体现和要求。

三、坚持新发展理念

新发展理念是一个系统的理论体系,回答了关于发展的目的、动力、方式、路径等一系列理论和实践问题,阐明了我们党关于发展的政治立场、价值导向、发展模式、发展道路等,集中体现了我们党对新发展阶段的认识,标志着对于经济社会发展规律的认识达到了一个更高层次。

党的十八大以来,提出的新发展理念是最重要、最主要的理论和理念。

第一,创新发展理念。改革开放以来,围绕创新发展形成了一系列重大战略思想,十八届五中全会以着力“提高发展质量和效益”为出发点,提出培育发展新动力、拓展发展新方向等推动创新发展的政策,党的十九大明确提出创新是引领发展的第一动力,是建设现代化经济体系的战略支撑。十九届五中全会强调了坚持创新在我国现代化建设中的核心地位。这一系列的政策表明,我们党对于创新发展理念的高度重视。

第二,协调发展理念。协调是持续发展的要求,马克思、恩格斯、毛泽东等对于协调发展的思想都十分丰富。党的十八届五中全会提出“形成平衡发展结构”,党的十九大强调加大力度支持革命老区、民族地区、边疆地区、贫困地区的发展,建立更加有效的区域协调发展新机制。同时,推动京津冀协调发展、长江经济带发展、粤港澳大湾区建设。这些新理念拓展了协调发展的内涵。

第三,绿色发展理念。改革开放以来,我们党围绕绿色发展形成了一系列重大战略思想。十八届五中全会以着力“改善生态环境”为出发点,提出坚持绿色富国、绿色富民,推动形成绿色发展方式和生活方式。党的十九届五中全会强调坚持绿水青山就是金山银山的理论,坚持尊重、顺应和保护自然,守住自然生态安全边界,构建生态文明体系,深化绿色发展的思想。

第四,开放发展理念。经济全球化是生产社会化的国际表现,改革开放以来,我们实行对外开放的基本国策,坚持“引进来”与“走出去”相结合,统筹国内外两个大局。党的十八届五中全会以着力“实现合作共赢”为出发点,提出发展更高层次的开放型经济,参与全球经济治理,提高全球经济治理中的制度性话语权。党的十九大提出以“一带一路”建设为重点,形成陆海内外联动、东西双方互济的开放格局。十九届五中全会强调坚持实施更大范围、更宽幅度、更深层次的对外开放。从而进一步拓展了开放发展的内涵。

第五,共享发展理念。共享是中国特色社会主义的本质要求,其更加关注解决社会公平正义的问题。党的十八届五中全会以着力“增进人民福祉”为出发点,提出人人参与、人人尽力、人人享有的要求,实现全体人民共同实现小康社会。十九大进一步指出,始终把人民利益摆在至高无上的地位,让改革发展成果更多更公平惠及全体人民，促进人的全面发展、全体人民的共同富裕。

四、社会主义生产目的及对其认识的发展

在社会主义经济建设过程中，我们党不断深化对社会主义生产目的的认识。“社会主义经济是为人民服务的经济”（毛泽东）；“社会主义的目的就是要全国人民共同富裕，不是两极分化”（邓小平）；“我们党领导人民群众全面建设小康社会，进行改革开放和社会主义现代化建设的根本目的，就是要通过发展社会生产力，不断提高人民群众物质文化生活水平，促进人的全面发展”，强调“使我国供给能力更好地满足广大人民群众日益增长、不断升级和个性化的物质文化和生态环境需要，从而实现社会主义生产目的”（习近平）。党的十九大报告明确提出以人民为中心的发展思想，不断促进人的全面发展、全体人民共同富裕。这些具有重要意义的思想，都是在新的历史条件下丰富了社会主义生产目的的内涵，深化了对社会主义生产目的的认识。

五、实现全体人民共同富裕

邓小平多次强调共同富裕，“社会主义最大的优越性就是共同富裕，这是体现社会主义本质的一个东西。”他在 1992 年南方谈话中进一步指出：“社会主义的本质，是解放生产力，发展生产力，消灭剥削，消除两极分化，最终达到共同富裕。”共同富裕体现了社会主义根本任务和根本目的的统一。随后，“实现共同富裕是社会主义的根本原则和本质特征，绝不能动摇”（江泽民）；“使全体人民共享改革发展成果，使全体人民朝着共同富裕的方向稳步前进”（胡锦涛）。进入新时代后，“共同富裕是中国特色社会主义的根本原则”，“我们推动经济社会发展，归根结底是要实现全体人民共同富裕”（习近平）。

共同富裕的内涵非常丰富。社会主义生产资料公有制的建立是制度前提和基础，共同富裕是一个与消灭剥削、消除两极分化的制度问题，只有与按劳分配制度在一起，才能为实现人的全面发展提供物质基础和社会条件。

实现共同富裕是目标与过程的统一。同时，促进全体人民共同富裕是一项长期任务，不能一蹴而就，需要我们更多地努力与付出。

第四节　坚持和完善社会主义基本经济制度

一、社会主义基本经济制度的发展

社会主义基本经济制度是中国特色社会主义制度体系的重要组成部分，是经济制度体系中具有长期性和稳定性的部分。

马克思、恩格斯科学揭示了社会主义经济制度的基本特征，包括生产资料社会占有、有计划调节社会生产、按劳分配、个人自由全面发展等。新中国成立后，我们党坚

持马克思主义同中国实际相结合，建立了以公有制和按劳分配为主体的社会主义经济制度。

改革开放以后，我们党围绕坚持和完善社会主义基本经济制度进行了不懈探索，实现了历史性突破。特别是党的十九届四中全会提出，将公有制为主体、多种所有制经济共同发展，按劳分配为主体、多种分配方式并存，社会主义市场经济体制作为社会主义基本经济制度。这一新概括是对社会主义基本经济制度内涵的发展和深化，是改革开放以来的实践结晶。

二、社会主义基本经济制度的内涵

社会主义基本经济制度的内涵主要包括三项：

第一，公有制为主体、多种所有制经济共同发展。

第二，按劳分配为主体、多种分配方式并存。

第三，社会主义市场经济体制。

这三项基本经济制度相互联系、相互作用，反映了中国特色社会主义经济制度的本质特征，在我国的经济制度中处于基础性、决定性地位，对我国经济改革、经济运行和经济发展起着决定性作用。

三、社会主义基本经济制度的优势

社会主义基本经济制度不仅同我国社会主义初级阶段社会生产力发展水平本适应，而且还具有不断解放和发展社会生产力、推动经济高质量发展的显著优势。社会主义基本经济制度的优势主要表现为：能够兼顾长远和当前、集体和个人、效率和公平、自由和秩序、自主和开放，使社会主义制度的优越性和市场经济的长处得到很好的发挥，为生产力持续发展和社会全面进步提供良好的条件。改革开放 40 多年的成绩，足以说明了社会主义基本经济制度的优势与自信。

四、坚持党对经济工作的集中统一领导

经济与政治是有机统一体，经济是政治的基础，政治是经济的集中表现。社会主义经济的建立和发展不可能是自发的，党的全面领导是社会主义经济建设的根本保证。“中国特色社会主义最本质的特征就是中国共产党领导，中国特色社会主义制度的最大优势是中国共产党领导”（习近平）。

第一，党的领导为中国社会经济发展指明了正确方向和前进道路。

第二，党的领导使中国特色社会主义经济建设具有强大的规划、统筹和组织能力。党对经济工作的领导突出表现在这三个方面：高屋建瓴的战略规划能力、卓有成效的社会领导力、党的领导保障有效的国家经济治理。

第三，党的领导有利于发扬社会主义民主，充分调动广大人民群众参与经济建设的积极性、主动性和创造性。

第四，党的领导使中国特色社会主义经济建设始终以最广大人民的根本利益为出发点。

第二部分　案　例

案例一　共同富裕是中国特色社会主义的根本原则

［案例名称］　扎实推动共同富裕

［案例适用］　社会主义经济制度

［案例来源］　习近平．扎实推动共同富裕[J]．《求是》，2021(20)．http://www.qstheory.cn/dukan/qs/2021-10/15/c_1127959365.htm。（访问时间：2022/1/30　10:20）．

2021年10月16号出版的《求是》杂志第20期发表了中共中央总书记、国家主席、中央军委主席习近平的重要文章《扎实推动共同富裕》。全文如下：

改革开放后，我们党深刻总结正反两方面历史经验，认识到贫穷不是社会主义，打破传统体制束缚，允许一部分人、一部分地区先富起来，推动解放和发展社会生产力。

党的十八大以来，党中央把握发展阶段新变化，把逐步实现全体人民共同富裕摆在更加重要的位置上，推动区域协调发展，采取有力措施保障和改善民生，打赢脱贫攻坚战，全面建成小康社会，为促进共同富裕创造了良好条件。现在，已经到了扎实推动共同富裕的历史阶段。

现在，我们正在向第二个百年奋斗目标迈进。适应我国社会主要矛盾的变化，更好满足人民日益增长的美好生活需要，必须把促进全体人民共同富裕作为为人民谋幸福的着力点，不断夯实党长期执政基础。高质量发展需要高素质劳动者，只有促进共同富裕，提高城乡居民收入，提升人力资本，才能提高全要素生产率，夯实高质量发展的动力基础。当前，全球收入不平等问题突出，一些国家贫富分化，中产阶层塌陷，导致社会撕裂、政治极化、民粹主义泛滥，教训十分深刻！我国必须坚决防止两极分化，促进共同富裕，实现社会和谐安定。

同时，必须清醒认识到，我国发展不平衡不充分问题仍然突出，城乡区域发展和收入分配差距较大。新一轮科技革命和产业变革有力推动了经济发展，也对就业和收入分配带来深刻影响，包括一些负面影响，需要有效应对和解决。

共同富裕是社会主义的本质要求，是中国式现代化的重要特征。我们说的共同富裕是全体人民共同富裕，是人民群众物质生活和精神生活都富裕，不是少数人的富裕，也不是整齐划一的平均主义。

要深入研究不同阶段的目标，分阶段促进共同富裕：到"十四五"末，全体人民共同富裕迈出坚实步伐,居民收入和实际消费水平差距逐步缩小。到2035年,全体人民共同富裕取得更为明显的实质性进展,基本公共服务实现均等化。到本世纪中叶,全体人民共同富裕基本实现,居民收入和实际消费水平差距缩小到合理区间。要抓紧制定促进共同富裕行动纲要,提出科学可行、符合国情的指标体系和考核评估办法。

促进共同富裕,要把握好以下原则。

——**鼓励勤劳创新致富**。幸福生活都是奋斗出来的,共同富裕要靠勤劳智慧来创造。要坚持在发展中保障和改善民生,把推动高质量发展放在首位,为人民提高受教育程度、增强发展能力创造更加普惠公平的条件,提升全社会人力资本和专业技能,提高就业创业能力,增强致富本领。要防止社会阶层固化,畅通向上流动通道,给更多人创造致富机会,形成人人参与的发展环境,避免"内卷"、"躺平"。

——**坚持基本经济制度**。要立足社会主义初级阶段,坚持"两个毫不动摇"。要坚持公有制为主体、多种所有制经济共同发展,大力发挥公有制经济在促进共同富裕中的重要作用,同时要促进非公有制经济健康发展、非公有制经济人士健康成长。要允许一部分人先富起来,同时要强调先富带后富、帮后富,重点鼓励辛勤劳动、合法经营、敢于创业的致富带头人。靠偏门致富不能提倡,违法违规的要依法处理。

——**尽力而为量力而行**。要建立科学的公共政策体系,把蛋糕分好,形成人人享有的合理分配格局。要以更大的力度、更实的举措让人民群众有更多获得感。同时,也要看到,我国发展水平离发达国家还有很大差距。要统筹需要和可能,把保障和改善民生建立在经济发展和财力可持续的基础之上,不要好高骛远,吊高胃口,作兑现不了的承诺。政府不能什么都包,重点是加强基础性、普惠性、兜底性民生保障建设。即使将来发展水平更高、财力更雄厚了,也不能提过高的目标,搞过头的保障,坚决防止落入"福利主义"养懒汉的陷阱。

——**坚持循序渐进**。共同富裕是一个长远目标,需要一个过程,不可能一蹴而就,对其长期性、艰巨性、复杂性要有充分估计,办好这件事,等不得,也急不得。一些发达国家工业化搞了几百年,但由于社会制度原因,到现在共同富裕问题仍未解决,贫富悬殊问题反而越来越严重。我们要有耐心,实打实地一件事一件事办好,提高实效。要抓好浙江共同富裕示范区建设,鼓励各地因地制宜探索有效路径,总结经验,逐步推开。

总的思路是,坚持以人民为中心的发展思想,在高质量发展中促进共同富裕,正确处理效率和公平的关系,构建初次分配、再分配、三次分配协调配套的基础性制度安排,加大税收、社保、转移支付等调节力度并提高精准性,扩大中等收入群体比重,增加低收入群体收入,合理调节高收入,取缔非法收入,形成中间大、两头小的橄榄型分配结构,促进社会公平正义,促进人的全面发展,使全体人民朝着共同富裕目标扎实迈进。

第一,提高发展的平衡性、协调性、包容性。要加快完善社会主义市场经济体制,推动发展更平衡、更协调、更包容。要增强区域发展的平衡性，实施区域重大战略和区域协调发展战略，健全转移支付制度，缩小区域人均财政支出差异，加大对欠发达地区的支持力度。要强化行业发展的协调性，加快垄断行业改革，推动金融、房地产同实体经济协调发展。要支持中小企业发展，构建大中小企业相互依存、相互促进的企业发展生态。

第二，着力扩大中等收入群体规模。要抓住重点、精准施策，推动更多低收入人群迈入中等收入行列。高校毕业生是有望进入中等收入群体的重要方面，要提高高等教育质量，做到学有专长、学有所用，帮助他们尽快适应社会发展需要。技术工人也是中等收入群体的重要组成部分，要加大技能人才培养力度，提高技术工人工资待遇，吸引更多高素质人才加入技术工人队伍。中小企业主和个体工商户是创业致富的重要群体，要改善营商环境，减轻税费负担，提供更多市场化的金融服务，帮助他们稳定经营、持续增收。进城农民工是中等收入群体的重要来源，要深化户籍制度改革，解决好农业转移人口随迁子女教育等问题，让他们安心进城，稳定就业。要适当提高公务员特别是基层一线公务员及国有企事业单位基层职工工资待遇。要增加城乡居民住房、农村土地、金融资产等各类财产性收入。

第三，促进基本公共服务均等化。低收入群体是促进共同富裕的重点帮扶保障人群。要加大普惠性人力资本投入，有效减轻困难家庭教育负担，提高低收入群众子女受教育水平。要完善养老和医疗保障体系，逐步缩小职工与居民、城市与农村的筹资和保障待遇差距，逐步提高城乡居民基本养老金水平。要完善兜底救助体系，加快缩小社会救助的城乡标准差异，逐步提高城乡最低生活保障水平，兜住基本生活底线。要完善住房供应和保障体系，坚持房子是用来住的、不是用来炒的定位，租购并举，因城施策，完善长租房政策，扩大保障性租赁住房供给，重点解决好新市民住房问题。

第四，加强对高收入的规范和调节。在依法保护合法收入的同时，要防止两极分化、消除分配不公。要合理调节过高收入，完善个人所得税制度，规范资本性所得管理。要积极稳妥推进房地产税立法和改革，做好试点工作。要加大消费环节税收调节力度，研究扩大消费税征收范围。要加强公益慈善事业规范管理，完善税收优惠政策，鼓励高收入人群和企业更多回报社会。要清理规范不合理收入，加大对垄断行业和国有企业的收入分配管理，整顿收入分配秩序，清理借改革之名变相增加高管收入等分配乱象。要坚决取缔非法收入，坚决遏制权钱交易，坚决打击内幕交易、操纵股市、财务造假、偷税漏税等获取非法收入行为。

经过多年探索，我们对解决贫困问题有了完整的办法，但在如何致富问题上还要探索积累经验。要保护产权和知识产权，保护合法致富。要坚决反对资本无序扩张，对敏感领域准入划出负面清单，加强反垄断监管。同时，也要调动企业家积极性，促进各类资本规范健康发展。

第五，促进人民精神生活共同富裕。促进共同富裕与促进人的全面发展是高度统一的。要强化社会主义核心价值观引领，加强爱国主义、集体主义、社会主义教育，发展公共文化事业，完善公共文化服务体系，不断满足人民群众多样化、多层次、多方面的精神文化需求。要加强促进共同富裕舆论引导，澄清各种模糊认识，防止急于求成和畏难情绪，为促进共同富裕提供良好舆论环境。

第六，促进农民农村共同富裕。促进共同富裕，最艰巨最繁重的任务仍然在农村。农村共同富裕工作要抓紧，但不宜像脱贫攻坚那样提出统一的量化指标。要巩固拓展脱贫攻坚成果，对易返贫致贫人口要加强监测、及早干预，对脱贫县要扶上马送一程，确保不发生规模性返贫和新的致贫。要全面推进乡村振兴，加快农业产业化，盘活农村资产，增加农民财产性收入，使更多农村居民勤劳致富。要加强农村基础设施和公共服务体系建设，改善农村人居环境。

我总的认为，像全面建成小康社会一样，全体人民共同富裕是一个总体概念，是对全社会而言的，不要分成城市一块、农村一块，或者东部、中部、西部地区各一块，各提各的指标，要从全局上来看。我们要实现14亿人共同富裕，必须脚踏实地、久久为功，不是所有人都同时富裕，也不是所有地区同时达到一个富裕水准，不同人群不仅实现富裕的程度有高有低，时间上也会有先有后，不同地区富裕程度还会存在一定差异，不可能齐头并进。这是一个在动态中向前发展的过程，要持续推动，不断取得成效。

[案例评析]

中国新闻网2021年12月24日发表文章《扎实推动共同富裕，实实在在造福人民》，深刻解读了习近平关于共同富裕的思想。

2021，我们党迎来百年华诞，两个百年奋斗目标历史交汇。百年变局与世纪疫情交织，人类正经历历史上罕见的多重危机。以习近平同志为核心的党中央统揽“四个伟大”，带领中国人民在全面建设社会主义现代化国家开局之年迈出新气象，创造新辉煌。

2021年，时值中国共产党百年华诞，中华大地上全面建成了小康社会，历史性地解决了绝对贫困问题。“两个百年”交汇的新起点上，习近平瞄向了这样一个宏伟目标——“共同富裕”。“现在，已经到了扎实推动共同富裕的历史阶段。”

2021年1月，习近平在省部级主要领导干部学习贯彻党的十九届五中全会精神专题研讨班开班式上强调，实现共同富裕这项工作“不能等”。2021年7月，在庆祝中国共产党成立100周年大会上，习近平指出，着力解决发展不平衡不充分问题和人民群众急难愁盼问题，推动人的全面发展、全体人民共同富裕取得更为明显的实质性进展。2021年12月，习近平在中央经济工作会议上着重阐述了几个重大问题，其中之一就是，正确认识和把握实现共同富裕的战略目标和实践途径。

一年来，在不同场合，习近平多次提及“共同富裕”。他强调，我们决不能允许贫富差距越来越大、穷者愈穷富者愈富，决不能在富的人和穷的人之间出现一道不可逾越的鸿沟。他指出，促进全体人民共同富裕“必须摆在更加重要的位置”。

数据显示，新时代中国取得了历史性成就、历史性变革：近1亿农村贫困人口实现脱贫，历史性地解决绝对贫困问题；国内生产总值、人均国内生产总值分别突破100万亿元和1万美元；中等收入群体超过4亿人，实现从低收入国家到中等偏上收入国家的历史性跨越……

2021年8月17日，习近平在中央财经委员会第十次会议上提出了促进共同富裕的时间表，确立了三个关键时间节点：到“十四五”末，全体人民共同富裕迈出坚实步伐，居民收入和实际消费水平差距逐步缩小。到2035年，全体人民共同富裕取得更为明显的实质性进展，基本公共服务实现均等化。到本世纪中叶，全体人民共同富裕基本实现，居民收入和实际消费水平差距缩小到合理区间。

共同富裕是社会主义的本质要求，是中国式现代化的重要特征。

2021年12月，习近平在中央经济工作会议上强调：首先要通过全国人民共同奋斗把“蛋糕”做大做好，然后通过合理的制度安排把“蛋糕”切好分好。坚持以人民为中心的发展思想，在高质量发展中促进共同富裕，正确处理效率和公平的关系，构建初次分配、再分配、三次分配协调配套的基础性制度安排，加大税收、社保、转移支付等调节力度并提高精准性，扩大中等收入群体比重，增加低收入群体收入，合理调节高收入，取缔非法收入，形成中间大、两头小的橄榄型分配结构，促进社会公平正义，促进人的全面发展，使全体人民朝着共同富裕目标扎实迈进。

“在高质量发展中促进共同富裕”是根本之策。从现实情况来看，我国进入新发展阶段，发展不平衡不充分问题仍然突出，城乡区域发展和收入分配差距较大。发展仍是解决问题的基础和关键，发展的质量决定了共同富裕的成色。2021年，中共中央、国务院出台意见，赋予浙江先行先试为全国实现高质量发展建设共同富裕探路的使命。2021年，东西部协作和定点帮扶工作进一步深化，不断巩固和拓展脱贫攻坚成果。2021年，我国凝神聚力深化供给侧结构性改革，着力打通国内大循环、国内国际双循环堵点，为经济发展提供持续动力。习近平多次阐释“共同富裕”实践途径。促进共同富裕不能搞“福利主义”那一套；共同富裕不是少数人的富裕，也不是整齐划一的平均主义；这是一个长期的历史过程，我们要创造条件、完善制度，稳步朝着这个目标迈进。

共同富裕大目标——“让全体中国人民都过上好日子”。习近平指出：“现在从整个国家来讲，实现了全面小康，接下来要走推进共同富裕、建设现代化的道路。在这条道路上，农村就是要推进乡村振兴，方方面面都还要芝麻开花节节高。”“节节高”是对美好生活的追求，也是对共同富裕的期盼。一年来，习近平在不同场合强调，促进共同富裕要“坚持以人民为中心的发展思想”。2021年11月，十九届六中全会审议通过了党的历史上第三个历史决议。决议多次提及共同富裕，描绘未来蓝图。岁尾，习近平在同俄罗斯总统普京举行视频会晤时提到了这个决议。习近平说，我们的目标很宏伟，也很朴素，归根结底就是让全体中国人民都过上好日子。

［引导讨论题］

（1）通过阅读《扎实推动共同富裕》一文，谈谈你对习近平总书记“坚持以人民为中心的发展思想”的认识与理解。

（2）为什么说共同富裕是社会主义的根本目的？

案例二　坚持党对经济工作的集中统一领导

［案例名称］　央企践行党建引领高质量发展

［案例适用］　社会主义经济制度

［案例来源］　（1）新华社客户端：加强党对经济工作的领导. https://baijiahao. baidu. com/s? id = 1686946275110791415&wfr = spider&for=pc（访问时间：2022/1/29 9:19）.

（2）国企党建会五周年特别报道：央企实践案例诠释高质量党建引领高质量发展. https://baijiahao. baidu. com/s? id=1715841145822903516&wfr=spider&for=pc（访问时间：2022/1/29 10:19）.

新华社评论员：加强党对经济工作的领导

中央经济工作会议指出，适应新发展阶段、贯彻新发展理念、构建新发展格局，必须加强党的全面领导。这是我们应对各种风险挑战的底气所在，也是做好明年经济工作的根本保证。

2020年是新中国历史上极不平凡的一年，面对严峻复杂的国际形势、艰巨繁重的国内改革发展稳定任务，特别是新冠肺炎疫情的严重冲击，以习近平同志为核心的党中央团结带领全国人民攻坚克难、不懈奋斗，实现了率先控制疫情、率先复工复产、率先实现经济增长由负转正，交出一份人民满意、世界瞩目、可以载入史册的答卷。取得这样的成绩，最根本的是有以习近平同志为核心的党中央坚强领导，有习近平新时代中国特色社会主义思想的科学指引，也再一次有力证明，加强党对经济工作的全面领导，充分调动一切积极因素，就一定能够形成推动高质量发展的强大合力。

加强党对经济工作的领导，要增强政治意识，提高政治站位。党中央权威是危难时刻全党全国各族人民迎难而上的根本依靠。越是面对风险挑战，越要在政治上坚如磐石，注重从讲政治的高度谋划经济工作，把思想和行动统一到党中央决策部署上来。要善于用政治眼光观察和分析经济社会问题，提高政治敏感度和政治鉴别力，善于洞察经济活动的政治后果。“为政贵在行，以实则治，以文则不治。”要坚决杜绝形式主义、官僚主义，崇尚实干、讲求实效，规范进行督查、督导，不折不扣把党中央决策部署贯彻到经济工作各方面。

加强党对经济工作的领导，要提高各级领导干部的专业化能力。当今社会，科技创新日新月异，经济社会活动复杂性全面上升，新情况、新事物、新问题不断涌现，各级领导干部必须增强补课充电的紧迫感，自觉赶上时代潮流。要掌握科技发展趋势，了解新兴领域情况，积极适应和满足群众新期待、新需求，切实提高驾驭经济工作的能力，努力成为领导构建新发展格局的行家里手。

安全是发展的前提，发展是安全的保障。开启新征程，我国发展进入一个风险易发多发期，各种矛盾和问题相互交织。领导干部要常观大势、常思大局，增强忧患意识，坚持底线思维，提高风险预见预判能力，下好先手棋，打好主动仗，有效防范化解各类经济社会风险，高度重视安全生产和防灾减灾工作，坚决防范重特大事故发生。要继续深化社会治理，严厉打击各类违法犯罪活动。要毫不放松抓好疫情防控，“外防输入、内防反弹”，确保不出现规模性输入和反弹。民生无小事，要安排好“两节”市场供应，确保基本民生，做好困难群体兜底工作。抓实抓好确保国家经济安全、保障人民生命安全、维护社会稳定和安全的各项工作，才能扎实推动高质量发展，奋力实现“十四五”开好局、新征程起好步。

国企党建会五周年特别报道：央企实践案例诠释高质量党建引领高质量发展

中国航发黎明：以党建为引领　让航空发动机自主研制道路越走越稳

2016年8月28日，中国航发组建成立。作为中国航发旗下的大型骨干企业，五年来，中国航发黎明党委将党的领导贯穿企业治理过程始终，将建立现代企业制度、推动管理变革贯穿企业改革发展过程中，在航空发动机自主研制的道路上越走越宽、越走越稳。按照国资委党委和中国航发党组部署，中国航发黎明深度开展“瘦身健体”，累计完成了20项投资清理工作，实现了业务聚集、资源聚焦和精力聚焦。

中国航发黎明党委书记、执行董事吴联合说：“我们在完善公司治理中加强党的领导，明确党组织在决策、执行、监督各个环节的权责和工作方式，明晰‘干不干’‘干什么’，确保公司党委领导作用有效发挥。”中国航发黎明党委充分发挥“把方向、管大局、促落实”作用，系统谋划发展方向，构建“十四五”发展规划框架。以中国航发运营管理系统（AEOS）为牵引，建立规划转计划的工作机制，挂图作战，以战略规划落地推进各项工作走深走实。

在实践过程中，中国航发黎明党委坚持以问题为导向，通过构建“链长”机制，加强战略供应商管理、厂所协同、党建共建联建。同时，公司以国家级企业技术中心为载体，整合大学、研究所、各类企业研发资源，以联合实验室、战略合作等多种合作方式，开展产学研技术合作，加速基础创新研究向工程应用转化。五年来，基础技术稳步迈进，产品制造技术成熟度快速提升，数字化、自动化建设成效显著，前沿技术取得突破,技术合作成效显著。

在人才培养方面,中国航发黎明党委鼓励领导干部干事创业,全面优化人才激励体系,以技术和产品的专业发展为导向,构建人才地图。设立公司级青年人才成长奖,对优秀青年实施“带教优才、拜师学艺”,实现导师制精准培养。同时,每年拿出技术奖励基金,瞄准关键任务,揭标竞标、揭榜挂帅,调动和激励广大技术人员攻坚克难。全国优秀共产党员、全国劳模模范洪家光说:“公司高度重视人才培养工作,为一线职工搭建了比武、展示、晋升的平台。公司还以党建‘铸心’工程为载体,抓好‘铸心’新长征党员突击队,以团队作战的方式,激发员工的攻坚热情。”

五年来,中国航发黎明党委统筹推进“铸心”新长征党员突击队、质量攻关党支部、党建“铸心”联建共建等载体活动。共有1116支“铸心”新长征党员突击队扛起攻坚大旗,将党的建设成效体现在航空发动机产品质量上,一批“卡脖子”问题取得重大突破,推动航空发动机自主研制水平迈上新台阶。(新华网记者　刘舒)

[案例评析]

习近平总书记强调:“能不能驾驭好世界第二大经济体,能不能保持经济社会持续健康发展,从根本上讲取决于党在经济社会发展中的领导核心作用发挥得好不好。”加强党对经济工作的全面领导,就要坚持和完善党领导经济社会发展的体制机制。经过这些年探索实践,我们党已形成一整套成熟的领导经济社会发展的体制机制。要认真贯彻党的十九届五中全会精神,在经济社会发展各领域各方面切实贯彻“两个维护”的要求,从体制机制上保证党在领导经济社会发展中把方向、谋大局、定政策、促改革,坚持和完善党中央关于经济社会发展重大决策部署贯彻落实的具体制度,为实现高质量发展提供根本保证。

加强党对经济工作的全面领导,就要不断提高贯彻新发展理念、构建新发展格局能力和水平。要增强政治意识,提高政治站位,对国之大者心中有数,关注党中央在关心什么、强调什么,深刻领会什么是党和国家最重要的利益、什么是最需要坚定维护的立场,切实把增强“四个意识”、坚定“四个自信”、做到“两个维护”落到行动上,重视从讲政治的高度做经济工作,善于用政治眼光观察和分析经济社会问题,真抓实干把党中央决策部署贯彻到经济工作各方面。督查、督导等工作要规范进行,讲求实效。各级领导干部要提高专业化能力,努力成为领导构建新发展格局的行家里手,增强补课充电的紧迫感,干什么学什么、缺什么补什么,自觉赶上时代潮流。要抓好发展和安全两件大事,有效防范化解各类经济社会风险,高度重视安全生产和防灾减灾工作,坚决防范重特大事故发生。

前进道路上,以习近平新时代中国特色社会主义思想为指导,坚持稳中求进工作总基调,立足新发展阶段,贯彻新发展理念,构建新发展格局,推动高质量发展,我们就一定能保证经济行稳致远、社会安定和谐，为“十四五”开好局，奋力夺取全面建设社会主义现代化国家新胜利。

［引导讨论题］

（1）坚持党对经济工作的集中统一领导的重要意义是什么？

（2）国有企业怎样坚持党对经济工作的集中统一领导？

第十章　中国特色社会主义所有制

第一部分　本章内容导读

第一节　中国特色社会主义的基本内涵

一、生产资料所有制的核心地位

经济基础决定上层建筑,作为社会主义基本经济制度之一的生产资料所有制处于核心地位。生产资料所有制构成一个社会经济结构的各个环节,构成一个社会经济制度的基础。

任何社会的所有制关系都是由一种所有制为主、多种所有制并存所形成的生产资料所有制结构。决定一个社会性质的,是占主体的所有制性质。改革开放以来,我们党确立了社会主义初级阶段的所有制,即公有制为主体、多种所有制经济共同发展。这一基本经济制度是社会主义初级阶段的一项基本经济制度,是中国特色社会主义制度的重要支柱。

二、中国特色社会主义所有制的主要规定

中国特色社会主义所有制的主要规定有三项:

第一,毫不动摇巩固和发展公有制经济。坚持公有制的主体地位,能够防止两极分化、实现共同富裕。

第二,毫不动摇鼓励、支持、引导非公有制经济发展。充分发挥非公有制经济在支撑增长、促进创新、扩大就业等方面的作用。

第三,把坚持公有制经济为主体和促进非公有制经济发展统一于社会主义一体化建设进程中,不能把两者对立起来。

三、发展混合所有制经济

混合所有制是中国特色社会主义所有制的组成部分,是社会主义条件下实现公有制与市场经济的有机结合、不断完善社会主义所有制的必然产物。

党的十五大报告指出,股份制是公有制的主要实现形式,党的十六大报告提出,除极少数必须由国家独资经营的企业外,积极推行股份制,发展混合所有制经济。党

的十七大报告进一步指出，以现代产权制度为基础，发展混合所有制经济。党的十八届三中全会通过的《中共中央关于全面深化改革若干重大问题的决定》明确提出，国有资本、集体资本、非公有资本交叉持股、相互融合的混合所有制经济，是社会主义基本经济制度的重要实现形式。在改革开放实践中，混合所有制经济的发展，促进了国有经济管理体制和治理结构的创新，增强了国有经济的活力，同时也推动了非公有制经济的发展。

实践当中，发展混合所有制经济有三个途径：非国有资本参与国有企业改革、国有资本参股非国有企业、探索创新员工持股模式。

第二节 毫不动摇巩固和发展公有制经济

一、公有制经济的主体地位

社会主义公有制是全体社会成员共同占有生产资料，用来满足人民美好生活需要而结成的经济关系体系。科学社会主义基本原理与中国特色社会主义根本原则都要求把公有制作为社会主义经济制度的基础。邓小平指出，“社会主义的经济是以公有制为基础的，生产是为了最大限度地满足人民的物质、文化需求，而不是为了剥削。”习近平指出，“我国是中国共产党领导的社会主义国家，公有制经济是长期以来在国家发展历程中形成的，必须毫不动摇地巩固好发展好，继续为改革开放和现代化建设作出贡献。”

公有制的主体地位主要体现在：公有资产在社会总资产中占优势，国有经济主要控制关系国民经济命脉的重要行业和关键领域，对经济发展起主导作用；满足全体人民的共同需要，保障全体人民的共同利益。

社会主义所有制必须要以生产资料公有制为主体的原因有：

第一，生产资料所有制是一个社会经济制度的基础。

第二，坚持公有制为主体是解放和发展生产力的根本要求。

第三，坚持公有制为主体是实现共同富裕的基本前提。

第四，坚持公有制为主体是构建社会主义和谐社会的经济基础。

第五，坚持公有制为主体是社会主义政治制度的基础。

二、国有经济的主导作用

“国有经济，即社会主义全民所有制经济，是国民经济中的主导力量，国家保障国有经济的巩固和发展。”

公有制经济包括国有经济、集体经济以及混合所有制经济中的国有和集体成分。国有经济处于核心地位。国家作为全民的代表对国有经济具有所有权，全体社会成员在生产资料的关系上是平等的。国有经济的主导作用主要包括：

第一，国有经济集中于关系国民经济命脉和国计民生的重要行业和关键领域。

第二，国有经济是国家引导、推动、调控国民经济和社会发展的基本力量。

第三，国有经济是国家长治久安的重要保证。

第四，国有经济是经济全球化条件下实现自主发展的重要保障。

三、做强做优做大国有资本和国有企业

国有企业既有企业的一般性，又有社会主义企业的特殊性。要保持公有制的主体地位，发挥国有经济的主导作用，必须做强做优做大国有企业。

国有经济的实现形式包括国有企业和国有资本。所以，发展壮大国有经济，既要做强做优做大国有企业，也要做强做优做大国有资本。党的十九届五中全会明确提出，深化国资国企改革，做强做优做大国有资本和国有企业。从而夯实公有制的主体地位，增强国有经济的主导作用。

当然，做强做优做大国有企业必须坚持党的领导，因为这是国有企业的“根”和“魂”，是国有企业的优势。

四、发展壮大集体所有制经济

集体所有制经济是公有制经济的重要组成部分，每个劳动者平等占有生产资料，之间的关系是平等互利、互助合作，生产资料所有权只属于各个集体经济单位的劳动者所有。

集体所有制主要包括城镇集体所有制、农村集体所有制和股份合作制企业等。

随着新时代中国新型集体经济所有制的发展，必须发挥更好集体所有制经济的优势，不断改善集体所有制经济发展的外部环境，推动与壮大集体所有制经济。

第三节　毫不动摇鼓励支持引导非公有制经济发展

一、非公有制经济是社会主义市场经济的重要组成部分

非公有制主要包括个体经济、私营经济和外资经济等，是社会主义市场经济的重要组成部分。

对于非公有制经济认识的发展过程是随着改革开放的进程不断变化的。党的十一届三中全会之前，对非公有制经济总体上是排斥的。1978 年以来，特别是党的十二大提出：在农村和城市，都要鼓励劳动者个体经济在国家规定的范围内和工商行政管理下适当发展，作为公有制经济的必要的、有益的补充。党的十三大提出：对于城乡合作经济、个体经济和私营经济，都要继续鼓励它们发展。党的十四大提出：在私有制结构上，以公有制包括全民所有制和集体所有制经济为主体，个体经济、私营经济、外资经济为补充，多种经济成分长期共同发展，不同经济成分还可以自愿实行多

种形式的联合经营。之后，党的十五大提出：非公有制经济是我国社会主义市场经济的重要组成部分，对个体、私营等非公有制经济要继续鼓励、引导，使之健康发展。这对满足人们多样化的需要，增加就业，促进国民经济的发展有重要作用。党的十八届五中全会提出：公有制经济财产权不可侵犯，非公有制经济财产权同样不可侵犯。国家保护各种所有制经济产权和合法利益，激发非公有制经济活力和创造力。党的十九大提出：毫不动摇巩固和发展公有制经济，毫不动摇鼓励、支持、引导非公有制经济发展。非公有制经济"已经成为推动我国经济发展不可或缺的力量，成为创业就业的主要领域、技术创新的重要主体、国家税收的重要来源，为我国社会主义市场经济发展、政府职能转变、农村富余劳动力转移、国际市场开拓等发挥了重要作用。"（习近平）。

从历史发展过程看，我国非公有制经济历经从小到大、由弱变强，这都是在党和国家方针政策指引下实现的。这也是我们党长期坚持的方针政策。毫不动摇鼓励、支持、引导非公有制经济发展具有三个必要性：第一，是社会主义初级阶段生产力发展的客观需要；第二，是满足人民日益增长的美好生活需要的必然要求；第三，是充分发挥中国特色社会主义制度优势的需要。

二、支持民营经济发展壮大

民营经济是社会主义市场经济发展的重要成果，发展壮大民营经济应该采取以下措施：

第一，减轻企业税费负担。

第二，解决民营企业融资难、融资贵问题。

第三，营造公平竞争环境。

第四，完善政策执行方式。

第五，保护企业家人身和财产安全。

第二部分　案　例

案例一　公有制经济的主体地位

[案例名称]　关系国计民生的国有经济蓬勃发展

[案例适用]　中国特色社会主义所有制

[案例来源]　（1）国民经济命脉. https://baike. baidu. com/item/国民经济命脉/12582023? fr=aladdin(访问时间:2022/2/4 19:19).

（2）国有经济的主导作用. http://www. sasac. gov. cn/gzjg/xcgz/200603130132. htm(访问时间:2022/2/4 20:30).

国有经济控制国民经济命脉

国民经济命脉是指对社会经济发展具有重大影响的部门、企业和资源。关系国民经济命脉的行业包括：涉及国家安全的行业（国防工业、造币工业、航空航天工业等）、支柱产业和高新技术产业中的重要骨干企业（机械工业、电子工业、汽车工业、石油化工、建筑业等）、提供重要公共产品的行业（大江大河的治理、重点防护林工程、重点公益事业等）、重大基础设施和重要矿产资源行业（煤气、电力电网、电信、煤炭等）等。

国有经济拥有雄厚的经济实力和先进的技术设备，积聚着我国最先进的生产力。法律规定，对国有经济占控制地位的关系国民经济命脉和国家安全的行业，以及依法实行专营专卖的行业，国家对其经营者的合法经营活动进行保护。中国的大型国有企业、国有控股企业以及其他中央直属企业，掌握着中国国民经济的命脉，对中国经济的发展起着至关重要的作用。

中国石油天然气集团有限公司（简称“中国石油”，英文缩写：CNPC）是国有重要骨干企业和全球主要的油气生产商和供应商之一，是集国内外油气勘探开发和新能源、炼化销售和新材料、支持和服务、资本和金融等业务于一体的综合性国际能源公司，在国内油气勘探开发中居主导地位，在全球35个国家和地区开展油气投资业务。2021年，中国石油在《财富》杂志全球500强排名中位居第四。2020年，在世界50家大石油公司综合排名中位居第三。

中国工商银行成立于1984年1月1日。2005年10月28日，整体改制为股份有限公司。2006年10月27日，成功在上交所和香港联交所同日挂牌上市。经过持续努力和稳健发展，已经迈入世界领先大银行之列，拥有优质的客户基础、多元的业务结构、强劲的创新能力和市场竞争力。将服务作为立行之本，坚持以服务创造价值，向全球超860万公司客户和6.8亿个人客户提供全面的金融产品和服务。自觉将社会责任融入发展战略和经营管理活动，在支持防疫抗疫、发展普惠金融、支持脱贫攻坚和乡村振兴、发展绿色金融、支持公益事业等方面受到广泛赞誉。聚焦主业，坚持服务实体经济的本源，与实体经济共荣共存、共担风雨、共同成长；坚持风险为本，牢牢守住底线，不断提高控制和化解风险的能力；坚持对商业银行经营规律的把握与遵循，致力于打造“百年老店”；坚持稳中求进、创新求进，持续深化重点发展战略，积极发展金融科技，加快数字化转型；坚持专业专注，开拓专业化经营模式，锻造“大行工匠”。连续八年位列英国《银行家》全球银行1 000强和美国《福布斯》全球企业2000强榜单榜首、位列美国《财富》500强榜单全球商业银行首位，连续五年位列英国Brand Finance全球银行品牌价值500强榜单榜首。

中国国际航空股份有限公司（简称：国航，英文简称：Air China），其前身中国国际航空公司成立于1988年。根据国务院批准通过的《民航体制改革方案》，2002年10月，中国国际航空公司联合中国航空总公司和中国西南航空公司，成立了中国航空集团公司，并以联合三方的航空运输资源为基础，组建新的中国国际航空公司。

2004 年 9 月 30 日，经国务院国有资产监督管理委员会批准，作为中国航空集团控股的航空运输主业公司，国航股份在北京正式成立。2004 年 12 月 15 日，中国国际航空股份有限公司在香港和伦敦成功上市。国航是中国唯一载国旗飞行的民用航空公司，是世界最大的航空联盟——星空联盟成员，也是 2008 年北京奥运会和残奥会官方航空客运合作伙伴、2022 年北京冬奥会和冬残奥会官方航空客运合作伙伴，具有国内航空公司第一的品牌价值（世界品牌实验室 2021 年 6 月评测为 1972.36 亿元），在航空客运、货运及相关服务诸方面，均处于国内领先地位。

国有经济的主导作用

搞好国有企业　发挥国有经济主导作用

——《人民日报》记者专访国资委主任、党委书记李荣融

国有经济总体实力不断增强，控制力、影响力和带动力进一步提高

记者：国有企业的改革发展以及在国民经济中的地位作用，一直为全社会所关注。经过这么多年的改革和探索，目前国有经济的总体实力如何？

李荣融：国有经济是国民经济的主导力量，这是宪法规定的。国资委最核心的任务是保证国有经济持续稳定地发挥主导作用。经过多年的改革发展，国有经济总量不断增加，经济效益大幅度提高。2005 年，全国国有企业实现销售收入 11.5 万亿元，同比增长 19.2%；实现利润 9047 亿元，同比增长了 25.1%。国务院国资委直接监管的 169 家中央企业实现销售收入 6.7 万亿元，同比增长 19.8%；实现利润 6276 亿元，同比增长 27.9%。国资委成立 3 年来，中央企业销售收入和资产总额平均每年分别增加 1.1 万亿元，实现利润平均每年增加 1000 多亿元，上缴税金平均每年增加近 1000 亿元。

这几年，国有企业的整体素质和竞争力得到了明显提高，涌现出一批具有国际竞争力的大公司大集团。1998 年，我国进入世界 500 强的企业只有 3 家，去年增加到 18 家，其中内地的 15 家企业全部是国有企业。上海宝钢集团成为我国竞争性行业和制造业中第一家连续两年进入世界 500 强的企业。在全球知名能源信息公司普氏公布的 2005 年“全球能源公司 250 强”中，中石油、中石化列亚太地区前两位，居全球排名第 7 位和第 12 位。在美国《福布斯》最新公布的“亚洲 50 强”排行榜中，中国移动、中国联通、中海油 3 家企业名列前 10 名。

记者：国有企业，特别是中央企业取得这么好的业绩让人备受鼓舞。不过，也有人认为，这主要得益于近两年宏观经济形势好。您如何看待这种说法？

李荣融：经济形势好是一方面原因，但更重要的是体制机制发生了新的变化。国资委的成立，解决了多年存在的国有企业多头管理、责任不落实的问题。国资委作为政府授权的出资人代表，理所当然要承担搞好国有企业、实现国有资产保值增殖的责任，但这一责任只有最终传递到企业才能得到真正落实。所以国资委成立后的第一

件事就是建立经营业绩考核制度，与央企签订经营业绩责任书。同时建立起激励和约束机制。另外，我们连续3年组织中央企业面向海内外公开招聘高级经营管理者，这是一个很重要的措施。打一个比方，这就好比球场上有了后备队员，不在状态就换人，这会给在场上踢球的人以压力，让队员充分发挥潜力。这实际上是按企业发展规律办事。

记者：有人注意到，从绝对户数上看，国有企业的数量在减少。因而有人担心，这是否会影响国有经济在整个国民经济发展中主导作用的发挥？

李荣融：从数量上看，近几年经过国有经济布局和结构调整，国有企业的绝对数的确在减少。但从资产总量和质量上看，国有经济得到了加强，对经济社会的贡献进一步加大，控制力、影响力和带动力明显提高，真正发挥了主导作用。

2005年与2002年相比，全国国有及国有控股工业企业户数减少1.19万户，年均减少3 967户；销售收入增加3.8万亿元，年均增长21.6%；实现利润增加3814亿元，年均增长34.8%；上缴税金增加2237亿元，年均增长16%；资产总额增加2.99万亿元，年均增长10.1%。目前，国有及国有控股工业企业户数占全国工业企业的11%，而实现利润和上缴税金分别占到了44.9%和56.7%。中央企业去年上缴的税金占全国税收近1/5。

在关系国家安全和国民经济命脉的重要行业和关键领域，比如军工、航天航空、石油石化、通信、电力、交通运输等行业，国有经济始终占主导和支配地位。这些行业的技术创新和走出去参与国际竞争，主要是靠国有及国有控股企业。三峡工程、青藏铁路、西气东输、西电东送、南水北调等重点工程和举世瞩目的神舟六号成功发射，中央企业都作出了重大贡献。

坚定搞好国有企业的信心和决心，加快推进国有企业改革步伐

记者：虽然国有企业实力增强，但仍有人对能否搞好国有企业持怀疑态度，您如何看？

李荣融：经过这几年的实践，我认为所有制与企业经营好坏没有直接的关系，国有企业取得的成绩也充分证明了这一点。现在的关键是要建立起一套符合企业发展规律的好制度，并且让制度得到强有力的执行。所以，我们要继续坚定不移地推进改革。要进一步深化国有资产管理体制改革，完善企业经营业绩考核和激励约束制度，加快建立国有资本经营预算制度，加强国有资产监管。要加快推进国有大型企业股份制改革，继续推进国有独资公司建立和完善董事会试点，完善公司治理结构。要积极推进国有经济布局结构战略性调整，促进国有企业增强自主创新能力，提高企业的核心竞争力，加快培育发展一批拥有自主知识产权、知名品牌，具有较强国际竞争力的大公司大企业集团。此外，还将继续抓好政策性关闭破产工作，抓紧推进主辅分离辅业改制和分离企业办社会职能工作。总之，只要按照党中央确定的方针政策推进国有企业改革，遵循企业的发展规律，国有企业一定能够搞好，对此我们充满信心。

记者：下一阶段国有经济布局和结构调整的原则和方向是什么？

李荣融：推进国有经济布局结构调整，要坚持公有制的主体地位，发挥国有经济的主导作用，提高国有经济的控制力、影响力和带动力，这是最重要的原则。也是我

们工作的出发点和落脚点。要坚持有进有退、有所为有所不为的原则，建立市场配置资源为主的运行机制，支持和鼓励国有企业在调整中走新型工业化道路，走资源节约和可持续发展的道路。调整的方向主要是“四个集中”：推动国有资本更多地向关系国家安全和国民经济命脉的重要行业和关键领域集中，向具有竞争优势的行业和未来可能形成主导产业的领域集中，向具有较强国际竞争力的大公司大企业集团集中，向中央企业主业集中。我们已经分3批明确了大部分中央企业的主业，还分21个重点业务板块制定了中央企业布局结构调整的指导意见，随着条件逐步成熟，调整的力度将进一步加大。

规范国有企业改制和产权转让，防止国有资产流失，维护职工的合法权益

记者：国资委常常被比作国有资产的“守护神”。随着国企改革力度加大，人们非常担心国有资产流失。请问这方面的情况如何？

李荣融：总体看，国有资产总量在增加；局部看，存在个别流失的现象。国资委成立前的2002年，中央企业资产总额7.1万亿元，现在已经超过10万亿元，毫无疑问这部分资产是在增加的。当然，我们也不否认一些企业在改制过程中出现了国有资产流失的问题。这主要原因是责任不落实，制度不健全。国资委成立以来，我们和有关部门一起做了大量的工作，制定发布了一系列规章和制度，加强了监督检查。经过各方面的努力，国有资产流失的现象已得到遏制，有效维护了职工的合法权益。我们将继续加强这方面的工作力度。

记者：从改革的进程看，未来几年，企业国有产权规范流转的速度将进一步提高。请问国资委在规范国企改制和产权转让方面将采取什么样的措施？

李荣融：规范国有企业改制和产权转让是一项长期的工作，其中关键是要切实做到“主体到位、交易进场、信息公开、操作规范、监督有力”。第一是主体要到位。改制方案和国有产权转让方案的制订、论证，清产核资、财务审计、资产评估的组织和委托，交易方式的确定等，都要由各级国有资产监管机构或持有国有资本的企业操作。第二是交易要进场。要防止“暗箱操作”，实现“阳光交易”。第三是信息要公开。企业国有产权转让，必须按照规定的内容、方式、时间公开披露产权转让信息，广泛征集受让方意见，使投资者充分了解企业情况，做好投资决策。第四是操作要规范。国有企业改制和产权转让的每一个环节，都要依法、合规。第五是监督要有力。我们将从多方面、多渠道采取多种有效措施，加强监督检查，严格把好各个关口。

（《人民日报》2006年03月13日，第二版）

[案例评析]

公有制经济的主体地位是指公有资产在社会总资产中占优势，国有经济控制国民经济命脉，对经济发展起主导作用，公有制经济的主体地位是由社会主义的性质以及它在国民经济中的作用决定的。

马克思主义政治经济学是马克思主义的重要组成部分，也是我们坚持和发展

马克思主义的必修课。在中国特色社会主义建设过程中我们党实现了对马克思主义政治经济学的创造性发展。

习近平总书记指出,坚持以人民为中心的发展思想,是马克思主义政治经济学的根本立场。坚持把增进人民福祉、促进人的全面发展、朝着共同富裕方向稳步前进作为经济发展的出发点和落脚点,部署经济工作、制定经济政策、推动经济发展都要牢牢坚持这个根本立场。坚持新的发展理念,创新、协调、绿色、开放、共享的发展理念是对我们在推动经济发展中获得的感性认识的升华,是对我们推动经济发展实践的理论总结,要坚持用新的发展理念来引领和推动我国经济发展,不断破解经济发展难题,开创经济发展新局面。

我们要坚持和完善社会主义基本经济制度,就要毫不动摇巩固和发展公有制经济,毫不动摇鼓励、支持、引导非公有制经济发展,推动各种所有制取长补短、相互促进、共同发展,同时公有制主体地位不能动摇,国有经济主导作用不能动摇,这是保证我国各族人民共享发展成果的制度性保证,也是巩固党的执政地位、坚持我国社会主义制度的重要保证。要坚持和完善社会主义基本分配制度,努力推动居民收入增长和经济增长同步、劳动报酬提高和劳动生产率提高同步,不断健全体制机制和具体政策,调整国民收入分配格局,持续增加城乡居民收入,不断缩小收入差距。

[引导讨论题]

(1) 如何评价大型国有企业进军国际市场的行为?

(2) 在新时代中国特色社会主义建设过程中,如何进一步发挥国有经济的主导作用?

案例二　非公有制经济是社会主义市场经济的重要组成部分

[案例名称]　“为中国人做一片属于自己的玻璃”的福耀集团

[案例适用]　中国特色社会主义所有制

[案例来源]　(1)福耀集团:https://www.fuyaogroup.com(访问时间:2022/2/3 10:10).

(2) 习近平谈民营经济的地位作用. http://www.fgdjw.com.cn/xwzx/201909/t20190912_11001916.shtml(访问时间:2022/2/3 14:10).

福耀集团(全称福耀玻璃工业集团股份有限公司),1987 年成立于中国福州,是专注于汽车安全玻璃的大型跨国集团,1993 年在上海证券交易所主板上市,2015 年在香港交易所上市,形成兼跨境内外两大资本平台的“A+H”模式。

自创立以来,福耀集团矢志为中国人做一片属于自己的高质量玻璃,当好汽车工业的配角,秉承“勤劳、朴实、学习、创新”的核心价值观,坚持走独立自主、应用研发、开放包容的战略路线。经过三十余年的发展，福耀集团已在中国 16 个省市以及美国、俄罗斯、德国、日本、韩国等 11 个国家和地区建立现代化生产基地和商务机构，并在中、美、德设立 6 个设计中心，全球雇员约 2.7 万人。福耀产品得到全球知名汽车制造企业及主要汽车厂商的认证和选用，包括宾利、奔驰、宝马、奥迪、通用、丰田、大众、福特、克莱斯勒等，为其提供全球 OEM 配套服务和汽车玻璃全套解决方案，并被各大汽车制造企业评为“全球优秀供应商”。

福耀集团是“工业 4.0”的积极探索者和实践者。公司以智识引领发展，以创新为驱动，通过智能制造，为客户提供一片有“灵魂”的玻璃，其信息技术与生产自动化方面位居全球同行业前列。近年来，福耀集团先后荣获“中国质量奖”“智能制造示范企业”“国家创新示范企业”“国家级企业技术中心”等各类创新荣誉、资质。

福耀集团多年蝉联《财富》中国 500 强、中国民营企业 500 强，多次获得“中国最佳企业公民”“中国十佳上市公司”“CCTV 最佳雇主”等社会殊荣。董事长曹德旺先生从 1987 年至今个人捐款累计逾 160 亿元，被誉为“真正的首善”；2018 年，曹德旺入选“改革开放 40 年百名杰出民营企业家”；于 2009 年荣膺企业界的“奥斯卡”——安永企业家全球奖；2016 年荣获全球玻璃行业最高奖项——金凤凰奖，评委会称“曹德旺带领福耀集团改变了世界汽车玻璃行业的格局”。

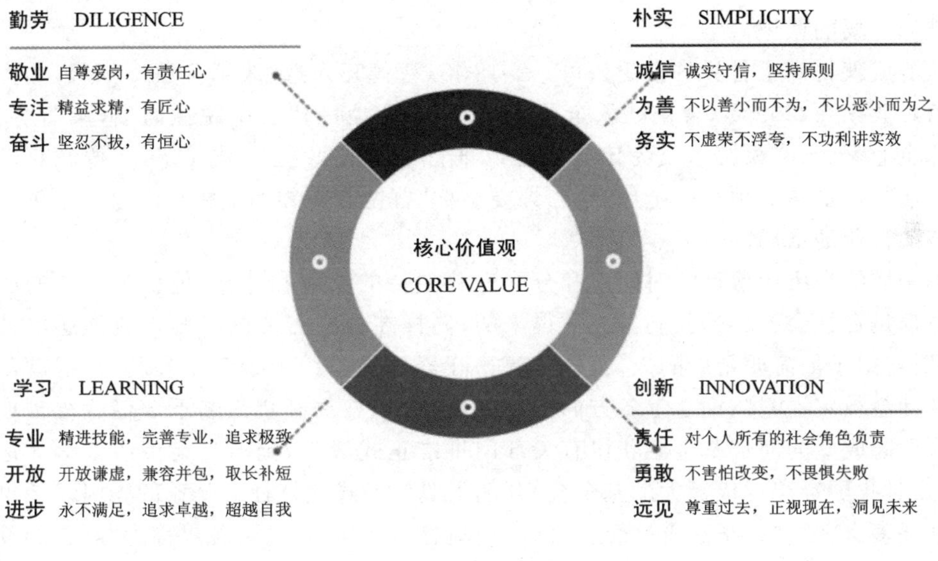

福耀集团的核心价值观

以“发展自我，兼善天下”为社会责任理念的福耀集团，自成立起就从“为中国人做一片属于自己的玻璃”的愿景出发，以“打造全球最具竞争力的汽车玻璃专业供应商”为奋斗目标，秉承勤劳、朴实、学习、创新的企业核心价值观，坚持走独立自主、应用研发、开放包容的战略路线，从只有几间平房的小厂起步，成长为汽车玻璃行业内中国第一，世界领先的知名民族品牌企业。

在此过程中，福耀集团始终以打造全球客户的忠实伙伴、全球行业的行为典范、全球员工的最佳雇主、全球公众的信赖品牌为目标。通过自身的开拓与发展，以实际行动回报社会，关爱自然，保护环境；积极投身公益事业，积极主动履行社会责任，实现了公司的经济效益与社会效益相统一，公司的发展和社会的发展相和谐。

这里不得不提及1946年出生的福耀玻璃工业集团股份有限公司董事长、创始人曹德旺先生。曹德旺初中没毕业就辍学，自16岁起在街头卖过烟丝、贩过水果、当过厨师、修过自行车，尝遍了社会底层生活的艰辛。1976年，曹德旺开始在福清市高山镇异型玻璃厂当采购员，1983年承包了这个濒临倒闭的小厂。

20世纪80年代初期，在国内的汽车维修市场，从日本进口汽车玻璃一块就要一两千元人民币。这样一个商业现象深深刺痛了曹德旺的民族自尊心。“我知道了自己应该去做汽车玻璃，中国人应该有一块自己的玻璃，应该有一片从自己的玻璃看出去的天空”。1986年，40岁的曹德旺开始转战汽车维修玻璃，此后不久在汽车维修市场上，曹德旺用自己生产出来的汽车玻璃替代了日本的进口汽车玻璃。1987年，他用第一桶金建立了耀华汽车玻璃公司（福耀集团的前身）。

三十几年的时间，曹德旺以决心和恒心，使中国汽车玻璃行业从完全依赖进口到进口接近为零，实现了“为中国人做一片自己的玻璃”发展目标，也改变了世界对中国汽车玻璃市场的认识。

他的成就得到了各界的广泛认可。2018年，曹德旺入选“改革开放40年百名杰出民营企业家”；2009年，曹德旺从全球43个国家和地区代表中脱颖而出，荣膺“安永全球企业家2009大奖”，成为该奖设立以来首个华人得主。2016年，曹德旺获颁全球玻璃行业最高奖项——金凤凰奖，评委会称“曹德旺带领的福耀集团改变了世界汽车玻璃行业的格局”。

不一样的经历让曹德旺对财富和分配有着独特的见解和体会，他认为自己的所有成就都是在社会各界的共同努力下得来的，同样在社会需要的时候也应该还给社会，把财富用于最需要帮助的人。目前，曹德旺累计捐款约160亿元人民币，捐助范围涉及社会救灾、扶贫、助学等各方面。2011年5月，曹德旺捐出名下3亿股福耀玻璃股票发起成立的河仁基金会获得有关部门批准正式成立，捐赠当天市值35.49亿元，是当时我国资产规模最大的基金会，开创了股票形式支持社会公益的先河。他也因此连续多次获得“中华慈善奖”这一国内最高慈善奖项，被社会各界称为“真正的首善”。他始终坚持“企业家的责任有三条：国家因为有你而强大，社会因为有你而进步，人民因为有你而富足”。

[案例评析]

这里用习近平总书记的讲话来作为对非公有制经济是社会主义市场经济的重要组成部分的评析。

2019 年 9 月 9 日，中央全面深化改革委员会第十次会议审议通过了《关于营造更好发展环境支持民营企业改革发展的意见》，强调支持民营企业发展，要坚持和完善中国特色社会主义基本经济制度，坚持两个“毫不动摇”，营造市场化、法治化、制度化的长期稳定发展环境。习近平总书记曾在不同时期、不同场合，反复强调过民营经济的重要作用和重要地位，为民营经济的发展坚定信心。

第一，非公有制经济是社会主义的重要组成部分。

“民营经济是我国经济制度的内在要素，民营企业和民营企业家是我们自己人。”(2018 年 11 月 1 日，习近平在民营企业座谈会上的讲话)

“民营经济的历史贡献不可磨灭，民营经济的地位作用不容置疑，任何否定、弱化民营经济的言论和做法都是错误的。”(2018 年 10 月 20 日，习近平给“万企帮万村”行动中受表彰的民营企业家的回信)

“我在这里重申，非公有制经济在我国经济社会发展中的地位和作用没有变，我们毫不动摇鼓励、支持、引导非公有制经济发展的方针政策没有变，我们致力于为非公有制经济发展营造良好环境和提供更多机会的方针政策没有变。”(2016 年 3 月 4 日，习近平在民建、工商联界委员联组会上的讲话)

第二，鼓励引导支持非公有制经济发展。

“要坚持‘两个毫不动摇’，落实鼓励引导支持民营经济发展的各项政策措施，为各类所有制企业营造公平、透明、法治的发展环境，营造有利于企业家健康成长的良好氛围，帮助民营企业实现创新发展，在市场竞争中打造一支有开拓精神、前瞻眼光、国际视野的企业家队伍。”(2019 年 3 月 10 日，习近平参加十三届全国人大二次会议福建代表团审议时强调)

“要打破各种各样的‘卷帘门’、‘玻璃门’、‘旋转门’，在市场准入、审批许可、经营运行、招投标、军民融合等方面，为民营企业打造公平竞争环境，给民营企业发展创造充足市场空间。要鼓励民营企业参与国有企业改革。”(2018 年 11 月 1 日，习近平在民营企业座谈会上的讲话)

“要坚持‘两个毫不动摇’，为民营企业发展营造良好的法治环境和营商环境，依法保护民营企业权益，鼓励、支持、引导非公有制经济继续发展壮大。”(2018 年 9 月 27 日，习近平在辽宁忠旺集团考察时的讲话)

第三，实施市场准入负面清单，激发各类市场主体主力。

“全面实施市场准入负面清单制度，清理废除妨碍统一市场和公平竞争的各种规定和做法，支持民营企业发展，激发各类市场主体活力。”(2017 年 10 月 18 日，习近平在中国共产党第十九次全国代表大会上的报告)

“各相关部门和地方的主要负责同志要经常听取民营企业反映和诉求，特别是在民营企业遇到困难和问题情况下更要积极作为、靠前服务，帮助解决实际困难。”(2018 年 11 月 1 日，习近平在民营企业座谈会上的讲话)

第四，探索非公有制企业党建工作，引导非公有制经济健康成长。

"根据经济社会发展和结构变化,党的组织形式、工作方法也要与之适应。要积极推动民企党建工作探索,因地制宜抓好党建、促进企业健康发展。"(2017 年 4 月 20 日,习近平在广西基层代表座谈会上强调)

"促进非公有制经济健康发展和非公有制经济人士健康成长,要坚持团结、服务、引导、教育的方针,一手抓鼓励支持,一手抓教育引导,关注他们的思想,关注他们的困难,有针对性地进行帮助引导。"(2015 年 5 月 21 日,习近平在中央统战工作会议上讲话时指出)

[引导讨论题]

(1) 如何理解非公有制经济是社会主义的重要组成部分?

(2) 探索非公有制企业党建工作对于建设社会主义市场经济的意义表现在哪些方面?

第十一章　中国特色社会主义分配制度

第一部分　本章内容导读

第一节　社会主义分配制度的内涵

一、收入分配的一般概念

人类社会不同发展阶段的生产关系不同，所决定的分配方式也表现出差异性。作为要素分配和产品分配必须服从于社会成员所处的生产关系，分配的结果取决于各社会成员在具体生产关系中所处的地位。

国民收入分配和个人收入分配在社会主义市场经济条件下采取市场经济条件下的收入和分配形式。国民收入是一个国家（或地区）在一定时期内创造的最终产品和服务的价值总量。主要来衡量一国的经济总量、生产能力和综合经济实力。社会主义市场经济条件下国民收入的主要指标是国内生产总值（GDP）和国民生产总值（GNP）。国内生产总值（GDP）是一个国家（或地区）在一定时期内所有常住单位提供的商品和服务活动的价值总和。国民生产总值主要核算属于本国的经济单位所获得的收入。国内生产总值有三种表现形态：价值形态、收入形态和产品形态。

社会主义市场经济条件下，政府、企业和个人参与市场经济的运行，对国民收入进行分配。主要包括两个过程：初次分配和再分配。国民总收入的初次分配以所有常住单位在一定时期内参与生产和服务活动所形成的增加值为起点，最后形成各经济主体的原始收入。初次分配完成后，形成了三个部分的原始收入：政府收入、企业收入、个人收入。

国民总收入的再分配是国民收入在经过初次分配而形成原始收入的基础上，通过各种经常转移而形成可支配收入的过程。国民收入实现再分配的经常转移主要是国家财政收支中的经常转移，主要包括以下五类：所得税、财产税等经常税；社会保障缴款；社会保险福利；社会救济福利；其他经常转移。国民收入再分配实质是政府对市场机制的补充和完善。除此之外，还有第三次分配，主要是在道德、文化、习惯等影响下，社会力量自愿通过民间捐赠、慈善事业、志愿行动等公益方式对社会资源和社会财富进行分配。

国民收入的初次分配与再分配是相互联系、相互区别的两个概念。联系在于,初次分配是再分配的出发点,形成的是各经济主体的原始收入。再分配是整个国民收入分配过程的最终结果,形成的是各经济主体的可支配收入。区别:一是初次分配各环节所涉及的各种收支活动均以参与生产经营活动为依据,大多与生产要素的提供相对应。再分配通常并不与生产要素的提供相对应。二是初次分配属于交换性分配,讲究价值量的对等;再分配属于转移性分配,并不讲究价值量的对等。社会主义国民收入的初次分配和再分配,涉及国家、集体、个人利益关系,要求初次分配和再分配都要处理好效率和公平的关系,再分配更加注重公平。要逐步提高居民收入在国民收入分配中的比重,提高劳动报酬在初次分配中的比重,着力提高低收入人群收入,扩大中等收入群体。

二、中国特色社会主义分配制度的形成和发展

按劳分配是社会主义的分配原则。马克思在《哥达纲领批判》中最早提出在共产主义社会的第一阶段,即社会主义社会,个人消费品实行按劳分配原则。“这里通行的是商品等价物的交换中通行的同一原则,即一种形式的一定量劳动同另一种形式的同量劳动相交换。”

改革开放之前,生产资料和消费品的价格、产量都由国家计划设定,通过国家计划确定个人占国民收入的比重、消费基金与积累基金之间的比例,初步建立起社会主义按劳分配制度。改革开放之后,国民收入分配制度是在社会主义市场经济条件下逐步以市场为基础、同时发挥国家规划的指导作用和宏观调控的调节作用而形成的。党的十三大提出:在以按劳分配为主体的前提下实行多种分配方式。党的十四大提出:以按劳分配为主体、其他分配方式为补充,兼顾效率与公平。党的十五大提出:坚持和完善按劳分配为主体的多种分配方式,允许一部分地区和一部分人先富起来,带动和帮助后富,逐步走向共同富裕。党的十六大提出:确立劳动、资本、技术和管理等生产要素按贡献参与分配的原则,提出坚持效率优选、兼顾公平,初次分配注重效率,再分配注重公平。党的十七大提出:坚持和完善按劳分配为主体、多种分配方式并存的分配制度。党的十八大提出:将收入分配制度改革上升到“实现发展成果由人民共享”的高度,提出实现居民收入与经济发展同步、劳动报酬劳动生产率提高同步。党的十九大提出:完善按要素分配的体制机制,促进收入分配更合理、更有序;扩大中等收入人群,增加低收入者收入,调节过高收入,取缔非法收入;拓宽财产性收入渠道,增加居民收入。党的十九届四中全会提出:把“坚持按劳分配为主体、多种分配方式并存”的社会主义分配制度上升为基本经济制度的组成部分。党的十九届五中全会提出:探索通过土地、资本等要素使用权、收益权增加中低收入群众要素收入,多渠道增加城乡居民财产性收入,改善收入和财富分配格局。

第二节　按劳分配为主体、多种分配方式并存

一、按劳分配为主体、多种分配方式并存是我国的一项基本经济制度

党的十九届四中全会明确把“坚持按劳分配为主体、多种分配方式并存”作为我国一项基本经济制度，阐明了中国特色社会主义分配制度的基本内涵，为新时代坚持完善我国的分配制度提供了依据。

社会主义初级阶段必须坚持按劳分配为主体、多种分配方式并存的分配制度，把按劳分配与按生产要素分配结合起来，其原因主要是：第一，公有制为主体、多种所有制经济共同发展的所有制结构决定了必须坚持按劳分配为主体、多种分配方式并存的分配制度。第二，准确反映资源的稀缺状况、实现资源配置合理化的原则，要求实行按劳分配为主体、多种分配方式并存的分配制度。第三，社会主义初级阶段的分配制度，归根到底是由生产力的发展状况决定的。

二、按劳分配及其特点

社会主义实行按劳分配是由生产资料公有制和生产力水平还不够发达决定的。这种以劳动为依据的分配，一方面体现了人们在生产资料占有上的平等地位，体现了以劳动为尺度的公平分配；另一方面默认了劳动者个人的天赋和能力是他们天然的权利，承认人们在消费品占有上事实的不平等。

按劳分配的主要内容和基本要求：第一，有劳动能力的社会成员，都必须参加社会劳动，不劳动者不得食。第二，个人消费品的分配只能以劳动为尺度。第三，作为分配尺度的劳动，不是劳动者实际支出的个别劳动，而是劳动者在平均熟练程度和平均劳动强度下生产单位使用价值所耗费的社会平均活动。第四，随着劳动生产率的提高和生产的发展，劳动者能够分配到的消费品也将逐步增加。

按劳分配是社会主义经济制度的重要组成部分，对于推动社会主义经济发展、提高效率、实现社会公平具有重要的意义。社会主义初级阶段按劳分配的实现过程和实现形式与马克思当年理论上设想的存在明显差别。社会主义初级阶段按劳分配的特点：第一，通过市场机制实现。第二，按劳分配的“劳”是在市场上实现了的劳动，还不能直接以每个劳动者的劳动时间为尺度，只能以社会承认的商品价值还原的劳动量为尺度。第三，按劳分配主要采取货币工资形式实现。第四，劳动者的收入与企业的经济状况相关联。

三、按生产要素分配

在社会主义市场经济中，除了按劳分配之外，还存在按生产要素分配的方式，即在市场经济中，生产要素所有者凭借生产要素的所有权来参与分配，获得相应的报

酬。按生产要素分配的主要方式有:按资本要素分配,按知识、技术、信息要素分配,按管理要素分配,按土地和其他自然资源分配。个体经济中既有劳动收入又有资本或者财产收入。

第三节　保障社会公平,提高人民收入水平

一、促进效率和公平的有机统一

公平正义是中国特色社会主义的内在要求,社会主义制度必然要求实现效率和公平的有机统一。

效率高低体现了经济发展水平的高低,提高效率、增加可供分配的产品和服务,是优化收入分配、增进公平正义的基础。分配公平与否,又直接影响经济主体的积极性。收入分配对效率的影响有二:第一,使劳动者付出的劳动得到合理的收入回报,从而调动劳动者的积极性,激励更多的生产要素投入社会生产,创造出更多的社会财富。第二,使生产要素根据市场评价获得相应的回报,从而推动经济发展。

收入分配中的公平是指不同社会成员具有平等的分配权利和机会,包括权利公平、机会公平和规则公平。

初次分配和再分配中都要兼顾效率和公平,再分配中更加注重公平,这是中国共产党在不断总结改革开放历史经验和探索中国特色社会主义发展道路的实践过程中形成的。妥善处理分配领域中的效率和公平的关系,要把握两者的辩证统一关系,既重视提高效率,又重视促进公平,实现两者之间的相互促进。

二、缩小收入差距

虽然我国总体上达到小康水平,但是,依然存在着城乡之间、地区之间、行业之间以及不同社会成员之间收入分配不公的状况。形成收入差距的原因主要是:第一,在市场经济条件下,市场竞争会造成一定程度的收入差距。第二,在逐步完善市场经济体制的过程中,市场机制不健全,体制、政策和法律不完善,不同地区、行业和领域状况不同。第三,构建合理有效的收入分配制度仍然需要进一步完善。

尽管收入分配存在一定的差距,有利于调动市场主体的生产积极性,但是,如果长期不能够有效解决,导致分配不公问题的进一步突出,必然会影响到我国经济的健康发展。所以,必须按照中国特色社会主义分配原则,调节收入分配关系,缩小收入分配差距,最终实现共同富裕。

三、全体人民共同富裕取得更为明显的实质性进展

2020 年,我国历史性地消除了绝对贫困和区域性整体贫困。党的十九届五中全会提出了“全体人民共同富裕取得更为明显的实质性进展”的目标,具体来说就是:坚

持按劳分配为主体、多种分配方式并存，通过健全完善三次分配机制、改善收入和财富分配格局，努力实现居民收入增长和经济增长同步、劳动报酬增长和劳动生产率提高同步、促进经济行稳致远和社会安定和谐。

为了实现上述目标，必须做到以下几点：

第一，在初次分配中，增加劳动者特别是一线劳动者的劳动报酬，提高劳动报酬在初次分配中的比重。

第二，在再分配领域，规范分配秩序，加大调节力度，扩大中等收入群体，增加低收入者收入，调节过高收入，取缔非法收入。

第三，发挥好第三次分配的调节作用。

第四，完善市场机制，打造平等竞争环境。

第二部分　案　例

案例一　着力提高低收入人群收入，扩大中等收入群体

［案例名称］　为提高中低收入人群的收入献计献策

［案例适用］　社会主义分配制度

［案例来源］　(1)《中国青年报》："十四五"期间将着力提高低收入群体的收入，扩大中等收入群体. https://www. sohu. com/a/428355296_119038(访问时间：2022/2/5 16:50).

(2) 皮海洲：稳步提高低收入群体收入 需要制度倾斜. https://baijiahao. baidu. com/s? id＝1682848006550820249&wfr＝spider&for＝pc(访问时间：2022/2/5 17:50).

(3) 万喆：提高中低收入人群收入，为提振内需夯实宽厚基础. https://baijiahao. baidu. com/s? id＝1682532839784047380&wfr＝spider&for＝pc(访问时间：2022/2/5 19:30).

2020 年 10 月 30 日，国家统计局党组书记、局长宁吉喆在回答记者提问时回答了"十三五"期间收入和消费的情况。我国居民收入持续增长，2016 年至 2019 年居民人均可支配收入年均实际增长 6.5%；城乡差距逐步缩小，2019 年城镇居民与农村居民人均可支配收入之比为 2.64，比 2015 年缩小了 0.09；中等收入群体规模扩大，由 2010 年的 1 亿多人增加到 2019 年的 4 亿多人。同时，居民消费规模持续扩大。2019 年社会消费品零售总额达到 41.2 万亿元，比 2015 年增长了 36.9%；消费结构也不断优化，恩格尔系数（居民食品支出占总支出的比重）从 2015 年的 30.6%降为 2019 年的 28.2%，这反映了消费结构的升级。消费新业态新模式蓬勃发展，2019 年

网上零售额达到10.6万亿元,比2015年增长了1.74倍。

“十四五”时期将按照《建议》的要求,扎实推动共同富裕,坚持按劳分配为主体、多种分配方式并存,提高劳动报酬在初次分配中的比重,健全工资合理增长机制,着力提高低收入群体的收入,扩大中等收入群体;完善按要素分配政策制度,增加中低收入群体的要素收入;完善再分配机制,加大税收、社保、转移支付等调节力度和精准性;发挥第三次分配的作用,发展慈善事业。还将全面促进消费,顺应消费升级的趋势,促进消费向绿色、健康、安全发展,发展服务消费,鼓励消费新模式新业态发展;推动汽车等消费品由购买管理向使用管理转变,促进住房消费健康发展;发展无接触交易服务,促进线上线下消费融合发展,开拓城乡消费市场;落实带薪休假制度,扩大节假日消费;改善消费环境,强化消费者权益保护,增强消费对经济发展的基础性作用,也是改善和保障民生。

国民收入在初次分配和再分配过程中应向低收入群体倾斜,提高城市低保水平、提高最低工资水平。“改善人民生活品质”成了“十四五”规划的一个重要内容。“十四五”规划指出,坚持按劳分配为主体、多种分配方式并存,提高劳动报酬在初次分配中的比重,完善工资制度,健全工资合理增长机制,着力提高低收入群体收入,扩大中等收入群体。

提高人民收入水平,特别是着力提高低收入群体收入,扩大中等收入群体,反映了中国老百姓的心声。这也是“十四五”规划深入人心的重要原因。

为解决这个问题,“十四五”规划提到“完善工资制度,健全工资合理增长机制”,“探索通过土地、资本等要素使用权、收益权增加中低收入群体要素收入”。但要将此落到实处依旧困难重重。就“完善工资制度,健全工资合理增长机制”来说,政府机关、行政事业单位要落实这一条是比较容易的,但在中小企业推进可能会相对缓慢。

再比如,探索通过土地、资本等要素使用权、收益权增加中低收入群体要素收入。除了农民拥有土地之外,城市居民是没有土地的。同时资本也不是低收入人群的优势选项,与此相对应的使用权、收益权,低收入人群其实很难拥有。

那么,如何稳步提高低收入群体的收入水平?

第一,养老金上涨,向企业退休人员加大倾斜,提高企业退休员工的工资水平。近年来监管部门已经在这方面发力,自2005年以来,退休人员工资实现了16年连涨,但这并没有从根本上改变企业退休职工工资偏低的局面。因此,对于退休人员的工资,有必要持续从政策上予以调整,确保企业退休人员工资,最低不低于当地居民人均收入的六成。通过这种政策性调整,避免企业退休职工工资过低而成为低收入群体,同时也可以在一定程度上缩小与政府机关、行政事业单位退休职工的收入差距。

第二,国民收入在初次分配和再分配过程中应向低收入群体倾斜,提高城市低保水平、提高最低工资水平。不论是城市低保对象,还是最低工资对象,二者都是城市低收入群体的重要组成部分。因此,提高这两大群体的收入水平,对于提高整个低收入群体的收入水平有着非常重要的意义。

第三，我国社会保障体系应向农村倾斜，给农村老人发放一定的生活补贴或养老补贴。农村老人没有退休金，而且很多地方的农民也没有缴纳养老保险的习惯，所以农村老人基本上也没有养老金。为解决农村老人生活困难问题，最近几年，政府也给农村老人送去了温暖，比如给五保户家庭送去了“五保金”，给高龄老人送上了高龄津贴。这个做法还可以进一步完善。比如，五保金可以再提高一些；高龄津贴可以改为养老补贴，享受养老补贴的起始年龄下调到60岁，比如60岁以上老人每月补贴100元，70岁以上老人每月补贴200元，80岁以上老人每月补贴300元。让更多的农村老人享受到政府给予的温暖。

［案例评析］

“十四五”时期是我国全面建成小康社会、实现第一个百年奋斗目标之后，开启全面建设社会主义现代化国家新征程、向第二个百年奋斗目标进军的第一个五年。在规划中提出了二〇三五年远景目标建设，规划和远景建议稿的内容纳含了国家发展的各方各面，从国际形势的战略定位到民生福祉的具体重点，均提出了明晰的思路，为远景目标指明了方向。

“改善人民生活品质，提高社会建设水平”主要聚焦于民生建设，最为重要的是提出“提高人民收入水平”“提高劳动报酬在初次分配中的比重”，尤其强调需着力提高低收入群体收入，扩大中等收入群体。而这也将为提振内需夯实最宽厚的基础。

从民生福祉上来看，全面建成小康社会，并引领国家开启全面建设社会主义现代化国家新征程，中低收入人群如何有更多的获得感和幸福感至关重要。

2010年，中国经济总量升至世界第二位。2019年，中国人均GDP水平70892元，按照当时汇率折算，正式成为“1万美元俱乐部成员国”。但是，中国的人均GDP仍然没有达到世界平均水平，而且与大多数国家相比，中国居民收入占比偏低，政府收入和企业收入占比偏高。

虽然过去20年中，低收入群体不断减少，但相对贫困和低收入人群仍然是社会和经济需要特别关注的，而高速发展虽然带来了普遍的收入提升，但也带来了收入差距加大等新问题，亦是未来建设现代化国家所需要着力解决的。

从经济和消费上看，中国近40年的高速经济发展带来了市场内需的不断扩大。但是，初期的“劳动力红利”“成本红利”“出口带动红利”，基本上已经完成了其历史阶段性使命，其带动作用仍在，但增长空间已经不大，其所带来的边际效应已经极小。

经济发展急需更多的新要素补充和升级。加之近年来全球形势骤变，保守主义、单边主义兴起，世界贸易和投资都受到阻碍而下降。在此形势下，提振内需显得更为重要和关键。而在内需市场中，中高收入人群的消费潜力不小，但增长空间或有限，广大的中低收入人群则有着更大的增长空间。过去20年中，中低收入人群的消费率基本上保持不变，因此，提高收入对提振其消费意义重大，而且能够有明显的实际作用。

提高收入水平,是经济发展新阶段的需要。在全球政经形势都极度不稳定的态势下,2020 年一场新冠疫情又“雪上加霜”,给全球需求和供给都予以重大打击。中国虽然因防控疫情得力,复工复产稳定有序,消费需求也在恢复的路上,但面对如此纷繁芜杂、波诡云谲的外部环境和历史时刻,调整整体战略定位亦刻不容缓。在此背景下,中央提出集中力量办好自己的事,充分发挥国内超大规模市场优势,逐步形成以国内大循环为主体、国内国际双循环相互促进的新发展格局。

如何实现“两个循环”?提振内需是关键。而要提振内需,实现社会、经济的融合融通,提高中低收入群体收入就是夯实基础之举。

规划与远景也提出了更具体的解决方向。一是完善按要素分配政策制度,探索通过土地、资本等要素使用权、收益权增加中低收入群体要素收入。二是完善再分配机制,加大税收、社保、转移支付等调节力度和精准性,合理调节过高收入,取缔非法收入。三是发挥第三次分配作用,发展慈善事业,改善收入和财富分配格局。

这其中,以要素变现作为中低收入人群增收的重要切入点,注重税收、社保调节的作用,都契合现实之需,也勾画出了未来的政策导图。

作为有着 14 亿人口的大国,人口众多既给我们带来了巨大的市场潜力,也给我们带来了比其他国家更多的发展难题。无论如何,我国的发展必须最终立足国内,用收入作为支点,着力培养超大规模的内需市场。促进供需大循环需要扩大内需,实施扩大内需战略需要挖掘潜在消费需求,避免经济增长进入“低水平均衡陷阱”。

[引导讨论题]

(1)“十四五”规划提出着力提高低收入人群收入,扩大中等收入群体。根据以上材料,谈谈你的想法。

(2)中国为什么能够避免经济增长进入“低水平均衡陷阱”?

案例二　按生产要素分配

[案例名称]　华为的薪酬制度

[案例适用]　社会主义分配制度

[案例来源]　(1)华为公司. https://www.huawei.com/cn/(访问时间:2022/2/6 8:10).

(2)周施恩.人力资源管理高级教程[M].北京:清华大学出版社,2017.

华为创立于 1987 年,是全球领先的 ICT(信息与通信)基础设施和智能终端提供商。目前华为约有 19.7 万员工,业务遍及 170 多个国家和地区,服务全球 30 多亿人口。

华为致力于把数字世界带入每个人、每个家庭、每个组织，构建万物互联的智能世界：让无处不在的连接，成为人人平等的权利，成为智能世界的前提和基础；为世界提供最强算力，让云无处不在，让智能无所不及；所有的行业和组织，因强大的数字平台而变得敏捷、高效、生机勃勃；通过 AI 重新定义体验，让消费者在家居、出行、办公、影音娱乐、运动健康等全场景获得极致的个性化智慧体验。

华为是一家 100％由员工持有的民营企业。华为通过工会实行员工持股计划，参与人数为 121269 人，参与人仅为公司员工，没有任何政府部门、机构持有华为股权。

华为拥有完善的内部治理架构，实行独立经营管理。持股员工选举产生持股员工代表会，持股员工代表会及其选举产生的公司董事会、监事会对公司重大事项进行决策、管理和监督。持股员工选举产生 115 名持股员工代表，持股员工代表会选举产生董事长和 16 名董事，董事会选举产生 4 名副董事长和 3 名常务董事，轮值董事长由 3 名副董事长担任。轮值董事长以轮值方式主持公司董事会和常务董事会。董事会行使公司战略与经营管理决策权，是公司战略、经营管理和客户满意度的最高责任机构。董事长主持持股员工代表会。持股员工代表会是公司最高权力机构，对利润分配增资和董事监事选举等重大事项进行决策。

公司存在的唯一理由是为客户服务。多产粮食，增加土壤肥力是为了更有能力为客户服务。“以客户为中心，为客户创造价值”是公司的共同价值。权力是为了实现共同价值的推进剂和润滑剂。反之，权力不受约束，会阻碍和破坏共同价值守护。公司拥有完善的内部治理架构，各治理机构权责清晰、责任聚焦，但又分权制衡，使权力在闭合中循环，在循环中科学更替。

公司在治理层实行集体领导，不把公司的命运系于个人身上，集体领导遵循共同价值、责任聚焦、民主集中、分权制衡、自我批判的原则。公司坚持以客户为中心、以奋斗者为本，持续优化公司治理架构、组织、流程和考核机制，使公司长期保持有效增长。股东会是公司权力机构，对公司增资、利润分配、选举董事/监事等重大事项作出决策。董事会是公司战略、经营管理和客户满意度的最高责任机构，承担带领公司前进的使命，行使公司战略与经营管理决策权，确保客户与股东的利益得到维护。

公司董事会及董事会常务委员会由轮值董事长主持，轮值董事长在当值期间是公司最高领袖。监事会主要职责包括董事/高级管理人员履职监督、公司经营和财务状况监督、合规监督。

初创期的华为公司是一家贸易型公司。公司从 1991 年开始投入全部资金和人力开发和生产自主品牌的新型用户程控交换机；1994 年，华为的第一台 C&C08 万门交换机开局成功，从而终结了华为公司无产品、无技术的贸易时代，开始进入到新的发展阶段。受到财力、物力等诸多方面的限制，当时华为的薪酬和福利都低于市场平均水平，吸引力主要是创业机会以及对未来成功的期望，那时候的华为公司主要依靠晋升、能力提高、工作氛围等非经济性薪酬贡献来吸引员工。

在尚无法支付高薪的情况下，华为尝试采用股权激励的方式来吸引和留住员工。1990 年，华为第一次提出内部融资、员工持股的概念，1992 年变更为集体企业之后，华为开始推行员工普遍持股制，但持有内部股的员工只有分红权，并无其他股东权利，公司会在员工退出公司时按照购股之初的原始价格加以回购。从 1993 年开始，华为已经开始尝试“薪酬领袖”战略，即“高薪买人才”。

1995 年之后，华为开始高速成长，1996 年的销售收入达 26 亿元。就在这一年的春节前夕，公司对市场部进行了一个多月的整训，要求市场部全体人员向公司同时提交一份述职报告和一份辞职报告，然后公司根据个人的实际表现、发展潜力，以及公司的市场发展需要批准其中一份。这次市场部的“集体辞职”实践拉开了华为国际化、正规化管理的序幕。

也就是在这一年，华为推出《华为基本法》，第二年又提出了客户服务文化，同时开始陆续聘请 IBM、合益集团、普华永道、埃森哲等咨询公司帮助自己在 IPD、ISC、人力资源管理、财务管理、营销管理、质量控制等多个领域引入世界级的管理经验，全面构筑客户需求驱动的流程和管理体系。

随着华为的经济实力不断增长，人才招聘需求也迅速上升，于是开始全面实施“薪酬领袖”战略。1997 年以后，华为开始进行多元化经营，除原有的电话交换机外，还增加了数据业务、无线通信等通信领域的主导产品，快速扩张导致了对优秀人才的巨大需求。1998 年，华为开始实行第一次大规模招聘，并且一直持续到 2002 年。

纵观华为的薪酬分配制度，一直沿用绩效管理体系、薪酬分配体系和任职资格评价体系三位一体的人力资源管理构架。华为员工被划分为生产、研发、市场销售和客户服务四大体系，其研发和市场销售体系的薪金水平明显高过生产和客户服务体系。总体来看，华为的薪酬体系相对比较简单，除了基本月薪、年终奖和股票之外，还有一些福利和补助。

伴随着华为国际化战略的实施，华为从 2003 年开始逐渐进入欧洲市场，进而进入日本、南美和北美市场。2005 年后，华为与全球的几百家客户从原来的甲乙方关系转变为相互依存、相互促进的战略伙伴关系。也就是在这一年，华为在海外的销售额首次超过国内。2006 年以后，华为开始了薪酬制度的改革：根据岗位责任和贡献产出决定每个岗位的薪酬级别，员工的薪酬与岗位和贡献挂钩，员工的岗位被调整了，薪酬待遇也随之改变。华为希望通过此次薪酬变革鼓励员工在未来的国际化拓展中持续努力奋斗，鼓励那些有奋斗精神、勇于承担责任、能够冲锋在前的员工，调整那些工作懈怠、不思进取的老员工的岗位。

“辞职门”事件的由来：

2007 年 10 月，在《劳动合同法》正式实施前夕，华为要求所有工龄超过 8 年的员工必须在 2008 年元旦之前办理主动辞职手续，辞职之后再竞岗，然后与公司重新签订 1～3 年的劳动合同。华为的规定是：员工离职后 6 个月内重新应聘的，合格者可留下，待遇不变。由于这些老员工大都有华为的内部股份，因此在辞职的6个月内，公司为员工保留股份，如辞职后不再续签合同，则公司按股价给员工兑换成现金。

华为此次“辞职门”共涉及到6687名中高级干部和员工，任正非本人也不例外。最终，任正非及其他6581名干部和员工完成了重新签约上岗；38名员工选择自愿退休或病休，52名员工因个人原因选择自愿离开公司；16名员工因绩效低和岗位不胜任等原因，经双方友好协商后离开公司。尽管外界对华为此举有不少微词，但华为提供的“N+1”补偿方案却让员工们感到非常满意：“N”是员工在华为的工作年限。若一位员工在华为的月薪是1.5万元，全年奖金12万元，则相当于月收入2.5万元；若此人为华为工作了10年，则可以得到的补偿是27.5万元。仅此一项，华为就支付出去10多亿元人民币。

近年来，随着华为的扩张步伐放慢以及2008年金融危机带来的一系列不利影响，华为的薪酬与市场薪酬水平的差距有所缩小。2013年7月，华为宣布了较为激进的加薪计划：13～14级的基层员工平均加薪幅度在30%左右，部分人的薪酬上涨幅度甚至会超过70%，一些人的薪酬翻番。而2014年进入华为工作的应届毕业生起薪也大幅上调：本科生入职月薪（一线城市税前）从6500元调整为9000多元，增幅为38%；硕士毕业生起薪从8000元/月上调至10000元/月，增幅为25%。关于此次加薪的原因很简单：“13～14级的基层员工群体是公司各项业务的主要具体操作执行者，他们思想新，冲劲足，富有活力和热情，是公司未来的管理者和专家之源。公司现行的薪酬政策是强调制刚性、增加弹性，造成13～14级基层员工的工资与业界相比没有竞争力，难以吸引和保留优秀人才。”可以说，此次加薪一方面是为了进一步吸引和保留优秀人才，特别是中基层人才，另一方面则是要增加固定薪酬部分即确定性的工资收入，以降低薪酬的变动幅度。之后的薪酬调整反映了华为员工薪酬的另外一个变化：基层员工年薪总额中，年终奖和分红部分会大幅度下降，主要薪酬收入将会来自每个月的固定薪酬。过去，华为员工年薪中有一半以上是年终奖和分红。但是，随着虚拟受限股总数的增加和企业利润率的下降，分红比例越来越低，对员工的激励作用也越来越弱。华为正在逐步修改以往那种薪酬激励模式，分红很可能不再是华为今后的主要激励手段，而是将逐步成为真正的投资收益；年终奖也不大可能像过去那么丰厚，大约会相当于几个月的工资。

华为从1992年开始实施内部员工持股计划。当时的基本做法是：凡是工作1年以上的员工均可以购买公司的股份，购买数量取决于员工的职位、绩效以及任职资格等因素，一般是公司在年底通知员工可购买的股份数；员工以工资、年底奖金出资购买股份，资金不够时公司还会协助员工取得贷款；股票的购买价格并不与公司净资产挂钩，而是确定为每股1元。员工购买股份后的主要收益，来自与公司绩效挂钩的分红（分红比例曾多年保持在70%的高水平）。员工离职时，公司会按照员工原来的购买价格即每股1元回购。工会（下设持股委员会）代表员工管理持有股份，是公司真正的股东，员工自身并没有公司法上完整的股东权利。

在2001年以前,处于"黄金成长期"的华为通过内部股票分红使员工获得了丰厚的收益,员工的收入中,工资、奖金、股票分红的收入比例大体相当。1997年及以前年份进入华为的老员工是其中的最大受益群体。2001年,深圳市出台了《深圳市公司内部员工持股规定》。华为意识到了以前那种股权安排的潜在风险,而且其股权制度的不规范,也制约了公司与国际管理机制接轨。随即,华为通过与国际咨询公司合作,对公司的股权制度进行调整变革,用规范的虚拟股票期权,即"虚拟受限股"取代了原来实行的内部股权。新员工不再派发长期不变1元一股的股票,老员工手中持有的每股1元的内部股,则按2001年末公司净资产折算为每股2.64元。

这种做法将净资产与员工股权联系在一起,成为一种接近实际意义的员工持股安排。公司每年会根据员工的工作水平和对公司的贡献决定其获得的股份数,员工则需要按照公司当年的净资产价格购买虚拟股。拥有虚拟股的员工可以获得一定比例的分红,再加虚拟股对应的公司净资产增殖部分,但他们没有所有权、表决权,也不能转让和出售。在员工离开企业时,股票只能由华为控股工会回购。

公司规定,员工的虚拟股每年可兑现四分之一,价格是最新的每股净资产价格,但同时又对中高层的兑现额度做了专门规定,即除非离职,每年只能兑现十分之一。在离开华为以后,员工还要接受公司6个月的严格审核,确认其后来任职的公司符合"产品与华为不构成同业竞争""没有从华为内部挖过墙角"等所有条件后,方可全额兑现。

在华为,每位持股的员工都有权选举和被选举为股东代表;持股员工选出51人作为代表,然后从中轮流选出13人作为董事会成员,5人担任监事会成员。

2003年,华为动用了几十亿元的未分配股权再次给予80%以上的员工股票购买权,其主要目的有两个:一是向银行申请股权抵押的贷款额度,缓解华为由于3G业务推迟带来的资金紧张问题;二是将股权向新的骨干核心层倾斜,通过3年的锁定期稳定核心员工队伍,将来再通过净资产增殖、股权分红等方式将利益分配给员工。这样,既可以有效降低华为的资产负债率,又可以让员工一起承担部分经营风险。2008年,华为再次微调了虚拟股制度,实行饱和配股制,即规定员工的配股上限,每个级别的员工达到持股上限后将不再参与新的配股。这一规定,使手中持股数量巨大的华为老员工们配股受到了限制,但有利于激励华为公司的新员工。

2022年2月6日,华为2021年分红出炉,预测每股可分1.58元,平均每个持股员工可分29万元。华为分红的实际意义大于象征意义,可以让员工明白,持股有多么重要。华为最大的股东是华为职工大会,占有99%的股份,分享华为股权的是现在的12万多名的合伙人。这些股东除了不能表决、出售、拥有股票之外,股东可以享受分红与股票增殖的利润。并且,每年所赚取的净利,几乎是百分之百分配给股东。

[案例评析]

经过30多年的不断发展与完善,华为形成了具有鲜明特色的薪酬制度:工资+

奖金＋TUP (Time Unit Plan)分配＋虚拟股分红。其中华为每年的分红就使得员工持股非常重要,不是摆设。如果不持股,就拿不到分红的钱。所以,要想在华为分红,就必须在华为长期干、好好干,这样的人才能持股。按生产要素分配在华为的薪酬制度中表现得非常明显。

华为主张在顾客、员工与合作者之间结成利益共同体。努力探索按生产要素分配的内部动力机制。决不让雷锋吃亏,奉献者定当得到合理的回报。强调人力资本不断增殖的目标优先于财务资本增殖的目标,公司的全部价值是由劳动、知识、企业家和资本创造的,企业就是用转化为资本这种形式,使劳动、知识以及企业家的管理和风险的累积贡献得到体现和报偿;利用股权的安排,形成公司的中坚力量和保持对公司的有效控制,使公司可持续成长。知识资本化与适应技术和社会变化的有活力的产权制度,是企业不断探索的方向。华为实行员工持股制度。一方面,普惠认同华为的模范员工,结成公司与员工的利益与命运共同体。另一方面,将不断地使最有责任心与才能的人进入公司的中坚层。华为可分配的价值,主要为组织权力和经济利益;其分配形式是:机会、职权、工资、奖金、安全退休金、医疗保障、股权、红利,以及其他人事待遇。一句话,华为实行按劳分配与按资分配相结合的分配方式,这种薪酬制度体现了可持续发展思想,真正符合了华为企业价值分配的基本原则。从根本上来说,也正是中国特色社会主义按劳分配原则的充分体现。

中国特色社会主义市场经济框架下,促进生产力发展的因素很多,包括劳动、土地、资本、信息、管理、科学技术、企业家才能等,每一个人拥有的数量、质量多少、高低都存在着差异。我国实行公有制为主体、多种所有制经济共同发展的所有制制度,决定了在收入分配领域必然实行按劳分配为主体、多种分配方式并存的分配制度。多种分配方式就是指按生产要素分配,即社会必要劳动创造的价值的基础上,按各种生产要素在价值形成中所做的贡献进行分配。华为的薪酬制度"工资＋奖金＋TUP 分配＋虚拟股分红"就非常鲜明地符合了现阶段社会主义分配制度。随着社会经济结构的不断调整,科学技术的迅速发展,参与社会经济生产的生产要素构成内容在逐渐扩大、其对于社会经济的贡献在不断增加。在以往确定的劳动、资本、土地、技术、管理等生产要素之外,又增加了一些新阶段推动经济发展的新生产要素,例如知识、数据、信息等。通过明确知识、数据和信息等新生产要素的掌握和使用者按贡献取得相应报酬,实际上是对社会主义市场经济条件下分配制度的一个具有创新性的发展,必将进一步推动社会主义市场经济的发展。

按生产要素分配,是市场经济的内在客观要求,市场经济本身就包含着按生产要素分配的内在必然性。一切进入市场的生产要素都有价格,生产要素的配置以市场为基础,通过竞争性的价格机制,实现对资源的优化配置。有偿使用生产要素,越是稀缺的生产要素其价格越高。这就会促使生产要素的所有者、使用者提高其要素的质量,在市场上实现最大限度的回报。对社会生产所需的生产要素来说,只有进入市场成为商品,才能实现自身的最大化收益。通过不断的流动,生产要素最终按照市场要求实现优化配置。由于要素价格就是给予其所有者的报酬，因此要素价格的实现过程也就是按生产要素分配的过程。

［引导讨论题］

(1) 华为的薪酬制度“工资＋奖金＋TUP 分配＋虚拟股分红”怎样体现了中国特色社会主义分配制度？

(2) 为什么在社会主义市场经济框架下必须存在按生产要素分配方式？

第十二章 社会主义市场经济体制

第一部分 本章内容导读

第一节 社会主义经济体制改革

一、社会主义经济体制改革的必要性和性质

经济体制是在一定的基本经济制度上进行资源配置的具体方式和规则。新中国成立之后，逐步建立起高度集中的计划经济体制。随着社会经济的发展，这一体制的弊端日益凸显。为了从根本上改变束缚生产力发展的经济体制，根据生产力和生产关系的辩证统一理论，在坚持社会主义基本制度的基础上全面改革高度集中的计划经济体制，建立起具有中国特色的社会主义市场经济体制，推动社会主义的自我完善和健全发展。

社会主义经济体制改革必然是社会主义制度的自我完善和发展，主要是在坚持社会主义制度的条件下，改革生产关系和上层建筑中不适应生产力发展的一系列相互联系的方面和环节。在经济领域，把社会主义制度与市场经济结合起来，不断解放和发展社会生产力，发挥社会主义制度的优越性。我国的经济体制改革是在坚持社会主义基本制度的条件下，从根本上改变传统的计划经济体制，建立充满生机活力的社会主义市场经济体制。

二、经济体制改革的目标

经过长期的探索与实践，经济体制改革的目标不断清晰明确起来，这就是建立和完善社会主义市场经济体制。

党的十二大提出：计划经济为主，市场调节为辅。党的十二届三中全会提出：商品经济是社会经济发展不可逾越的阶段，我国社会主义经济是公有制基础上的有计划的商品经济。党的十三大提出：社会主义有计划商品经济体制，应该是计划与市场内在统一的体制。党的十三届四中全会提出：建立适应有计划商品经济发展的计划经济与市场调节相结合的经济体制和运行机制。

1992 年年初，邓小平在南方谈话中指出："计划多一点还是市场多一点，不是社会主义与资本主义的本质区别……计划和市场都是经济手段。"党的十四大明确提

出,中国经济体制改革的目标是建立社会主义市场经济体制。1993 年,党的十四届三中全会阐明了社会主义市场经济体制的基本框架和具体任务。2003 年,党的十六届三中全会通过《中共中央关于完善社会主义市场经济体制若干问题的决定》,提出了完善社会主义市场经济体制的目标和任务。2007 年,党的十七大提出,深化对社会主义市场规律的认识,从制度上更好地发挥市场在资源配置中的基础性作用。2012 年,党的十八大提出,要全面深化改革,强调经济体制改革的核心问题是处理好政府和市场的关系。2013 年,党的十八届三中全会通过的《中共中央关于全面深化改革若干重大问题的决定》进一步提出,使市场在资源配置中起决定性作用和更好地发挥政府作用这个定位,这是我们党对中国特色社会主义建设规律认识的一个新突破新发展,这也标志着社会主义市场经济发展进入了一个新阶段。2017 年,党的十九大报告进一步强调使市场在资源配置中起决定性作用,更好发挥政府作用。2020 年,党的十九届五中全会提出要构建高水平社会主义市场经济体制的重大任务,这是在新时代在更高起点、更高层次、更高目标上推进经济体制改革及其他各方面体制改革,构建更加系统完备、更加成熟定型的高水平社会主义市场经济体制的总纲领、总战略。

三、经济体制改革的历史成就

1978 年,党的十一届三中全会开启了中国改革开放的历史新时期。在中国共产党的正确领导下,特别是在习近平新时代中国特色社会主义思想的指引下,取得了经济体制改革的巨大成绩,极大促进了社会生产力的发展,创造了人类历史上的少有的经济快速发展奇迹,取得了令世人瞩目的历史性成绩。

第一,成功实现了从高度集中统一的计划经济体制到充满生机活力的社会主义市场经济体制,既能够保证社会主义制度的优越性,又能够充分发挥市场经济的资源配置作用。

第二,成功实现了从封闭半封闭到全方位开放的历史转变。其中建立经济特区,实现沿海、沿江、沿边及内陆地区对外开放,再到加入世界贸易组织,直到实施共建“一带一路”、创办亚洲基础设施投资银行,推动共建人类命运共同体,这些都标志着我国的对外开放政策是一以贯之的。

第三,极大地解放和发展了生产力。40 多年的努力,我国经济实力、科技实力、国防实力、综合国力进入世界前列。

第四,人民群众的物质文化生活水平大幅度提高。长期以来供给不能满足需要的短缺经济已经得到了有效解决。

第五,经济体制改革的深化有力促进了全面深化经济、政策、文化、社会、生态文明体制和党的建设制度改革。

四、经济体制改革的基本经验

经济体制改革的基本经验主要有以下几点：

第一，坚持社会主义改革方向。

第二，坚持加强党的领导和尊重人民首创精神相结合。

第三，坚持摸着石头过河和加强顶层设计相结合。

第四，坚持问题导向和目标导向相结合。

第五，坚持试点先行和全面推进相促进。

第六，坚持改革决策和立法决策相统一、相衔接。

第七，坚持把改革、发展和稳定统一起来。

第二节　社会主义市场经济体制的特征与优势

一、社会主义市场经济是新型市场经济

各个不同的社会制度都可能存在市场经济这一资源配置的经济体制。经济体制无一不是在一定的社会基本制度基础上运行的。所以，存在着资本主义市场经济，也存在着社会主义市场经济，从而表现出社会属性来。

社会主义市场经济是与社会主义制度相结合的新型市场经济，社会主义是明确制度内涵的定语。最早提出社会主义市场经济改革目标的是党的十四大。邓小平提出："社会主义市场经济优越性在哪里？就在'四个坚持'。'四个坚持'集中表现在党的领导。"习近平强调："我们是在中国共产党领导和社会主义制度的大前提下发展市场经济，什么时候都不能忘了'社会主义'这个定语。之所以说是社会主义市场经济，就是要坚持我们的制度优越性，有效防范资本主义市场经济的弊端。"

二、社会主义基本制度与市场经济的结合

第一，社会主义初级阶段存在着公有制经济、非公有制经济与混合所有制经济，不同所有制经济主体之间是独立的，之间的交换关系是等价交换的商品交换关系。

第二，社会主义初级阶段公有制存在着多种形式，国有经济、集体经济和混合所有制经济中的公有制经济成分，这些经济主体之间也是独立的，之间的交换关系也是等价交换的商品交换关系。

第三，社会主义全民所有制经济中，不同企业在生产资料的使用上具有明显的经济利益差别，它们是各自独立的经营者，之间的交换关系也是等价交换的商品交换关系。

理论与实践充分证明了社会主义市场经济存在的必然性，它能够把社会主义制度的优越性与市场经济的长处有机结合起来，创造比资本主义市场经济更多的财富，

实现全体人民的共同富裕。

三、社会主义市场经济的制度优势

社会主义市场经济的制度优势体现在以下几个方面：

第一，有利于实现全体人民的共同利益。

第二，有利于实现国家战略规划。

第三，有利于集中力量办大事。

第四，有利于效率和公平的统一。

第五，有利于促进平等互利的新型国际关系。

第三节　社会主义市场经济体制不断完善

一、完善社会主义市场经济体制是一个长期的过程

完善社会主义市场经济体制是一个长期的过程。党的十八大以来，全面深化改革取得了重大突破。我国社会主义市场经济体制已经形成并不断得到完善，但是，改革没有完成时，我们还有很多复杂的矛盾和问题需要得到解决。

二、加快完善社会主义市场经济体制

完善社会主义市场经济体制，就要在关键性、基础性重大改革方面突破创新，所面临的任务主要有：

第一，激发国有企业活力，毫不动摇巩固和发展公有制经济。

第二，激发民营企业活力，毫不动摇鼓励、支持、引导非公有制经济发展。

第三，夯实市场体系基础制度，保障市场公平竞争，建设高标准市场体系。

第四，构建更加完善的要素市场化配置体制机制，进一步激发全社会创造力和市场活力。

第五，创新政府管理和服务方式，完善宏观经济治理体制。

第六，坚持和完善民生保障制度，促进社会公平正义。

第七，建设更高水平开放型经济新体制，以开放促改革、促发展。

第四节　社会主义市场经济中的政府和市场关系

一、经济体制改革的核心问题是处理好政府和市场的关系

全面深化改革的重点是经济体制改革，其核心问题是处理好政府和市场的关系，使市场在资源配置中起决定性作用，更好发挥政府作用。

社会资源配置方式包括市场调节与政府调节。我们党从1978年以来对于政府与市场结合的形式进行了不懈的探索与实践。党的十八届三中全会最终确定了“使市场在资源配置中起决定性作用和更好发挥政府作用”，这标志着我们党对于政府和市场关系认识的新突破，标志着社会主义市场经济进入了一个新阶段。

二、市场在资源配置中的决定性作用

市场在资源配置中的决定性作用主要包括：第一，社会经济资源主要由市场配置，不是由政府或者计划配置。第二，价格主要由市场决定，切实开展规范有序、优胜劣汰的市场竞争。第三，企业生产什么、生产多少、如何生产、为谁生产主要由市场调节。总之，通过竞争机制、价格机制、供求机制等市场机制对资源配置起决定性作用。

三、更好发挥政府作用

更好发挥政府作用是因为我们实行的是社会主义市场经济，体现出社会主义基本制度的要求：第一，市场经济的一般规律要求发挥政府的作用。第二，我国特殊的国情要求发挥政府的作用。第三，社会主义基本制度要求发挥政府的作用。在社会主义市场经济中，发挥政府作用主要包括以下内容：规划统筹、宏观经济治理、市场监管、社会管理、公共服务、国有资产管理、保护环境、维护国家经济安全。

党的十九届五中全会进一步强调坚持和完善社会主义基本经济制度，充分发挥市场在资源配置中的决定性作用，更好发挥政府作用，推动有效市场和有为政府更好结合。社会主义市场经济必然要求有效的市场和有为的政府有机结合起来。

第五节　社会主义市场经济中的宏观经济治理

一、社会供求的矛盾运动和经济波动

社会总供给与社会总需求是综合反映社会经济运行的总体状况的两个重要指标，总量平衡是宏观经济健康运行的基本标志，结构平衡包括供求各自内部与供求相互之间的结构平衡，是社会化大生产的客观要求。社会供求的矛盾运动包括社会供求的总量平衡与失衡、社会供求的结构平衡与失衡。

如果社会总需求大于社会总供给，就会表现为需求过度或供给短缺，可能会带来如下的消极后果：降低经济效率，阻碍经济持续增长；加大产业结构调整难度，妨碍产业结构优化目标的实现；破坏收入和财富分配格局，严重时可能引发社会危机。

如果社会总需求小于社会总供给，就会表现为有效需求不足或供给过剩，同样会带来消极后果：导致企业开工不足，失业率上升，经济衰退；引发金融风险；造成经济螺旋式下降。

社会供求的结构平衡同样是重要的，如果社会供求之间在结构上出现了严重的

不平衡,那么,同样也会对社会再生产的顺利运行产生负面影响,进而影响到国民经济的正常运行。

经济波动是指国民经济运行中所呈现的扩张与收缩不断交替的运动过程。正常的经济波动对于国民经济的运行无害。一般来说,影响经济波动的主要因素是:经济体制、产业结构、技术变革、国际经济、思想认识、政治、社会、心理预期等。

二、宏观经济治理的必要性、目标和手段

宏观经济治理的必要性主要包括三个方面:是社会化大生产的客观要求、是市场经济运行的内在要求、是社会主义市场经济制度的必然要求。

社会主义市场经济体制下的宏观经济治理目标是:促进经济增长、增加就业、稳定物价、保持国际收支平衡、优化经济结构、实现合理的收入分配。

宏观经济治理的手段包括:第一,经济手段,主要有发展规划和计划、财政政策、货币政策、产业政策、区域发展政策、收入分配政策、就业政策。第二,法律手段。第三,必要的行政手段,主要是依靠行政机构采用强制性的命令、指示、规定和下达带有指令性的任务。

三、宏观经济治理的基本经验

宏观经济治理的基本经验主要有以下几点:

第一,坚持运用市场机制和宏观经济治理两种手段。

第二,需求管理和供给管理并重。

第三,坚持短期治理和中长期治理相结合。

第四,坚持统筹国内国际两个大局。

第五,坚持发展经济与改善民生的内在统一。

第六,坚持发挥中央和地方两个积极性。

第七,坚持宏观治理和微观监管相结合。

四、新发展阶段我国宏观经济治理的新特点

新发展阶段我国宏观经济治理的新特点如下:

第一,宏观经济治理注重质量、效率、动力等的变革,促进经济总量平衡、结构优化、内外均衡,让人民享受到改革的成果。

第二,发挥国家中长期规划的战略导向作用,指导社会经济健康发展。

第三,财政政策更好地发挥再分配功能和激励作用,增强国家重大战略任务的财力保障。

第四,更好发挥货币政策的作用,提升金融政策对实体经济的服务能力。

第五,构建更加高效的宏观政策供给体系。

第六,完善宏观经济政策协调机制,确保宏观经济治理目标和政策手段运用保持

统一。

第七，加强宏观经济政策的动态管理。

第八，建立宏观经济治理基础数据库，为宏观经济治理和宏观调控提供支撑。

第二部分　案　例

案例一　经济体制改革的目标

［案例名称］　邓小平南方谈话

［案例适用］　社会主义市场经济体制

［案例来源］　(1)中华网：【百个瞬间说百年】1992，邓小平南方谈话. https://news.china.com/domesticzq/13004215/20211208/40467697_all.html#page_2.(访问时间：2022/2/7 18:10)

(2) 环球网：邓小平南方谈话——在中国的南海边写下诗篇(辉煌历程). https://baijiahao.baidu.com/s?id=1695157254919252908&wfr=spider&for=pc.(访问时间：2022/2/7 18:10)

1992年1月18日至2月21日，88岁高龄的邓小平先后到武昌、深圳、珠海、上海等地视察。他一路走，一路看，发表了一系列重要谈话。

对如何推进改革开放，邓小平在谈话中指出，革命是解放生产力，改革也是解放生产力。改革开放胆子要大一些，敢于试验。看准了的，就大胆地试，大胆地闯。改革开放迈不开步子，不敢闯，说来说去就是怕资本主义的东西多了，走了资本主义道路。要害是姓“资”还是姓“社”的问题。判断的标准，应该主要看是否有利于发展社会主义社会的生产力，是否有利于增强社会主义国家的综合国力，是否有利于提高人民的生活水平。

关于计划和市场的关系，邓小平指出，计划多一点还是市场多一点，不是社会主义与资本主义的本质区别。计划和市场都是经济手段。他鲜明地提出，社会主义的本质是解放生产力，发展生产力，消灭剥削，消除两极分化，最终达到共同富裕。他还指出，社会主义要赢得与资本主义相比较的优势，就必须大胆吸收和借鉴人类社会创造的一切文明成果，吸收和借鉴当今世界各国包括资本主义发达国家的一切反映现代社会化生产规律的先进经营方式、管理方法。

抓住时机，加快发展，是邓小平在谈话中反复强调的重大问题之一。他指出，周边一些国家和地区经济发展比我们快，如果我们不发展或发展得太慢，老百姓一比较就有问题了。要抓住时机，发展自己，关键是发展经济。发展才是硬道理。在今后的现代化建设过程中,出现若干个发展速度比较快、效益比较好的阶段,是必要的,也是能够办到的。我们就是要有这个雄心壮志!邓小平认为,解决中国的发展问题,关键是要坚持党的基本路线不动摇。他强调,要坚持党的十一届三中全会以来的路线、方针、政策,关键是坚持"一个中心、两个基本点"。不坚持社会主义,不改革开放,不发展经济,不改善人民生活,只能是死路一条。基本路线要管一百年,动摇不得。

"东方风来满眼春。"邓小平南方谈话阐发的一系列全新的思想,犹如一股强劲的东风,驱散了人们思想上的迷雾。它从理论上深刻回答了长期困扰和束缚人们思想的许多重大问题,是把改革开放和现代化建设推向新阶段的又一个解放思想、实事求是的宣言书,不仅对之后召开的党的十四大具有十分重要的指导作用,而且对中国整个社会主义现代化建设事业具有重大而深远的意义。

[案例评析]

1992年春天,邓小平同志先后到武昌、深圳、珠海、上海等地视察,并发表了一系列重要讲话,通称南方谈话。以邓小平南方谈话和党的十四大为标志,中国的改革开放和现代化建设进入了一个新阶段。

特区姓"社"不姓"资"

在深圳人记忆中,1992年,邓小平同志的视察让整个城市感到振奋。所到之处,如深圳国贸中心大厦、中国民俗文化村和锦绣中华微缩景区等,当地群众夹道欢迎。

邓小平同志的南方之行,并不只是视察几座城市。当时,在复杂的国内外形势影响之下,能否坚持党的基本路线不动摇,抓住机遇、加快发展,把改革开放和现代化建设继续推向前进,成为影响20世纪90年代中国发展进步的重大问题。

据当时负责记录邓小平同志谈话要点的时任深圳市委宣传部副部长吴松营回忆,邓小平同志到深圳的第一天,就针对长期困扰和束缚人们思想的许多重大认识问题进行了回应。

邓小平同志说,改革开放迈不开步子,不敢闯,说来说去就是怕资本主义的东西多了,走了资本主义道路。要害是姓"资"还是姓"社"的问题。判断的标准,应该主要看是否有利于发展社会主义社会的生产力,是否有利于增强社会主义国家的综合国力,是否有利于提高人民的生活水平。

当谈到办经济特区的问题时,邓小平同志说,对办特区,从一开始就有不同意见,担心是不是搞资本主义。深圳的建设成就,明确回答了那些有这样那样担心的人。特区姓"社"不姓"资"。

在谈话中,邓小平同志精辟地阐述了计划和市场的关系问题。他说:"计划多一点还是市场多一点,不是社会主义与资本主义的本质区别","社会主义的本质,是解放生产力,发展生产力,消灭剥削,消除两极分化,最终达到共同富裕"。

邓小平同志明确表态,基本路线动摇不得。"不坚持社会主义,不改革开放,不发展经济，不改善人民生活，只能是死路一条。”

邓小平同志敦促大家，“改革开放胆子要大一些，敢于试验，不能像小脚女人一样。看准了的，就大胆地试，大胆地闯。”

“你们要搞快一点！”

1984年，邓小平同志曾视察过深圳。1992年再来时，深圳已经发生了巨大变化。曾经的羊肠小路、低矮房舍，正变成宽阔的马路和成片的高楼。邓小平同志感慨：“八年过去了，这次来看，深圳、珠海特区和其他一些地方，发展得这么快，我没有想到。看了以后，信心增加了。”

这位改革开放的总设计师，对加快经济发展和深化改革开放还有着更高的期待。

1992年1月23日，邓小平同志离开深圳前往珠海。在蛇口港码头，邓小平同志同深圳市负责人一一握别后，向码头走了几步，突然又转回来，向时任深圳市市委书记李灏说：“你们要搞快一点！”

在从深圳前往珠海的快艇上，邓小平同志指着广东地图对时任广东省省委书记谢非说，广东要上几个台阶，力争用20年的时间赶上亚洲“四小龙”。

抚今追昔，感慨万千。“我们老站长当时向邓小平同志汇报，皇岗口岸最高流量可达5万辆次和5万人次。后来，最高客流量达到了20多万人次，约30年来总车流量超过3亿辆次、客流量超过了15亿人次。”站在连接深圳与香港的落马洲大桥桥头，深圳边检总站皇岗边检站站长熊志宇告诉记者。当年，邓小平同志就是站在这里，深情眺望对岸的香港。

回身看，不远处高楼林立，人头攒动。如今的深圳，已是具有全球影响力的国际化大都市。2020年深圳市地区生产总值达27670.24亿元，而在南方谈话前一年的1991年，深圳市地区生产总值仅有236.663亿元。

不仅是深圳，整个广东，甚至整个中国，也在这不到30年的时间里，取得了举世瞩目的发展成就。以邓小平南方谈话和党的十四大为标志，中国改革开放和社会主义现代化建设进入新的发展阶段。

努力续写更多“春天的故事”

南国春日，一批批观众涌入展厅，观看“大潮起珠江——广东改革开放40周年展览”。这个已经开放两年多的展览，迄今热度未减。展厅里，今昔图片强烈对比，历史场景历历再现，全景展示了广东改革开放40年的峥嵘岁月。

2018年10月，习近平总书记在参观展览时强调，党的十八大后我考察调研的第一站就是深圳，改革开放40周年之际再来这里，就是要向世界宣示中国改革不停顿、开放不止步，中国一定会有让世界刮目相看的新的更大奇迹。

2020年10月，习近平总书记在深圳经济特区建立40周年庆祝大会上指出，在新起点上，经济特区广大干部群众要坚定不移贯彻落实党中央决策部署，永葆“闯”的精神、“创”的劲头、“干”的作风，努力续写更多“春天的故事”，努力创造让世界刮目相看的新的更大奇迹。

2019 年 8 月，《中共中央国务院关于支持深圳建设中国特色社会主义先行示范区的意见》印发。从“先行先试”到“先行示范”，深圳踏上了新征程。

中国人民不会忘记，邓小平南方谈话，科学总结党的十一届三中全会以来的实践探索和基本经验，从理论上深刻回答了长期困扰和束缚人们思想的许多重大问题，是把改革开放和现代化建设推向新阶段的又一个解放思想、实事求是的宣言书。

中国人民同样不会忘记，致敬邓小平南方谈话的最佳方式，就是将精神代代传承下去，全面深化改革、扩大对外开放。如今，他当年走过的武昌、深圳、珠海、上海，都已经取得了飞速发展，整个中国也日益走近世界舞台中央。

深南中路与红岭中路交会处的邓小平同志巨幅画像，已经成为深圳的新地标。世界各地的人们，纷纷来到画像前拍照留念，献花致敬。画像上，邓小平同志目光和蔼，背景是今日深圳风貌。上面写着：“坚持党的基本路线一百年不动摇”。

刚刚结束的全国两会，通过了《中华人民共和国国民经济和社会发展第十四个五年规划和 2035 年远景目标纲要》，擘画了中国面向未来的行动蓝图。

全面建设社会主义现代化国家，新征程已经开启！

［引导讨论题］

(1) 在新时代中国特色社会主义条件下，邓小平南方谈话具有怎样的新意？

(2) 结合邓小平南方谈话，讨论中国改革不停顿、开放不止步的重要意义。

案例二　经济体制改革的核心问题：处理好政府和市场的关系

［案例名称］　唐山去过剩产能计划

［案例适用］　社会主义市场经济体制

［案例来源］　(1) 河北新闻网：唐山：坚决打赢去产能硬仗. http://hebei.hebnews.cn/2017-05/06/content_6465931.htm. 访问时间：2022/2/8 10:20.

(2) 中华人民共和国中央人民政府网站：用好政府和市场“两只手”. http://www.gov.cn/xinwen/2017-02/07/content_5166243.htm. 访问时间：2022/2/7 11:20.

2017 年 9 月底前，强化目标导向，坚决服从大局，主动担当作为，压减炼钢产能 1006 万吨、炼铁产能 570 万吨、煤炭产能 150 万吨；10 月底前压减焦炭产能 360 万吨；年底前关停 2 台 1.2 万千瓦煤电机组，丰南贝氏体、福丰等 5 家钢铁企业产能出清……唐山市将攻坚克难，依法依规依程序力推钢铁等过剩产能退出市场，力促工业经济转型提质增效，全面加快新旧动能转换。

按照河北省统一安排部署，到 2017 年底，唐山市必须累计完成化解炼铁产能

2800 万吨、炼钢产能 4000 万吨的任务。这不仅意味着该市钢铁企业将减少直接收入 60 多亿元，而且将减少企业就业岗位 7 万多个，连带影响就业岗位 20 多万个。面对“断腕之痛”，唐山市明确表态：坚决服从大局，主动担当作为，今年将在强化目标导向、顾全社会大局的前提下，以决战决胜的勇气，打赢钢铁、煤炭、焦炭、电力四个行业的去产能攻坚战。

2017 年以来，针对钢铁市场出现的“回暖”趋势，为防止有些基层和企业领导自行降低去产能标准，唐山市紧紧抓住重点区域、重点企业和重点设备，对项目审批、土地使用、环保指标、耗水耗能、安全管理等环节，实行“死盯严守”“一寸不让”，从根本上管死管住新增违规钢铁产能和封停设备的擅自复产，做到既要严控新建项目，又要严管既有项目。尤其是对化解封存的装备，加强日常监管，防止死灰复燃。

“必须坚决杜绝新增违规产能和已化解产能死灰复燃，实现落后和过剩产能应去尽去、真去真退。”唐山市委副书记、市长丁绣峰表示，在推进去产能过程中，决不允许出现弄虚作假行为，决不允许对落后产能搞等量置换，决不允许违法违规建设新项目。在 2017 年 3 月初召开的全市去产能工作推进会议上，11 个县（市、区）和河钢唐钢公司分别与唐山市政府签订了责任书，承诺坚决确保如期完成各项化解任务，确保打赢打好去产能硬仗。

唐山市 2017 年去产能任务涉及 12 家钢铁企业、8 家焦化企业、2 家煤炭企业和 2 家电力企业。为确保社会大局稳定，唐山市有效平衡去产能、保就业和防风险的关系，全力做好职工安置和债务处置工作，做到逐企业完善职工安置方案，把工作做到每名职工头上；全面研判各类风险和隐患，确保不发生大规模失业、不发生影响社会稳定的群体性事件；积极争取援企稳岗等上级扶持资金，在社会保障、就业培训、创新创业等方面提供支持、搞好服务；坚决保障就业困难人员基本生活，切实做到职工有保障、社会可承受。

在去产能工作中，唐山市以县（市、区）作为去产能的责任主体，要求当地一把手做到重要工作亲自部署、重大方案亲自把关、关键环节亲自协调、落实情况亲自督查；要周密科学地进行责任分解，把目标任务分解到部门、具体到企业、落实到岗位、量化到个人，以责任促落实、以责任保成效；要以“不等不靠不拖，能快则快，能提前则提前，千方百计往前赶”的总要求，严卡时间节点，对照节点和任务，分月、分周、分日制定产能压减计划，确保工作顺利推进。同时强化督导跟踪问责，抽调精干力量，充实专项督查组，每周赴县（市、区）、企业现场督查，及时掌握任务落实情况，发现问题立即整改，坚决做到源头严控、过程严管、后果严惩。

为依法依规依程序推动工作开展，该市严格执行环保、能耗、水耗、质量、技术、安全 6 类标准，并科学运用市场、法治手段，通过依法依规实施环保按日计罚、差别电价和水价等惩罚性措施，确保去产能置于制度规范的框架之内；鼓励企业通过产能有偿交易等方法，依法依规倒逼过剩产能退出市场；进一步细化量化评价指标体系，减少自由裁量，切实做到标准公开、程序公开、结果公开。

在坚定不移去产能的同时，狠抓扶持培育，加快推动企业转型转业、跨越提升。对只涉及个别装备、整体未受影响的优势企业，加大扶持力度和资金投入，积极推动企业实施科技创新和技术改造，通过新技术、新工艺、新模式，推动产品由低端迈向中高端；对5家出清钢铁企业和其他兼并重组企业，产能全部退出后，要在盘活土地资产、要素资源配置等方面给予特殊支持和帮助。为杜绝去产能工作中“旧的去了，新的却上不来”现象，该市还将突出抓好首钢京唐钢铁二期、河钢宣钢产能转移、丰南纵横钢铁搬迁等重大产业支撑项目，着力打造唐山发展的新支撑、新引擎。

［案例评析］

第一，用好“看得见的手”与“看不见的手”。

打开手机APP软件，扫一下二维码，就可以就近使用一辆共享单车，解决出行“最后一公里”的问题……2016年4月上线至今，摩拜单车已进入国内15个大中城市，其中北京、上海、广州、深圳四个城市运营单车数量分别超过10万辆。

在供给侧填补空白的市场需求，短期内将爆发出巨大的增长潜力。“中国是一片创业沃土，在政府支持大众创业和万众创新的大背景下，创业者获得巨大发展空间。”摩拜单车创始人胡玮炜对记者说，新的产业模式特别需要各级政府给予更多的包容和耐心。

经济发展步入新常态，对于中国这个巨大的经济体来说，无论是宏观还是微观政策的制定，都面临严峻挑战。如何处理好政府这只“看得见的手”与市场这只“看不见的手”的关系，是时代给出的重大课题。

发挥市场作用，关键是遵循市场规律、善用市场机制解决问题。打破行业垄断、进入壁垒、地方保护，增强企业对市场需求变化的反应和调整能力，提高企业资源要素配置效率和竞争力。发挥政府作用，关键是让政府干好自己该干的事。用改革激发市场活力，用政策引导市场预期，用规划明确投资方向，用法治规范市场行为。

清华大学经济管理学院常务副院长白重恩说，推进供给侧结构性改革，根本还是要让企业真正成为市场的主体。“提高供给侧效率和质量，需要简政放权来使规则公平透明；需要让市场发挥决定性作用，让企业在优胜劣汰中找到发展方向；也需要政府更好发挥作用，创造公平良好的市场环境。”

第二，探索更多运用市场化、法治化办法。

为推进钢铁行业去产能，钢铁大市唐山在落实国家、河北省去产能专项奖补资金的同时，2017年安排财政配套资金1亿元奖励补助钢铁行业去产能，确保全年压减861万吨钢、933万吨铁产能目标完成。

“靠行政命令拆炉子，企业是不认的。”唐山市发改委产业协调处处长卞明江说：“去哪家不去哪家，靠嘴说不行，还得靠经济、环保、安全、技术这样的硬杠杠。政府‘这只手’也不能缺席，要靠政府推动加速市场出清，缩短阵痛时间。”

去产能要充分运用市场化、法治化手段，更加科学精准、有序有效；去库存要坚持分类调控，因城因地施策；去杠杆要支持企业市场化、法治化债转股；降成本要在减税、降费、降低要素成本上加大工作力度；补短板要既补硬短板也补软短板，既补发展短板也补制度短板……五大任务，个个指向多年经济发展"沉疴"，项项关涉利益调整，对如何处理政府和市场关系，无疑是重大考验。

"过去一年推进供给侧结构性改革，从各级政府来说，更好发挥市场作用的共识进一步强化，但也存在市场机制发挥不够、政府干预过多的问题。随着供给侧结构性改革实践迈向深入，下一步要更加注重运用市场化、法治化的办法来推进。"国家发展改革委有关人士对记者说。

［引导讨论题］

（1）通过唐山市去过剩产能的成功经验，讨论构建合理的政府与市场关系的重要性。

（2）结合案例，分别讨论政府与市场在经济发展过程中的作用。

第十三章　中国特色社会主义经济发展

第一部分　本章内容导读

第一节　对经济发展认识的演进

一、经济增长和经济发展

经济增长是一个国家或地区在一定时期内经济规模在数量上的扩大，经济发展不仅包括一个国家或地区经济规模在数量上的扩大，而且包括经济结构优化、经济效益提高、生态环境改善、人民生活水平提升等。经济增长偏重于数量，经济发展既强调量又强调质。经济增长是经济发展的基础，但又不等于经济发展。两者之间互为条件、互相促进。经济增长是经济发展的手段，经济发展是经济增长的保证和目标。

二、马克思主义经济发展理论

人们对于经济发展问题的认识大致形成了单纯经济增长理论、经济社会协调发展理论、可持续发展理论等。马克思主义唯物史观科学揭示了社会主义经济发展的本质，为社会主义经济发展提供了指导理论。

马克思、恩格斯认为，生产力的发展是人类社会发展的最终决定力量，经济发展的目的是为了实现每个人自由而全面的发展。列宁、毛泽东从不同的角度对社会主义经济发展进行了具有价值的论述。

党的十一届三中全会以后，中国共产党在总结历史经验的基础上，坚持马克思主义基本原理与中国实际相结合，形成了中国特色社会主义经济发展理论。邓小平、江泽民、胡锦涛从不同的方面进行了分析与论述。

党的十八大以后，以习近平同志为核心的党中央针对我国的经济发展环境、条件、任务、要求等方面发生的新变化，提出了一系列新的重大战略思想。以人民为中心的发展思想、着力解决好发展不平衡不充分问题、贯彻创新共享等新发展理念、国内国际双循环相互促进的新发展格局等，创造性地回答了新时代后实现什么样的发展、如何实现发展的重大问题，进一步丰富了中国特色社会主义经济发展理论。

第二节　推动经济高质量发展

一、高质量发展是新发展阶段经济发展的主题

党的十九大报告指出，我国经济已经转向了高质量发展阶段，中国特色社会主义进入新时代，习近平在党的十九届五中全会上强调，“十四五”时代经济社会发展要以推动高质量发展为主题。高速增长转向高质量增长是保持经济持续健康发展、适应我国社会主义主要矛盾变化、全面建设社会主义现代化国家、遵循经济规律发展和积极应对外部环境变化的必然要求。

二、高质量发展的内涵和要求

高质量发展是反映新时代中国特色社会主义经济发展的一个特定范畴，就是能够满足人民日益增长的美好生活需要的发展，体现了新发展理念的发展，是创新成为第一动力、协调成为内生特点、绿色成为普遍形态、开放成为必由之路、共享成为根本目的的发展。

推动经济高质量发展，既要推动社会生产力的跨越式发展，也要推动社会主义生产关系的不断完善。经济高质量发展的要求主要是：坚持质量第一、效益优先；推进供给侧结构性改革；把握基本路径，推动质量、效率与动力变革；建设协同发展的产业体系；构建市场机制有效、微观主体有活力、宏观调控有度的经济体制。

三、建设现代化经济体系

现代化经济体系是现代化国家的基石。建设现代化经济体系，既要借鉴发达国家的经验，又要结合中国的国情。一是要建设创新引领、协同发展的产业体系。二是要通过统一开放、竞争有序的市场体系来建设中国特色的现代市场体系。三是要建设体现效率、促进公平的收入分配体系。四是要建设彰显优势、协调联动的城乡区域发展体系。五是要建设资源节约、环境友好的绿色发展体系。六是要建设多元平衡、安全高效的全面开放体系。七是要建设充分发挥市场作用、更好发挥政府作用的经济体制。

四、推进供给侧结构性改革

推进供给侧结构性改革的主要原因：现阶段我国经济发展的主要矛盾已经转化成结构性问题，矛盾的主要方面在供给侧。只有推进供给侧结构性改革，把它作为经济工作的主线，才能真正落实好以人民中心的发展思想，进一步解放和发展生产力，使供给体系有效适应需求结构的变化，实现高水平的供需平衡。

虽然调整需求与供给都能够调整宏观经济，但是供给侧的重点在于解决结构性

问题,注重经济增长动力。所以进入新时代以来,随着我国社会主要矛盾发生变化,人民对于高质量的产品和服务的需求越来越迫切,反映到生产供给侧就表现为供给结构不适应,不能满足人民对于美好生活的需求。所以,只有对供给侧进行结构性改革,才能更好地满足人民不断增加的需求,从而更好地实现社会主义生产目的。当然,进行供给侧结构性改革,也必须要保证需求侧的问题稳定。

深化供给侧结构性改革的要求是“巩固、增强、提升、畅通”。在进行改革的过程中,必须发挥我国的制度优势,一方面,要发挥市场在资源配置中的决定性作用;另一方面,又要发挥政府作用。

五、做实做强做优实体经济

实体经济是一个国家经济的立身之本,是财富创造的源泉。我们要推动经济高质量发展,必须高度重视做实做强做优实体经济,因为只有这样,才能增强我国经济的竞争力,满足人民群众对于美好生活的需求。而要做到做实做强做优实体经济,就必须推动生产要素向实体经济流动、政策措施向实体经济偏重,推动科学技术与实体经济的深度融合,提高实体经济的自主创新能力。

做实做强做优实体经济的关键在于产业结构优化升级,不仅要实现传统产业的转型升级,而且还要实现战略性新兴产业的发展壮大。另外,做实做强做优实体经济还离不开现代金融建设,因为金融是国家重要的核心竞争力,所以,建设推动社会生产力发展的现代金融是做实做强做优实体经济的一个重要保证。

第三节　加快构建新发展格局

一、加快构建新发展格局是关系发展全局的重大战略任务

构建新发展格局,是与时俱进提升我国经济发展水平的战略决策,首先是对我国社会主义经济建设经验的深刻总结;其次是适应我国经济发展阶段变化的主动选择;再次是应对国际环境变化的战略举措;最后是发挥我国超大规模经济体优势的内在要求。

二、构建新发展格局的战略要求

构建新发展格局的战略要求:坚持扩大内需战略基点;优化供给结构,改善供给质量;提升科技创新能力和水平;健全现代流通体系;提高人民收入水平,强化就业优先政策;推进城乡区域协调发展和新型城镇化;统筹发展和安全的关系。

三、促进国内国际双循环

新发展格局是开放的国内国际双循环,一方面,强调以国内大循环为主体,通过

发挥内需潜力,使国内和国际两个市场更好衔接,实现可持续发展。另一方面,扩大内需和扩大开放并不矛盾。国际市场是国内市场的延伸,实行高水平的对外开放,必须具备强大的国内经济循环体系。总之,构建新发展格局,必须实行更高水平对外开放,坚持开放合作的双循环,实现合作共赢新局面。

第四节　中国特色经济发展道路

一、中国特色新型工业化道路

工业化在不同国家、不同发展阶段具有不同的表现。中国特色新型工业化道路的内涵是:以信息化带动工业化,以工业化促进信息化,走出一条科技含量高、经济效益好、资源消耗低、环境污染少、人力资源优势得到充分发挥的新型工业化道路。

坚持走中国特色新型工业化道路的基本要求是:必须坚持创新驱动、城乡融合、推进资源全面节约和物质利用、内外协调、以人民为中心。

二、中国特色农业现代化道路和乡村振兴战略

党的十八大提出了坚持和完善农村基本经营制度、加快完善城乡发展一体化体制机制等内容,特别是党的十九大提出乡村振兴战略,从构建现代农业产业体系等方面提出了具有中国特色的农业现代化发展道路。

中国特色农业现代化道路的基本内涵:立足基本国情和农业发展阶段,遵循农业现代化建设的一般规律,确保国家粮食安全,增加农民收入,加强农业基础地位,全面提高农业现代化水平。坚持走中国特色农业现代化道路的基本要求是:把加大国家对农业支持保护力度和增强农业农村发展活力相结合;保障粮食安全和提升农业质量结合起来;提高农业物质技术装备水平和提高农村劳动者整体素质结合起来;提高农业综合效益和实现农业绿色发展结合起来;扩大农业对外开放和确保农业产业安全结合起来。

中国特色社会主义进入新时代后,发展不平衡不充分问题在乡村表现最为突出。党的十九大作出了实施乡村振兴战略这一重大决策部署,这是决胜全面建成小康社会、全面建设社会主义现代化国家的重大历史任务,是新时代“三农”工作的总抓手。

实施乡村振兴战略的目标分三步:到 2020 年,乡村振兴取得重要进展,制度框架和政策体系基本形成;到 2035 年,乡村振兴取得决定性进展,农业农村现代化基本实现;到 2050 年,乡村全面振兴;农业强、农村美、农民富全面实现。

实施乡村振兴战略的基本原则:坚持党管农村工作;坚持农业农村优先发展;坚持农民主体地位坚持乡村全面振兴;坚持城乡融合发展;坚持人与自然和谐共生;坚持因地制宜、循序渐进。

三、中国特色减贫道路

摆脱贫困是实现中华民族伟大复兴中国梦的重要内容。改革开放特别是党的十八大以来,党中央把脱贫攻坚摆在治国理政的突出位置。2021 年 2 月 25 日,习近平庄严宣告我国脱贫攻坚战取得了全面胜利,区域性整体贫困得到解决,完成了消除绝对贫困的艰巨任务,创造了又一个彪炳史册的人间奇迹。

脱贫攻坚取得的历史性成就主要表现在以下几个方面:农村贫困人口全部脱贫,为实现全面建成小康社会目标任务作出了关键性贡献;脱贫地区经济社会发展大踏步赶上来,整体面貌发生历史性巨变;脱贫群众精神风貌焕然一新,增添了自立自强的信心勇气;党群干群关系明显改善,党在农村的执政基础更加牢固。

卓有成效的中国特色减贫道路形成了具有中国特色的反贫困理论:(1)坚持党的领导,为脱贫攻坚提供坚强政治和组织保证。(2)坚持以人民为中心的发展思想,坚定不移走共同富裕道路。(3)坚持发挥我国社会主义制度能够集中力量办大事的政治优势,形成脱贫攻坚的共同意志、共同行动。(4)坚持精准扶贫方略,用发展的办法消除贫困根源。(5)坚持调动广大贫困群众的积极性、主动性、创造性,激发脱贫内生动力。(6)坚持弘扬和衷共济、团结互助美德,营造全社会扶危济困的浓厚氛围。(7)坚持求真务实、较真碰硬,做到真扶贫、扶真贫、真脱贫。

四、中国特色自主创新道路

创新是一个国家兴旺发达的动力,科技创新的作用最为重要。中国特色自主创新道路的基本内涵是:坚持自主创新、重点跨越、支撑发展、引领未来的指导方针,大力推进原始创新、集成创新、引进消化吸收再创新,不断提高自主创新能力,加快建立以企业为主体、以市场为导向、产学研深度融合的技术创新体系,加快建设国家创新体系,加快培育新型科技人才,努力培育全社会的创新精神,实现关键核心技术实现重大突破、进入创新型国家前列的目标。

坚持走中国特色自主创新道路的基本要求:(1)坚持自主创新、重点跨越、引领未来的指导方针。(2)坚持把提高自主创新能力摆在突出位置,大幅度提高国家竞争力。(3)健全社会主义市场经济条件下新型举国体制,打好关键核心技术攻坚战,提高创新链整体效能。(4)加快科技成果向现实生产力转化。(5)加快科技体制改革。(6)加快建设宏大的创新型科技人才队伍。(7)发展创新文化,努力培育全社会的创新精神。

五、中国特色城镇化道路

加快城镇化进程是工业化和现代化的必然趋势,中国特色城镇化道路的基本内涵:在创新、协调、绿色、开放、共享的新发展理念指导下,按照统筹城乡、布局合理、节约土地、功能完善、以大带小的原则,以增强综合承载能力为重点,以特大城市为依托，形成辐射作用的城市群，培育新的经济增长极，同时以城市群为主体构建大中城市和小城镇协调发展的城镇格局。

坚持走中国特色城镇化道路、促进城镇化健康发展，必须把握以下几点基本要求：(1)加强规划引导，逐步提升城镇化水平。(2)因地制宜发展城市群，促进城镇协调发展。(3)加强城镇基础设施建设，提高综合承载能力。(4)大力节约和集约利用土地、水和能源，加快建设节约型城镇。(5)坚持深化改革，为城镇化的健康发展提供制度保障。

六、中国特色军民融合发展

新中国成立以来，我们党领导国防、军队和经济建设，始终致力于探索军民结合、寓军于民的道路。“军民团结如一人，试看天下谁能敌”(毛泽东)，改革开放以来，“八五”计划提出国防工业“军民结合、平战结合、军品优先、以民养军”的十六字方针，“十五”计划提出“军民结合、寓军于民、大力协同、自主创新”。党的十七大报告提出了“树立军民融合式发展的概念……走出一条中国特色军民融合式发展道路。”2015 年，习近平明确提出把军民融合发展上升为国家战略。党的十九大报告进一步提出要“形成军民融合深度发展格局，构建一体化的国家战略体系和能力”。从“军民结合”到“寓军于民”再到“军民融合”，体现出党对经济建设和国防建设协调发展规律的准确把握。

军民融合涉及领域宽、范围广、内容多，特别是上升为国家战略后，必须把经济布局与国防布局结合起来，具体来说，发展军民融合的基本要求是：形成军民融合深度发展格局；加强军民融合发展法治建设；加快建立军民融合创新体系；准确把握军民融合发展战略任务。

第五节 推动形成优势互补高质量发展的区域经济布局

一、区域发展战略的演进

新中国成立初期，国家出于国防安全的需要，实施的是向内地推进的区域发展战略。“一五”时期和“三线建设”时期是两次大规模向内地推进的高潮。

改革开放后，东部沿海地区率先得到发展，形成了长三角、珠三角、京津冀等地区，成为推动中国经济发展的重要的推动力。

20 世纪 90 年代后，先后实施了“推进西部大开发”“加快中部地区发展”“提高东部地区的发展水平”。2010 年《政府工作报告》提出要实施区属发展总体战略，追求促进各区域间协调发展的“公平目标”，同时兼顾促进经济增长的“效率目标”。党的十八大提出基本建成促进区域协调发展的体制机制。随后，又相继推出许多重大国家战略，不断增强区域发展协同性，推动经济高质量发展。

二、促进区域协调发展的新思路

国民经济转向了高质量发展阶段，必然对区域协调发展提出了新要求。第一，尊重客观规律。第二，发挥比较优势。第三，完善空间治理。第四，保障民生底线。

三、形成区域协调发展的新格局

新时代我国将坚持实施区域重大战略、区域协调发展战略、主体功能战略，健全区域协调发展体制机制。

坚持实施西部大开发、东北全面振兴、中部地区崛起、东部地区率先发展的区域发展总体战略。

京津冀发展的核心是有序疏解北京非首都功能，调整经济结构和空间结构，走出一条内涵集约发展的新路子。

四、促进区域协调发展的新举措

为促进区域协调发展，主要采取了以下措施：

第一，形成全国统一开放、竞争有序的商品和要素市场。

第二，尽快实现养老保险全国统筹。

第三，改革土地管理制度。

第四，完善能源消费双控制度。

第五，全面建立生态补偿制度。

第六，完善财政转移支付制度。

第二部分　案　例

案例一

［案例名称］　“双循环”下企业的求新求变

［案例适用］　中国特色社会主义经济发展、加快构建新发展格局

［案例来源］　“双循环”新格局中寻新机——三个案例的启示 https://baijiahao. baidu. com/s? id = 1673633908649590396&wfr = spider&for=pc(访问时间：2022/1/28 21:43).

2021年7月21日，习近平总书记主持召开企业家座谈会并发表重要讲话。习近平强调，我们必须集中力量办好自己的事，充分发挥国内超大规模市场优势，逐步形成以国内大循环为主体、国内国际双循环相互促进的新发展格局，提升产业链供

应链现代化水平，大力推动科技创新，加快关键核心技术攻关，打造未来发展新优势。在世界范围内新冠肺炎疫情肆虐、国际市场充满变数的背景下，中国制造如何在新发展格局中寻新机开新局？企业有哪些成功的实践？还有怎样的制约因素需要破解？以下三个相似案例给我们带来了一定的启示。

一、外贸企业开拓新市场，着力“出口转内销”

苏州维信电子有限公司，是一家集设计、制造、组装柔性线路板于一体的外贸生产型企业，产品应用于移动电话、消费类电子产品、计算机及医疗设备机械等领域，年销售额达百亿元。但今年以来，海外疫情使企业的订单受到了巨大冲击。

西方不亮东方亮，手中有适销对路的产品，中国市场的大门开启了。在疫情期间，“宅经济”火爆，国内各类互联网线上业务有明显增长的趋势，PAD 等电子产品网上热销。作为设备产业链重要组成部分的维信电子马上调整经营策略，将原本用于出口的产品第一时间转入内销市场。在企业努力拓展和海关尽力帮扶之下，苏州维信电子有限公司今年上半年出口转内销金额同比增长 50%以上。

“我们对辖区 180 多家重点进出口企业进行了排摸，41 家企业有巨大的内销需求。”苏州海关驻吴中办事处主任孙威表示，“海关各项支持出口转内销的措施，最终目的是让企业‘留得青山，赢得未来’”。

案例背景：

习近平总书记强调：“要支持适销对路出口商品开拓国内市场。”在当前保护主义上升、世界经济低迷、全球市场萎缩的外部环境下，我们必须充分发挥国内超大规模市场优势，通过繁荣国内经济、畅通国内大循环为我国经济发展增添动力，带动世界经济复苏。

当前我国外贸发展面临的风险挑战前所未有。商务部调查显示，境外疫情蔓延，国际需求萎缩，外贸企业订单下滑，出口转内销的积极性上升，出口产品转内销也存在较大的增长潜力。

国务院办公厅近日印发了《关于支持出口产品转内销的实施意见》，从三个方面提出了多条政策措施：一是支持出口产品进入国内市场，包括加快转内销市场准入，促进“同线同标同质”发展，加强知识产权保障；二是多渠道支持转内销，包括搭建转内销平台，发挥有效投资带动作用，精准对接消费需求；三是加大支持力度，包括提升转内销便利化水平，做好融资服务和支持，加大保险支持力度，加强资金支持。

二、保链保供勇创新，材料企业危机中开新局

“下游企业机器开起来，却无米下锅，而国内没有可替代的自主产品。”中石化宁波新材料研究院聚烯烃研究室副主任刘川川 2020 年 6 月上旬走访调研滚塑市场后感叹，市场的需求超出了预期，要抓住这波机遇，就要快速响应。

这是一次“化危为机”的挑战。滚塑，是一种塑料中空成型方法。船艇、水箱等户外滚塑产品由于长期处于湿热、曝晒、冲击等复杂环境中，对材料性能具有特殊要求，

国内制造企业原料长期依赖进口。当前,受国际疫情影响,国内制造大型滚塑产品的企业面临国外供应链断货的局面。

针对新产品特性,中国石化镇海炼化公司新成立的中石化宁波新材料研究院采用快速表征分析、添加剂配方研究、数据推理和实验验证等方式,快速明确目标产品性能与核心生产参数,一个月内完成了产品的配方、命名、串码、生产,填补了国内空白。日前,首批400吨新产品已被下游制造企业抢订一空。

案例背景:

习近平总书记强调,国有企业特别是中央企业要发挥龙头带动作用,带动上下游各类企业共渡难关。要加强国际合作,保护好产业链供应链。

中国是全球最有潜力的大市场,具有最完备的产业配套条件。当今世界正经历百年未有之大变局,新一轮科技革命和产业变革蓬勃兴起。企业家要立足中国,放眼世界,提高把握国际市场动向和需求特点的能力,提高把握国际规则的能力,提高国际市场开拓能力,提高防范国际市场风险能力,带动企业在更高水平的对外开放中实现更好发展,促进国内国际双循环。

三、科技赋能,开放对接全球市场

消费级3D打印机厂商创想三维,2020年3～4月份的海外销量同比翻了6倍,4月仅前半个月订单就达到16万台,相当于每8秒就卖出一台。"今年前5个月已经完成了去年全年50万台的销量,全年的出货量预计会达到去年的3～4倍。"创想三维CEO陈春表示。

2020年以来,新冠肺炎疫情对全球供应链造成严重冲击,大量工厂停工,销售与物流渠道断裂,不少产品的零部件断供。3D打印销售如此火爆的重要原因,一是3D打印为解决全球供应链难题提供了全新可能性,以快速、小批量、无模具、柔性制造、按需生产为特征的3D打印,绕过供应链断点,节省开模生产的时间和成本,为稳定供应链提供了一条新路径。二是中国制造的消费级3D打印机性价比极高,极具竞争力。

国家统计局数据显示,2020年二季度,高技术制造业增加值同比增长9.8%,而一季度下降了3.8%,为增速最高的行业板块,与上年同期水平基本持平;6月份,高技术制造业增加值同比增长10.0%,较上月继续加快1.1个百分点。新兴产品继续高速增长,6月份,3D打印设备、集成电路圆片、智能手表同比增长1～5倍。高技术制造业快速增长,新动能持续发力。

案例背景:

习近平总书记强调,以国内大循环为主体,绝不是关起门来封闭运行,而是通过发挥内需潜力,使国内市场和国际市场更好联通,更好利用国际国内两个市场、两种资源,实现更加强劲可持续的发展。要提升产业链供应链现代化水平,大力推动科技创新，加快关键核心技术攻关，打造未来发展新优势。

5G、工业互联网等数字技术对供应链变革影响巨大。目前，我国正抓住“新基建”机遇，加大对产业链供应链的整合，推动制造业升级和新兴产业发展。加快5G建设进度，打造人、机、物全面互联的工业互联网，大力发展新型智能化计算设施，推动实现信息、技术、产能等精准配置与高效对接，从而加强产业链供应链的协同。

［案例评析］

新发展格局是以国内大循环为主体，国内国际双循环并重的开放格局。2020年以来，新冠肺炎疫情在全球内大流行，为世界市场带来了更多不确定性，各国之间的正常贸易也受到影响。在这样的背景下，内需对企业发展的重要性不断提升，需要企业更加重视国内市场的保持和开拓，即以国内大循环为主体，充分利用国内市场资源。然而，无论疫情如何肆虐，都无法改变当今世界的开放属性，国际市场在企业的发展规划中依然占据重要地位，因此要继续坚定不移扩大开放，同时利用好国内国际两个市场、两种资源。在国家的政策支持和企业的战略调整下，案例中的三个企业为我们展现了构建“双循环”的求新求变过程，以及面临风险挑战时不同的化解路径。

产品出口的道路受阻，国内市场的需求是企业可以利用的战略资源。苏州维信电子有限公司作为一家外贸型企业，在海外疫情严重、订单减少的情况下及时调整销售布局，转向国内市场，不仅缓解了企业的发展难题，也为国内市场注入了新动力。相比于西方国家参差不齐的疫情防控政策，中国政府始终坚持人民至上、生命至上，在偶有病例和疫情发生时采取果断行动，以动态清零为目标，国内疫情得到了有效控制，生产生活秩序也有序恢复。因此，国内市场得到了一定程度的发展，人民群众日益增长的美好生活需要也导致国内需求亟待释放。如此，外贸型企业抓住机遇及时转向内销，无疑帮助了国内市场需求的释放，提高了国内市场的供给能力。当然，长期从事外贸出口的企业转向国内市场，也可能会遇到各种各样的问题，例如对国内市场布局不了解、对产品供应标准不熟悉等，这就需要一定的调整期来帮助企业进行进入国内市场的调整和过渡。政府部门在政策关口应当给予更多支持，针对企业体量不同及时给予补贴，以帮助企业解决困难，顺利完成转型。新冠肺炎疫情转好后，企业发展也需要同时兼顾到海外需求，政策的扶持和帮助也至关重要，这对于我国的体制机制、营商环境都是一个考验。

国际循环遭到挑战，倒逼科技创新也是机遇。中国石化镇海炼化公司长期对标滚塑市场，调研后发现需求巨大，而产品相关的核心技术却长时间依赖进口，导致在国际循环不确定性增加时，国内市场面临境外供应链断货的风险。然而，这样的风险也为我们提供了发展核心技术的机遇。中国石化集团作为国企，率先承担起探索前沿核心技术的重任，集合科研力量，利用政策支持，快速明确目标性能和产品参数，填补了国内的技术空白。全球疫情的确在世界各国间筑起了一堵“墙”，但这也就更加凸显我国在产业链、供应链和产业配套上的优势；供应不畅确实会为我们的企业带来难关挑战,但为了生存的求变求新,为了发展的“倒逼”创新,带给企业的是阵痛,赢下的却是未来。相比于大型国有企业,中小微企业在面临外部技术冲击时可能会出现应对乏力的情况,需要上下游产业相互协作、共渡难关。我国已经成为了世界上的制造业大国,正向着制造业强国的目标迈进,建设的道路上不会一帆风顺,抓好国内国际双循环,关注世界市场,立足自主创新,是我们最终取得成功的必由之路。

国内大循环为主体,不是故步自封关闭大门,相反应该更加密切关注国际局势,促进国内与国际更好融合。新冠肺炎疫情的影响是全球性的,不只我国的产业链、供应链受到挑战,其他国家的生产制造也遭遇挫折。3D 打印产业以其高效、精准的特点,迎合了世界各国供应链断供,产品零部件存在不同程度短缺的现实状况,提供了稳定供应链的新思路。中国消费级 3D 打印产业发达,发挥产业优势不仅可以释放产能,缓解国内企业零部件的暂时性短缺,也可以为 3D 打印企业赚取利润,提高应对风险挑战的能力,一举两得。这样的企业发展机遇,从某种程度上来说是源于“危机”,而企业能够做到敏锐的化危为机,得益于对世界市场形势的正确评估,得益于对国内国际循环紧密联系的合理运用。

从转向国内到放眼国际,从发挥优势到自主创新,越是在世界市场形势变化莫测的时候,我们越是要保持战略定力,坚定开放决心,在新时代处理好国内循环与国际循环的关系,着力构建新发展格局。

[引导讨论题]

(1) 在国内需求亟待满足,全球产业链面临挑战的背景下,政府应当从哪些方面出台具体政策,以扶持企业发展?

(2) 企业应当如何把握国内循环与国际循环的关系,促进自身发展和我国供应链稳定?

案例二

[案例名称] “七结对”助力两地“携手奔小康”

[案例适用] 中国特色减贫道路的理论与实践

[案例来源] (1) 人民网.“七结对”助力两地“携手奔小康”http://gongyi.people.com.cn/n1/2019/0221/c424398-30852936.html(访问时间:2022/1/29 11:40).

(2) 百度网.中国特色反贫困理论 https://baike.baidu.com/item/%E4%B8%AD%E5%9B%BD%E7%89%B9%E8%89%B2%E5%8F%8D%E8%B4%AB%E5%9B%B0%E7%90%86%E8%AE%BA/56172005?fr=aladdin(访问时间:2022/1/29 11:41).

(3) 搜狐网.昆山市委副书记、市长周旭东一行来碧对接考察东西部扶贫协作工作 https://www.sohu.com/a/326913373_120207642(访问时间:2022/1/29 21:21).

(4) 碧江区人民政府网.铜仁市碧江区 2020 年国民经济和社会发展统计公报 http://www.bjq.gov.cn/xxgk/zfxxgkml/jcxxgk/tjxx_29814/tjsj/202107/t20210702_68899752.html(访问时间:2022/1/29 23:07).

昆山(江苏)和碧江(贵州)自 2017 年 10 月建立东西部扶贫协作结对帮扶关系以来,两地领导高度重视,频繁互访,在产业协作、教育医疗、劳务合作、人才交流、旅游农业等方面建立全面帮扶合作关系,并以项目化的形式来助推碧江脱贫攻坚。在携手奔小康方面,通过广泛发动、对接协调,横向联系、纵向沟通,调动各部门、单位和社会各界广泛参与到昆山对口帮扶碧江的工作中来。通过部门结对、乡镇结对、村村结对、家庭结对、村企结对、社会力量结对等形式,建立起"点对点、点对面、一对多、多对一、点对线、线对面"的结对关系,形成了多元化、多层次、多领域的精准帮扶格局,各类援助资金超 3200 万元,其中苏州、昆山、乡镇级财政帮扶资金 2673 万元。该工作经验入选在广西召开的全国携手奔小康培训会典型案例汇编中,并在培训会上做书面交流。

一是推进部门"对口"结对。东西部扶贫协作领导小组成员单位与对口单位建立起结对帮扶关系,部门间交流合作频繁。实施了人才交流"六个 10"计划,即每年派 10 名优秀教师支教、10 名骨干医生支医、10 名农技专家支农、10 名科技人才交流、10 名优秀企业家考察、10 名社会工作专家辅导。两地 32 所学校建立"校校结对"关系,互派教师交流学习;两地中医院建立共建帮扶关系,昆山中医院通过三年时间帮助碧江中医院升级为三级医院;劳动部门共同建立劳务合作站,昆山每年提供就业岗位 13000 多个,并推动昆山大型企业与铜仁的职业院校合作,开设"百家惠大药房定制班"等;旅游部门开通昆山—碧江旅游年卡,年销售 3000 张卡,打开了两地旅游市场;农口部门积极谋划"黔货出山",在昆山建设碧江农产品展销点 4 个(已建 1 个,筹建 3 个)。同时,积极推动司法局、粮食局、供销社等非领导小组成员单位的结对。

二是推进园区"产业"结对。围绕"园区共建、产业合作、产城融合、就业脱贫"的思路,在两省签署《铜仁·苏州产业园共建园区框架协议》的背景下,昆山高新区与碧江经开区签署了共建合作协议,明确 6.18 平方公里作为先行启动区域,成立了一级开发公司进行开发建设。目前,公司已经注册(注册资本 1 亿元),成立了招商部和规划建设部,核心区中期规划已经通过论证。同时,双方还与国开行签署了三方合作协议,国开行提供 20 亿元额度的贷款用于园区开发建设。铜仁市政府制定出台《关于支持铜仁·苏州产业园核心区建设的实施意见》,明确了八个部分十四个方面对园区进行授权管理、政策支持和组织保障。近期,碧江区会同市商务局草拟《关于加快建设铜仁·苏州产业园的政策措施(建议稿)》报市政府审定。

三是推进乡镇“项目”结对。昆山所辖的 8 个镇和旅游度假区已经与碧江 9 个乡镇实现双向结对全覆盖，其中巴城镇、淀山湖镇、千灯镇和周庄镇在与新疆阿图什市相关镇结对的情况下，与碧江漾头镇、六龙山乡、滑石乡和桐木坪乡建立结对关系，探索“一对二”双结对模式。同时，昆山 4 个办事处与碧江 4 个街道实现结对全覆盖。目前，已结对乡镇均以项目形式进行帮扶，提升被帮扶乡镇的造血功能。如：张浦镇与坝黄镇共建 100 亩蓝莓园基地，周市镇与瓦屋乡共建羊肚菌食用菌项目，陆家镇与和平乡共建油茶项目，巴城镇与漾头镇共建茶园山古村保护项目等，乡镇和街道结对资金 700 多万元。

四是推进贫困村“全面”结对。碧江目前拥有 90 个村(社区)，其中贫困村 34 个(含 8 个深度贫困村)。立足昆山各村的发展优势，结合碧江农村的实际，推动昆山 8 个经济强村与碧江的 8 个深度贫困村建立结对帮扶关系，实现了深度贫困村结对全覆盖。同时，引进各类社会资源支持贫困村发展，将社会捐赠、公益资金、民间资源向贫困村倾斜，形成“多对一”的帮扶关系，重点发展经济作物、农产品深加工、“村头工厂”、田头“基地”，帮助贫困村增强“造血”功能。接下来，将继续推进“村村”结对工作，力争实现贫困村结对全覆盖，并逐步推动非贫困村(社区)的结对工作。

五是推进家庭“广泛”结对。借助民政、群团等的力量，鼓励商会、协会、社会组织等社会力量参与碧江脱贫攻坚，并借助“昆碧山水情”微信公众号，开展网络宣传和社会宣传，让更多人关注碧江贫困人口和弱势群体，推动家庭间的“户户”结对。目前，昆山 220 户家庭已经与未出列的建档立卡贫困户建立结对关系(今年力争 300 家)，并力争利用三年时间对碧江区 1 062 户所有未出列的建档立卡贫困户实现家庭全结对。

六是推进村企“柔性”结对。积极推进昆山企业与碧江有关村的结对帮扶，开展定向招工、项目扶持、资金支持、弱势群体关爱的形式开展帮扶。目前，已经有 13 家企业帮扶茶园山、陈家寨、卜口、小冬云等 13 个村。同时，通过昆山工商联联合的商会优势，整合企业捐助资金建立扶贫资金池，定向扶持 10 个产业项目，并与贫困村的建档立卡贫困户建立利益链接机制。

七是推进社会力量“参与”结对。积极架起昆山社会各界与碧江的联系桥梁，推动社会力量和爱心人士参与碧江的扶贫事业。目前，社会捐助已经超过 830 万元，重点用于贫困学生资助、孤寡老人关爱、冬衣捐赠等。昆山亚香香料有限公司出资 100 万元成立“亚香奖助学金”，对品学兼优的学生进行重点资助和奖励，并组织了 20 多名贫困家庭孩子到昆山开展为期一周的“夏令营”活动，让贫困孩子走出大山看昆山的发展。昆山一位退休村书记，整合各类社会资金在坝黄镇坪茶村发起“昆碧幸福里”项目，建设公共服务、日间照料、党员服务、留守儿童关爱“四中心合一”，关注留守儿童和孤寡老人等弱势群体。

[案例评析]

“七结对”的精准扶贫工作模式，在昆山和碧江之间建立起了一座幸福的桥梁，帮助欠发达地区人民群众加快了脱离贫困走向小康的步伐，是中国特色减贫道路、理论的生动实践，为异地扶贫帮扶、全国脱贫攻坚工作提供了良好经验借鉴。

其一，坚持党的领导，为脱贫攻坚提供坚强政治和组织保证。昆山和碧江的东西部扶贫协作结对帮扶关系能够建立，离不开党中央的坚强领导和统一谋划，离不开基层党组织的长期支持。2019 年 7 月 12 日，昆山市委副书记、市长周旭东曾率昆山市党政代表团到碧江对接考察东西部扶贫协作工作。周旭东在联席会上指出，对口扶贫协作是党中央、国务院交给我们的一项重要政治任务，责任重大，使命光荣。此次来碧，既是一次工作对接，也是一次学习交流，目的是进一步深化合作、增进友谊，推动扶贫协作工作再上新台阶。碧江与昆山相隔距离较远，昆山市市长能够率领代表团考察扶贫工作进展，足见对两地对口帮扶工作的重视。在党中央坚强领导下，基层党组织建设提供组织保证，地方党政领导发挥带头作用，为对口扶贫工作奠定了坚实基础。

其二，坚持以人民为中心的发展思想，坚定不移走共同富裕道路。党中央、国务院从大局出发，坚持“全国一盘棋”，扎实推进精准扶贫，创造性地将东西部联合起来，利用东部地区的发展成果与发展经验，帮助西部贫困地区加快发展步伐。值得一提的是，东西部异地扶贫帮扶考虑到人民生活的各个方面，不仅通过签署共建园区框架协议推进产业共建，还在教育医疗、劳务合作、人才交流、旅游农业等方面建立全面帮扶合作关系。随着我国社会主要矛盾的转变，人民群众对于文化财富的需要是否得到满足，也更应该在扶贫状况标准中得到重视。这样的全方位、多角度、宽领域的扶贫模式，充分彰显了以人民为中心的发展思想，将人民对于美好生活的向往作为最高奋斗目标。产业协作对于物质财富的提升作用固然明显，但在一定程度上，产业的初步发展对于一个地区真正摆脱贫困只是基础性工程，更需要各类基础设施、配套设施的强化建设，以及人才培养的后续跟进。只有在“智”上下功夫，才能真正扭转贫困地区的发展状况。

其三，坚持发挥我国社会主义制度能够集中力量办大事的政治优势，形成脱贫攻坚的共同意志、共同行动。在中国特色减贫道路相关理论中，我们明确“强化东西部扶贫协作，推动省市县各层面结对帮扶，促进人才、资金、技术向贫困地区流动”，同时开展产业扶贫、科技扶贫、教育扶贫、文化扶贫、健康扶贫、消费扶贫。昆山和碧江两地相距近 1500 公里，正是社会主义制度集中力量办大事的政治优势，帮助两地构建起了脱贫攻坚的异地扶持格局，使历史上或许关联很少的两个地区，通过脱贫攻坚事业紧密地联系到了一起。对比所谓“自由第一”“民主至上”的资本主义制度，试问相隔较近的地方政府经常政策不一，导致人民生活不便的西方国家，又怎能做到如此的“大扶贫”格局？

其四，坚持精准扶贫方略，用发展的办法消除贫困根源。脱贫攻坚，贵在精准，重在精准，中央政府和地方政府下足“绣花功夫”，扶贫扶到点上、扶到根上、扶到家庭，防止平均数掩盖大多数。“七结对”的扶贫模式，以部门结对为引领，以产业结对为基础，深入家庭、村镇、扶贫项目，为碧江带去的不仅仅是物质财富的支持，更传递了发展的经验与借鉴。“七结对”的发展模式，是地方政府对于精准扶贫方略的正确实践，从根源上改变了效果欠佳、治标不治本的“输血”方式，转向“造血”的真正帮扶。对于碧江这样受历史、自然地理等复杂因素影响的贫困地区，资金支持能解燃眉之急，但不会是治本之策，要想摆脱贫困，就必须克服“等、靠、要”扶贫资金的思想，走出一条适合地方实际情况的发展道路。昆山精准施策“扶上了马”，碧江也需要继续依靠长效发展“走出一程”。

其五，坚持调动广大贫困群众积极性、主动性、创造性，激发脱贫内生动力。在长期的奋斗实践中，我国总结出关于脱贫攻坚动力的历史经验，这就是依靠人民。我们要始终相信劳动人民的智慧，用细心的精准引导、暖心的政策支持、安心的实践成果，告诉广大贫困群众一个道理：只有积极主动、迎难而上，才能最终过上美好生活。“七结对”模式中，非常注重激发贫困地区人民的内生动力。家庭的结对帮扶，用昆山家庭的实际情况，激励碧江人民过上好日子的决心，发展项目的实际推进，更是将产业扶贫、就业脱贫的机会送到了家门口，也送进了群众心坎里。脱贫攻坚道路充满艰难险阻，而将心比心，设身处地，碧江地区的人民又何尝愿意陷入贫困的境地无法自拔？他们或许因病致贫，或许缺乏劳动技术和经验，更应该帮助他们抓住这样的机会，在各项支持下充分发挥主观能动性，用双手开辟走向小康的道路。

其六，坚持弘扬和衷共济、团结互助美德，营造全社会扶危济困的浓厚氛围。自精准扶贫、精准脱贫工作开展以来，党中央、国务院和各级地方政府始终坚持推动全社会践行社会主义核心价值观，传承中华民族守望相助、和衷共济、扶贫济困的传统美德，引导社会各界关爱贫困群众、关心减贫事业、投身脱贫行动。同时完善社会动员机制，搭建社会参与平台，创新社会帮扶方式，形成了人人愿为、人人可为、人人能为的社会帮扶格局。脱贫攻坚，不能只依靠党和政府，更需要社会力量和民间支持。对于昆山人民来说，碧江的脱贫事业已经不仅仅是碧江的，更是昆山的、江苏的、全国的。无论是以民营企业带头等社会力量捐助的项目，还是平凡的退休党员干部的建设努力，无一不彰显着全社会拧成一股绳的力量。这种力量的根源，或许是内心深处朴素的对于美好生活的向往，或许是对自己曾经经历的回忆触动，但更深层次的，是同为中华儿女团结互助的精神传统，是同为中华民族一员共筑中国梦的奋斗目标。

其七，坚持求真务实、较真碰硬，做到真扶贫、扶真贫、脱真贫。精准扶贫，精准施策，党和政府用实际行动践行着全面小康的庄严承诺，昭示着我们摆脱贫困的道路绝对容不得半点虚假。根据统计数据，2020 年碧江区坚持以脱贫攻坚统揽经济社会发展全局，汇全区之智、举全区之力，统筹资金 130 亿元，帮助全区 34 个贫困村全部摘帽，6999 户建档立卡贫困户 24852 人全部脱贫，其中产业帮扶脱贫 13136 人，占比 53%；易地扶贫搬迁脱贫 3227 人，占比 13%；生态补偿脱贫 1197 人，占比 5%；教育帮扶脱贫 1731 人，占比 7%；社会保障兜底脱贫 5561 人，占比 22%。建成易地扶贫搬迁安置区 9 个，完成易地扶贫搬迁 55872 人，其中：区内搬迁 5131 人，承接跨区县易地扶贫搬迁50741人，搬迁规模全市第一、全省第二。2020年高质量通过国家脱贫攻坚普查验收，彻底撕掉贫困标签，书写了碧江战贫精彩篇章。喜人的统计数据，是党和政府、碧江人民的艰苦奋斗的成果，也是我们扶贫工作求真务实的真实写照。

新中国成立以来，摆脱贫困始终是我们党和国家的重要工作，受到党和政府的高度重视。20世纪末基本实现小康之后，全面建成小康社会更是成为了全国人民的奋斗目标。2021年，经过不懈努力我们终于实现了全面建成小康社会的目标，用切实的脱贫成果献礼党的百年华诞。在脱贫攻坚的道路上，昆山和碧江的成功只是一个缩影，过去的几年中有太多贫困地区依靠艰苦奋斗成功摘帽，有太多贫困群众依靠不懈努力过上了梦寐以求的好日子。新时代下，中国人民正在谱写属于自己的新篇章……

［引导讨论题］

（1）相比"输血"的扶贫模式，"造血"的扶贫模式有哪些优势，对于脱贫攻坚的促进作用是如何体现的？

（2）江苏昆山和贵州碧江的"七结对"模式，能够为脱贫攻坚工作提供哪些具体的经验借鉴？

第十四章　生态文明建设与绿色发展

第一部分　本章内容导读

第一节　生态文明建设的重大意义和基本遵循

一、马克思主义关于人与自然关系的思想

人类在与自然的相互作用中生产和生活。自然生态系统是一种公共的生产条件，是生产力的一个重要部分。生态问题与社会制度有直接关系。资本主义条件下，自然条件和生态环境是资本增殖的手段，是为剩余价值最大化服务的。社会主义和共产主义条件下，自然条件和生态环境变成了人民对美好生活的需要，能够实现人与自然的和谐共处。

二、对生态文明认识的发展

中国自古代以来就对生态文明建设非常重视，5000多年的中华文明发展了无数生态文化。工业革命以来，人与自然之间的关系越来越密切。20世纪60年代以来，发达国家出现了危害人类发展的环境污染问题，引发了对生态文明的理论与思想上的新认识与发展，产生了“零增长”理念、罗马俱乐部的“有机增长”理论及其他绿色发展理论。

1987年，世界环境与发展委员会发布的《我们共同的未来》报告，提出了可持续发展思想。2008年国际金融危机爆发后，发达国家越发重视绿色发展经济的方法。2011年，联合国环境规划署发布了《绿色经济》报告，提出绿色经济是全球经济增长的新动力。

我们党和国家因为历来高度重视生态环境保护，新中国成立初期，党中央就提出“绿化祖国”的号召。1973年，国务院召开了第一次全国环境保护会议，这是中国环境保护事业的开端。

1978年《中华人民共和国宪法》首次以根本法的形式明确规定了“国家保护环境和自然资源，防治污染和其他公害”。1983年，环境保护确立为基本国策。1994年通过《中国21世纪议程》，将可持续发展作为我国的发展战略。1997年，党的十五大报告将可持续发展确立为我国现代化建设的重大战略。21世纪以来，我们党更加重视

生态文明建设,强调坚持全面协调可持续发展,使人民在良好生态环境中进行生产与生活,实现经济社会和谐发展。

三、新时代生态文明建设的根本遵循

党的十八大以来,以习近平同志为核心的党中央把生态文明建设纳入中国特色社会主义事业总体布局,推动生态环境保护发生历史性、转折性、全局性变化,提出了一系列新理念新思想新战略,形成了习近平生态文明思想,其核心要义是六项原则:一是坚持人与自然和谐共生;二是绿水青山就是金山银山;三是良好生态环境是最普惠的民生福祉;四是山水林田湖草是生命共同体;五是用最严格制度严密法治保护生态环境;六是共谋全球生态文明建设。

党的十九届五中全会对新发展阶段推进绿色发展目标、任务和具体路径做了全面部署,到 2035 年"广泛形成绿色生产生活方式,碳排放达峰后稳中有降,生态环境根本好转,美丽中国建设目标基本实现"。

第二节 推动绿色发展

一、绿色发展的内涵

绿色发展与创新发展、协调发展、开放发展、共享发展共同构成新发展理念,是建设生态文明的必然要求。绿色发展是对传统经济发展方式的一次深刻革命,它坚持了绿水青山就是金山银山、保护生态环境就是保护生产力、改善生态环境就是发展生产力的道理,体现了人与自然和谐共存的意义。

绿色发展的内涵主要包括:一是实现经济与生态协调的可持续发展,是资源节约型、环境友好型的全面提高资源利用效率的发展方式。二是满足人民日益增长的美好生活需要,体现了新发展理念的发展。三是发展观的一场深刻革命,是以生态价值观念为准则的生态文化体系、以国家治理体系和治理能力现代化为保障的生态文明制度体系,是全方位的变革。

二、新时代坚持绿色发展的重大意义

新时代坚持绿色发展的重大意义主要有四点:

第一,满足人民日益增长的优美生态环境需要。

第二,作为后起的工业化国家,中国经济发展面临更加复杂的问题,只有通过绿色发展才能避免西方发达国家"先污染后治理"的发展道路。

第三,实现生态文明建设与经济发展良性互动。

第四,支撑我国经济永续发展。

三、新时代推进绿色发展必须坚持的基本原则

新时代推进绿色发展必须坚持的基本原则如下:

第一,坚持人与自然和谐共生。

第二,绿水青山就是金山银山。

第三,良好生态环境是最普惠的民生福祉。

第四,山水林田湖草是生命共同体。

第五,用最严格制度最严密法治保护生态环境。

第六,共谋全球生态文明建设。

第三节　推动绿色发展的主要路径

一、坚持节约优先、保护优先、自然恢复为主

坚持节约优先就是全面提高资源利用效率。坚持保护优先就是重点解决损害群众健康的突出问题,加大生态保护力度,建立全方位的协同治理体系。坚持恢复为主就是提升生态系统质量和稳定性。

二、构建绿色低碳循环发展的经济体系

污染物排放水平与产业结构密切相关,构建高质量现代化经济体系必然要求绿色发展,这是践行绿水青山就是金山银山的理念。构建绿色低碳循环发展的经济体系,可以实现马克思提出的“靠消耗最小的力量,在最无愧于和最适合于他们的人类本性的条件下来进行这种物质交换”。绿色技术创新体系是支撑低碳循环发展的基础,绿色产业是绿色低碳循环发展体系的基础和手段,特别是清洁低碳、安全高效的能源体系是绿色经济体系的能源基础,绿色金融是绿色经济体系的血液,只有把它们有机地统一起来,才能实现我国经济的健康良性发展。

三、完善生态文明制度体系,提升生态环境治理效能

生态环境是关系党的使命宗旨的政治问题,是坚持完善中国特色制度、推进国家治理体系和治理能力现代化的重要内容。

党的十八大以来,我们建立了最严格的生态保护制度,有力地促进了生态文明建设和发展。不仅从治理体系建设维度,而且从完善经济社会发展考核评价体系,把建设美丽中国转化为全民的自觉行动。实行简约适度、绿色低碳的绿色生活方式,通过加强生态文明宣传教育,建立健全以生态价值观念为准则的生态为文化体系,实现生产系统和生活系统循环链接,让人民在充分享受经济社会发展成果的同时,实行绿色发展,保护资源与环境,实现人与自然的和谐统一。

第二部分　案　例

案例一

［案例名称］　因地制宜，发挥特色——河南省生态文明示范区建设

［案例适用］　生态文明建设与绿色发展

［案例来源］　（1）中华人民共和国生态环境部：生态文明示范建设（209）|国家生态文明建设示范区——河南省洛阳市洛宁县 https://www.mee.gov.cn/ywgz/zrstbh/stwmsfcj/202201/t20220119_967559.shtml（访问时间：2022/1/29 23:18）。

（2）映象网．河南省淅川县、永城市、洛宁县荣获国家生态文明建设示范县（市）http://news.hnr.cn/djn/article/1/1450957509821063169（访问时间：2022/1/29 23:19）。

（3）百度网．喜讯！洛宁县获评"国家生态文明建设示范区"https://baijiahao.baidu.com/s?id=1713512524129781093&wfr=spider&for=pc（访问时间：2022/1/29 23:19）。

（4）百度网．生态文明示范建设（210）|国家生态文明建设示范区——河南省南阳市淅川县，https://baijiahao.baidu.com/s?id=1722591690033788025&wfr=spider&for=pc（访问时间：2022/1/29 23:20）。

（5）百度网．生态文明示范建设（211）|国家生态文明建设示范区——河南省商丘市永城市，https://baijiahao.baidu.com/s?id=1722653668280741328&wfr=spider&for=pc（访问时间：2022/1/29 23:21）。

（6）澎湃网．永城荣获"国家生态文明建设示范区"称号 https://m.thepaper.cn/baijiahao_14911761（访问时间：2022/1/31 11:23）。

一、洛阳市洛宁县

2021 年 10 月 14 日，联合国《生物多样性公约》缔约方大会第十五次会议在昆明召开。会上，生态环境部对获得第五批国家生态文明建设示范区和"绿水青山就是金山银山"实践创新基地进行了表彰授牌。河南省洛宁县、永城市、淅川县荣获国家生态文明建设示范县（市）。生态文明建设是国家发展的重要一环，河南省高效贯彻落实国家生态文明建设精神和习近平总书记的生态文明思想，因地制宜，发挥优势，有力保护了原生生态环境。

西子湖省级湿地公园

绿色矿山

2021年，洛宁县被生态环境部命名为国家生态文明建设示范区。

洛宁县地处洛河中上游，是洛阳市重要生态屏障和饮用水源地，这里自然资源丰富、绿色优势突出、农业特色鲜明。该县牢固树立“绿水青山就是金山银山”发展理念，走出了一条生态美、产业兴、百姓富、县域强的可持续发展之路。

洛宁县围绕洛阳南部生态涵养区发展定位，切实加强神灵寨国家地质公园、全宝山省级森林公园等221.83平方公里自然保护地以及378.11平方公里生态保护红线保护，不断强化生物多样性保护，拥有国家重点保护野生动物68种。去年，该县环境空气质量实现二级达标，建成16.95公里的洛河生态治理工程，黑臭水体治理完成率100％，洛河出境断面、饮用水源地水质达标率100％。

洛宁县大力实施国土绿化提速提质计划，2016年以来累计投入资金16亿元，完成造林30.24万亩，森林抚育65万亩，廊道绿化率100％，林木覆盖率达65％。同时，该县高标准建设了城区滨河公园和凤翼山生态公园，实施绿地游园及城区绿化项目36个，人均绿地面积15.04平方米，城区垃圾无害化处理率、污水处理率均为100％，生态环境更加宜居。

此外，洛宁县还围绕打造“中国有机农业之乡”，谋划建设了豫西苹果谷、春山溪谷等示范区，“三品一标”农产品认证面积达49.5万亩，成功打造“洛水山肴”区域农产品公用品牌，并加快文化旅游产业发展，培育了玄沪河洛书小镇、牡丹康养小镇、爱和小镇、金果小镇、竹梦小镇农文旅融合“五朵金花”，让“山水田园、秀美洛宁”生态旅游品牌更加响亮。

洛阳市生态环境局副局长是凡告诉记者，洛阳市除洛宁、栾川外，孟津、新安、嵩县、宜阳四县(区)已成功创建省级生态县(区)。目前，洛阳市正在全力创建国家生态文明建设示范市，创建规划已于2021年4月获得通过，8月正式发布。此次洛宁县的成功创建，将为洛阳市创建国家生态文明建设示范市再添砝码。下一步，洛阳市将以生态文明建设示范区创建为抓手，以改善区域生态环境质量、推动生态文明体制改革和生态经济体系建设为基石，助推洛阳成功创建国家生态文明建设示范市。

二、商丘市永城市

自2017年永城市完成省级生态市创建工作以来，坚决落实习近平生态文明思想，按照国家生态文明建设示范区创建标准和要求，进一步完善国家生态文明建设示范区创建规划和实施方案，加强工作领导，强化创建措施，加大资金投入，强力推进创建工作。

4年来，永城市不断深化生态示范创建成果。在城区和乡镇社区建设绿色公园游园，强化植树造林工作，全市绿化覆盖率和森林覆盖率明显提升。同时，结合采煤沉陷区综合治理，进一步改善生态环境，形成了以日月湖省级湿地公园、芒砀山地质公园为主的自然生态空间，建成了“两湖五带一湿地30公园”的城区生态体系，基本实现出门“300米见绿、500米见园”目标。

沱河生态廊道

废弃矿山综合治理——僖山景区

4 年来，永城市不断加大环境污染治理力度。持续开展大气、水、土壤污染防治攻坚战，实施产业结构、能源结构、交通运输结构、用地结构四大结构调整，努力从源头治理污染；火电、钢铁、碳素等主要污染行业企业投资十多亿元实行清洁生产和超低排放改造，大力开展绿色矿山创建活动和城市清洁行动，环境质量改善连年完成上级下达目标，污染防治攻坚工作一直走在省、市前列。

4 年来，永城市不断增强生态文明制度建设。建立生态环境保护“党政同责、一岗双责”管理机制，实行严格的生态环境保护目标考核和奖惩机制；加大生态环境保护督查力度，督促各项生态环境保护任务完成和措施落实；通过创建绿色学校、绿色社区和节能单位，在全市提倡和促进绿色消费、低碳生活。

成功创建“国家生态文明建设示范区”，是永城市深入践行习近平生态文明思想的重要体现，不仅标志着经济社会绿色发展迈上了一个新的台阶，也为今后大力推进生态文明建设，进一步治理和优化生态环境奠定了基础、积累了经验，具有非常重要的意义。

三、南阳市淅川县

2021 年淅川县被生态环境部命名为国家生态文明建设示范区。

马蹬镇

淅川是春秋时楚文化发祥地、楚始都丹阳所在地，也是南水北调中线工程核心水源区和渠首所在地，全县水源区面积占国土面积的 92.8%，丹江口水库近一半面积在淅川，是全国水利移民第一大县，广大移民群众舍小家、顾大家、为国家，被习近平总书记称赞为“一种伟大的奉献精神”。淅川作为京津人民的“大水缸”“水龙头”，肩负着保护一渠清水永续北送的政治任务。近年来，淅川县聚焦水清民富县强目标，坚持以水质保护、绿色发展为主线，初步探索出了一条以水源保护引领全县生态保护和绿色转型的生态文明建设之路。

丹江小三峡

与水共生，做好“1115”生态文明顶层设计。坚持“一条主线”，提供“一套方案”，维护“一环屏障”，推进“五大工程”，统筹建设水清民富县强新淅川。依水保护，突出水源地水质保护，全面提升生态建设水平。扛稳水质保护政治责任，叫响“保护水质不彻底，就是彻底不保护水质”的导向，通过“建”“治”“护”，全力确保一库清水北送。伴水发展，大力发展生态经济。实施“短中长”三线产业结合的绿色发展路径，短线发展中草药、食用菌等短平快产业集群，中线发展软籽石榴、杏李等生态林果业，长线做大做强旅游业，三线产业结合绿色扶贫的特色做法，被国务院扶贫办评为“大国攻坚、聚力扶贫”第二届中国十佳优秀扶贫案例。

[案例评析]

河南省是华北地区重要的省份之一，在生态环境上占有重要地位，是首都地区重要的生态资源供给地，其生态环境质量直接关系到首都地区的生态环境安全。同时，河南省本身保有一亿多人口，需要保证良好的生态环境以满足农业生产、百姓生活等实际需要。长期以来，河南省十分重视生态环境工作，建设出洛阳市洛宁县、商丘市永城市、南阳市淅川县等国家生态文明建设示范区。河南省生态环境建设的经验，充分体现了“绿水青山就是金山银山”的生态文明理念，走出了一条绿色发展的“河南道路”。

政策先行指导，强化建设认同。生态文明建设服从于国家建设的顶层设计，对于人民来说是“功在当代，利在千秋”的事业，关乎国家的长期发展与子孙后代的利益。虽然我们的生产生活在短时间内可能受到一定程度的影响，原有的发展模式可能要经历一个调整、适应的过程，但必须始终坚定不走“先污染后治理”的老路子，不用良好的生态环境去换取短期的经济建设指标。县城、乡镇、村等地区的生态环境建设，相比于城市主要城区可能面临着更多的困难，需要政府的政策进行支持引导，强化人民群众建设生态环境的共同意志。洛宁县强调生态发展的项目规划、资金支持，投入专项资金支持生态文明建设，在建设计划上循序渐进、有序推进，先后完成示范区建设、规划示范市建设，争做生态文明建设的“领头羊”。永城市关注生态文明的制度建设，党政部门高度重视、直接负责，奖惩分明、做好激励，在全市范围内推广绿色生产生活方式，构建生态文明建设的政策制度体系。淅川县做好顶层设计，坚持“一条主线”，提供“一套方案”，维护“一环屏障”，推进“五大工程”，明确了生态文明建设如何推进。

聚焦园区建设，合理治理污染。生态文明建设内涵丰富，需要在生态园区、生态项目的建设上下功夫，也需要及时治理已经造成的污染。从洛宁县神灵寨国家地质公园、全宝山省级森林公园到永城市日月湖省级湿地公园、芒砀山地质公园再到淅川县丹江湖、小三峡等，河南省地方政府无一不非常重视生态空间的建设，用面积广大的湿地、水体等，构建起坚实的生态屏障。洛宁县围绕洛河周边，深入推进黑臭水体治理、空气质量治理、垃圾无害化治理等，改善了区域的生态环境整体状况。永城市在生态环境治理上采取综合视角，在推进多角度生态治理的同时，投入资金推进能源结构调整，尝试从能源根源上解决生态污染问题。淅川县作为南水北调工程的重要节点，重点推进水源地保护和污染治理，以水源地建设作为生态文明建设的引领工程。生态文明建设必须坚持总体设计，不能把开发新项目、建设新园区的数量作为衡量生态文明建设质量的唯一标准，而是要“共抓大保护，不搞大开发”，结合治理情况促进人与自然和谐共生。

锚定绿色发展，走向产业兴旺。生态文明建设之所以被错误地看作是经济发展的阻碍因素，甚至被视为经济发展的对立面，重要原因之一就是生态文明建设的效益挖掘不够充分。河南省三地用自身的建设实践，向我们证明了生态文明建设和产业发展两者相辅相成的关系，示范了两者如何共同推进。洛宁县立足农业，以打造“中国有机农业之乡”为目标，通过生态文明建设提高农产品质量，打造本地农产品品牌，并进一步拓宽农业价值的实现方式，促进当地旅游业等文化产业的快速发展。永城市打造资源型城市转型升级“永城样板”。综合实力和发展质量位居全国、全省前列，产业结构历史性转变为“三二一”，煤化工、铝精深加工、装备制造、食品等四大主导产业集群市场竞争力、行业话语权持续增强，产业集聚区、商务中心区双双晋升全省唯一“四星级”。淅川县实施“短中长”三线产业结合的绿色发展路径，将农产品质量提升与品牌建设、文旅产业长效发展结合起来，极大丰富了农产品结构，大大提高了产业效益。

[引导讨论题]

(1) 你的家乡在生态文明建设方面有哪些显著成果？试举例。

(2) 与传统的生态文明建设模式相比，产业发展与生态文明建设融合的模式有哪些优势？

案例二

[案例名称] 图尔库市循环经济建设与碳中和行动

[案例适用] 循环经济推动绿色增长、实现碳中和

[案例来源] 孟小燕、王毅、郑馨竺.碳中和愿景下的循环经济建设：芬兰图尔库市的管理经验及启示[J].环境保护，2021，49(12).

总体战略、目标与路线图

图尔库市位于芬兰的西南部，是芬兰第五大城市。在芬兰协同推进循环经济建设和应对气候变化国家战略的基础上，图尔库市制定了自身的战略目标和实施路径。2018 年 6 月，图尔库市议会通过《图尔库市 2029 年气候计划》，提出预计到 2029 年实现碳中和目标；同时，为了提升公众幸福感、保持竞争力和促进可持续增长，图尔库市还提出了“城市战略”，计划到 2040 年实现“资源智慧”(Resource Wisdom)，即实现碳中和、零废弃物及自然资源的可持续利用目标。为实现碳中和目标和“资源智慧”，图尔库市将两者共同推进，由线性经济向循环经济模式转型，并提出了实施路径和重点领域，基本框架见图 1。支撑碳中和目标的区域循环经济发展路径主要包括：实现价值链上资源循环闭环、开发新型清洁能源、保护碳汇等。

为保障战略目标有效推进，图尔库市开展合作行动计划，地方政府积极推行循环经济理念，并作为主导者，将有参与优势者和利益相关者，如企业、大学和居民等群体纳入循环经济建设体系中来，全方位、多角度地共同促进解决方案的实施，加快该地区的循环经济转型。

一方面，为保障合作行动计划的顺利开展，图尔库市依托大学、科研机构成立循环经济工作组，成员包括地方政府官员、城市组织、企业、大学和地区研究机构的代表。工作组定期举行会议，解决循环经济进程中面临的挑战。工作组初期优先与地区、国家和国际利益相关者直接合作，如芬兰西南部可持续发展和能源服务中心，芬兰西南部经济发展、运输和环境中心等组织，以借助其优势加快进程的推进。此外，图尔库市注重公众参与，鼓励居民在社交媒体上参与循环经济建设的讨论。

另一方面，为明确合作计划的重点领域，图尔库市加入了 ICLEI(地方可持续发展协会)绿色循环城市联盟，委托芬兰未来研究中心(FFRC)进行全面的利益相关者调查研究，确定四大重点领域为：(1)区域系统化废弃物管理；(2)水资源循环管理；

(3)食品系统的循环管理;(4)建筑行业碳减排管理。

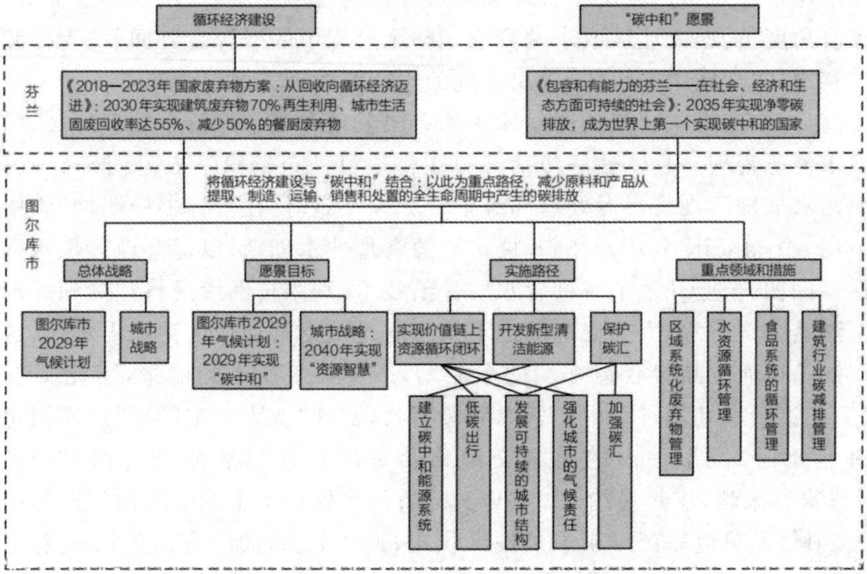

芬兰图尔库市"碳中和"与循环经济协同推进路线图

重点领域和典型措施

1. 区域系统化废弃物管理

图尔库市注重废弃物的系统化管理,以提高回收资源的质量和再利用价值。典型做法是将市内原有的几家废物管理公司合并为 LSJH(Lounais Suomen Jätehuolto)中心,该中心负责统筹废物分类收集、废弃材料再生循环利用、废物管理数据库建设等各环节,致力于达到高质量的废物管理目标。

LSJH 中心的具体措施主要包括:(1)建立废弃物分类体系,保证各类废弃物合理处置。中心拥有 4 个废物处理中心和 8 个分拣站,分拣可回收废物、危险废物和电子废物等 30 种不同类别的废弃物,确保废弃物在收集后能得到妥善处理。(2)注重与社会组织合作,集智集力设计循环经济发展方案。LSJH 中心于 2015 年创建了循环经济中心,通过邀请来自不同行业的专家开展定期交流培训,帮助企业解决循环发展中面临的主要挑战,如提供实现废料高值利用的创新技术方案、寻找再生材料的需求方等。(3)建立方案管理大数据库,注重管理的"智能化"。中心目前正积极与当地图书馆合作,推进方案数据库的筹备与推行。(4)注重创新废弃物管理技术,提高废弃物管理效率。中心遵循欧盟废物框架指令,以纺织物回收为重点工作之一,开发了一种便于确定纺织废物中纤维成分的红外传感器设备,解决了纺织物成分不明导致的再利用效率低的问题。(5)保证资金投入充足,充分调动社会力量。在配套资金支持方面,中心不依赖于当地市政府的大规模投资,资金来源主要是公众委托企业处理废物和企业提供相关服务所收取的费用。

2. 水资源循环管理

图尔库市针对市内废水不合理收集所导致的海域污染、饮用水不达标等问题,从循环经济角度出发,关注从取水端到末端整个过程中的资源能源回收,为持续推进资源高效利用,实现碳中和目标,提出系统的水资源管理方案。

目前,图尔库市主要依托图尔库水务有限公司和图尔库污水处理厂 2 家企业,系统开展水资源管理。具体做法包括:(1)在将项目外包给第三方时明确碳减排要求。图尔库污水处理厂在将污泥处理和维护等服务外包时,在投标书中明确"碳中和标准(carbon neutral criteria)"。(2)开展水资源管理技术创新,以提升地区供水网络的可持续性。例如,企业开发了一种含水层补给技术,利用自然渗透将预处理的河水转化为人工渗透的地下水,人工渗透的地下水再通过重力管道输送到地下水库,这里安装的电动涡轮机通过减缓管道末端的水流动,产生抽水所需的能量,由此实现能源节约。(3)注重废水处理过程中的资源能源回收,实现"变废为宝"。图尔库污水处理厂在处理废水时,位于厂内的热泵交换站会对出水余温热能进行回收,用于当地 15000 户家庭采暖,供热量约 160 GW·h/a;污水处理产生的废弃污泥通过厌氧消化产沼气,沼气经热电联产可用于该地区供电;此外,1/3 的废弃污泥厌氧消化液被用作农业肥料,2/3 被用于园林绿化,还可用污泥生产氮产品并出售给化工企业,实现了污泥养分的再利用。图尔库市注重将粮食安全、环保节约及碳中和战略相结合,以减少食品在整个生命周期内的碳排放,明确提出计划到 2029 年,实现食品系统的温室气体排放减少 25%;粮食损失从 12%降低至 6%;素食比例从 24%翻倍至 48%。为实现该目标,图尔库市通过加强公共采购、开展食品全生命周期管理,来促进食品供应链的碳减排。具体措施包括:(1)加强食品采购部门与气候部门合作,关注食品系统中的碳排放问题。为加强对公共餐饮部门的系统化管理,图尔库市设置了一个特别工作组,专门负责协调城市的餐饮服务。(2)对食品整个生命周期进行评估,跟踪从生产到消费、废物处理过程中温室气体排放的驱动因素,以挖掘减排潜力,并精准采取对应的减排措施。(3)在开展政府采购时,利用投标作为杠杆,对承包服务商明确碳减排要求,建立企业参与碳减排的激励机制,并为服务供应商提供开展绿色供应链管理的动力。(4)加强对公众特别是幼儿的宣传教育等。

3. 建筑行业碳减排管理

为促进碳中和目标实现,芬兰计划到 2030 年将建筑废弃物排放减少 40%。图尔库市追求发展循环性建筑,以减少建筑物和基础设施在整个生命周期内的碳排放。总结图尔库市开展建筑行业碳减排的典型做法,主要包括:(1)注重"变废为宝"的同时提升经济效益。例如,用工程黏土加工成可再生产品出售,由于黏土材料来源于图尔库市 50 km 半径范围内的地区,运输成本较低,产生环境效益的同时也能够创造经济效益。(2)纳入多方利益相关者,建立一个由政府、研究人员和技术人员共同参与的循环建设体系,加强各参与主体跨价值链的协作。(3)注重探索创新的循环解决方案。图尔库市开发了 CircVol 项目,该项目主要是开发利用图尔库港口在维护期间疏浚的黏土，所开发出的黏土基材料可以作为建筑原材料，替代建筑所需的约1亿吨岩石材料，有效减少了因原材料开发或进口导致的碳排放。

［案例评析］

2020年，全球蔓延的新冠肺炎疫情直接冲击了传统的“资源—产品—废弃物”线性经济模式，疫情后的绿色复苏亟需构建经济增长与资源消耗脱钩的循环经济体系。为实现碳中和目标，芬兰明确提出统筹推进本国循环经济建设与碳中和行动，将循环经济作为实现碳中和目标的重要实施路径，即通过减少原料和产品在提取、制造、运输、销售和处置全生命周期中产生的碳排放，来促进碳中和目标的实现。

从总体战略、目标愿景、关键领域和具体措施等方面，探讨芬兰及其西南部城市图尔库市将循环经济建设与碳中和目标相结合的做法的诸多好处，包括：

(1) 由芬兰图尔库市的管理经验可以看出，通过发展循环经济，可有效减少原料和产品全生命周期的碳排放，对全面提升资源效率、实现碳中和目标具有协同作用。

(2) 注重技术创新及转化应用是芬兰图尔库市循环经济高效推进的基础。无论是水资源循环管理还是建筑行业碳减排管理的成功实践，都离不开诸如水层补水技术、黏土基材料制备技术等这些先进、高效的循环利用技术。

(3) 政府、企业、公众多方的紧密合作是芬兰图尔库市实施区域循环战略的一大亮点。该市注重将包括政府组织、科研机构、企业、居民、城市联盟等在内的多方利益相关者纳入循环经济体系的建设中，组织其中的优势力量成立专门的循环经济工作组，并搭建交流平台，促进多组织间的广泛合作，从而大大提升了治理效率和市场活力。

［引导讨论题］

芬兰及其西南部城市图尔库市将循环经济建设与碳中和目标相结合的做法对我国有什么启示？

第十五章　保障和改善民生

第一部分　本章内容导读

第一节　保障和改善民生的内涵和意义

一、保障和改善民生的内涵

社会主义生产目的是满足人民日益增长的美好生活需要，保障和改善民生是坚持以人民为中心的发展思想的体现，也是实现共享发展成果的题中之义。党的十八大以来，党中央十分重视民生工作，“加强社会建设，必须以保障和改善民生为重点”。十九大报告提出的“十四个坚持”的基本方略中的第八个方略：“坚持在发展中保障和改善民生”“增进民生福祉是发展的根本目的，……保证全体人民在共建共享发展中有更多获得感，不断促进人的全面发展、全体人民实现共同富裕。”党的十九届五中全会提出要在“十四五”时期使我国民生福祉达到新水平。

二、保障和改善民生的意义

保障和改善民生的意义主要有以下几点：

第一，经济发展的需要。

第二，国家应该承担更多的义务。

第三，促进人的全面发展的必然选择。

第四，促进经济发展的动力保证。

第二节　在发展中保障和改善民生

一、持续保障和改善民生

改革开放以来，我国在保障和改善民生方面取得了显著成绩，特别是十八大以来，以习近平同志为核心的党中央坚持以人民为中心的发展思想，把增进民生福祉作为发展的根本目的，人民群众的获得感、幸福感、安全感不断增强。但是，我们还要认识到，我国现阶段许多民生问题还比较突出，民生保障体制还需要进一步完善。经济发展是保障和改善民生的基础,保障和改善民生是经济发展的根本目的。

做好民生工作的关键是要处理好政府和市场的关系。由于市场经济在保障民生的具有公共属性的产品和服务供给方面是失灵的,所以,需要政府的干预,发挥政府的主导作用。在改革和完善民生保障过程中应按照"政府主导、多元参与"的原则,充分发挥市场和社会的作用,共同建立起中国特色社会主义的民生保障体制。

二、保障和改善民生的重点任务

保障和改善民生的重点任务包括以下几点:

第一,提高人民收入水平。

第二,强化就业优先政策。

第三,建设高质量教育体系。

第四,全面推进健康中国建设。

第五,实施积极应对人口老龄化国家战略。

第六,加强和创新社会治理。

第七,提升公共基础设施、公共文化服务、生态环境水平。

第三节 完善覆盖全民的社会保障体系

一、完善社会保障体系的重大意义

建立健全社会保障体系,关系到改革、发展、稳定的全局,要逐步建立以社会保险、社会救助、社会福利为基础,以基本养老、基本医疗、最低生活保障为重点,以慈善事业、商业保险为补充的社会保障体系。完善社会保障体系的意义是:

第一,完善覆盖全民的社会保障体系是适应我国社会主要矛盾转变的必然选择。

第二,建立健全社会保障体系是建设现代化经济体系、推进供给侧结构性改革的迫切要求。

第三,建立健全社会保障体系是应对 21 世纪我国人口老龄化挑战的迫切需要。

第四,建立健全社会保障体系是建立现代企业制度、转变企业经营机制的迫切需要。

二、社会保障体系的基本框架

社会保障体系的基本框架如下:

第一,社会保险。是我国社会保障体系的核心。

第二,社会救助。

第三,社会福利。

第四,慈善事业。

第五,商业保险。

第六,住房保障。

第七,优抚安置。是国家为烈士家属、复员退伍军人、现役军人及其家属提供的一种特殊政策待遇。

三、完善社会保障体系

我国于20世纪80年代初期开始了社会保障体系的改革。党的十八大以来,党中央把社会保障体系建设摆上特别重要的位置,进行了社会保障体系的顶层设计,基本上建成了世界上规模最大的、功能完备的社会保障体系。中国特色社会主义进入新时代以后,开启了全面建设社会主义现代化国家的新征程,我国社会保障制度改革进入到一个更高阶段,即系统集成、协同高效的阶段,为向第二个百年奋斗目标进军提供了保证。

加快完善社会保障体系,主要包括以下五个方面:

第一,按照兜底线、织密网、建机制的要求,全面建成覆盖全民、统筹城乡、公平统一可持续的多层次社会保障体系。

第二,全面实施全民参保计划。

第三,建立全国统一的社会保险公共服务平台。

第四,完善社会救助、社会福利、慈善事业、优抚安置等制度,健全农村留守儿童和妇女、老年人关爱服务体系。

第五,坚持“房子是用来住的、不是用来炒的”定位,加强建立多主体供给、多渠道保障、租购并举的住房保障体系。

第二部分　案　例

案例一

[案例名称]　多层次社会养老体系建设

[案例适用]　形成养老服务发展格局,保证养老服务等民生服务

[案例来源]　(1) 杨琳. 多层次社会养老服务体系建设的思路框架和实现路径. 卫生软科学[J],2021,35(11).

(2) 李纪恒. 坚持在发展中保障和改善民生[J]. 求是,2021(19).

1. 社会养老服务的供给主体和责任边界

探讨养老服务供给的主体构成和责任边界,可以将福利多元思想置于我国特定的社会环境中讨论。在我国,政府作为国家代理人,通过其垄断地位和政治权利进行资源分配,以维护最基本人权为目的,承担最基本的养老责任,提供最基本的福利保障。市场作为社会财富的生产主体具有高效率的特点并对委托方负责,在养老服务的提供过程中,市场以营利性为目的,为社会生产和供给多样化的养老服务。社会组

织是社会福利事业活跃的推动者和社会价值的传递者,是政府和市场主体缺失时的重要补充力量。材料所指的社会组织是指具有公益性质的、以慈善组织为代表的非营利性社会组织,如红十字会、志愿者团体等社会力量。我国自古有之的尊老敬老观念使得社会组织在提供养老服务方面仍有长远发展空间。基于以上分析,应建立起社会养老服务供给主体和责任边界,见图。

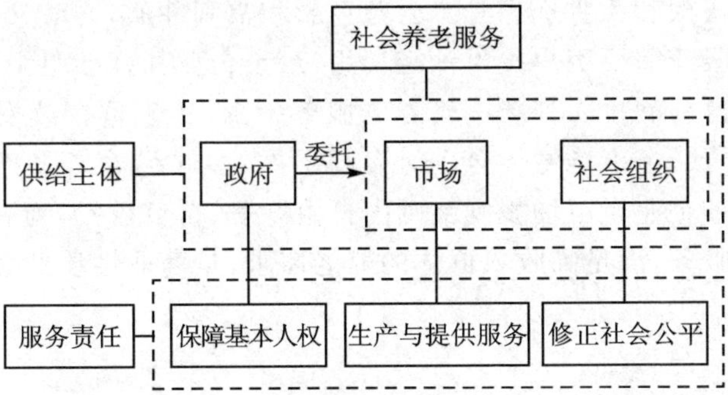

社会养老服务供给的主体和责任

2. 多层次社会养老服务体系的构建框架

确定了社会养老服务的供给主体和责任后,还需要结合老年人收入水平的高低,将老年人的经济情况纳入构建多层次社会养老服务体系的考虑范畴,全方位满足各层次老年人的生活需要。具体来说,可依据收入将社会养老服务体系划分为三层,见图。

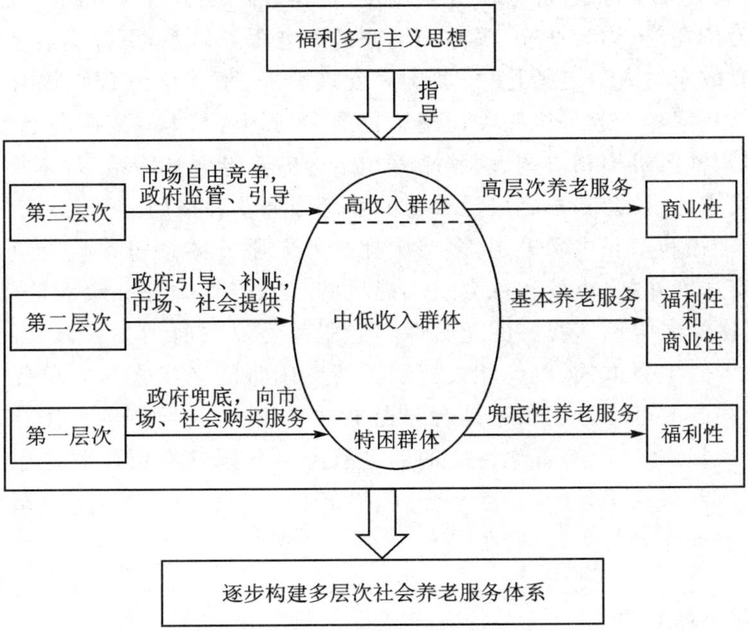

社会养老服务供给的主体和责任

第一层次是政府面向特困老年人群体的兜底性层次。所谓政府保底，包括针对特困老年人出台的兜底政策和政府向市场、社会组织购买的基本养老服务，应以保障老年人基本生活和基本人权为目标，具有福利性。第二层次是政府鼓励、引导、规制价格区间，市场和社会组织为多数中低收入老年人群体提供的基本养老服务，其目的是更好地满足老年人的生活保障和物质需求，改善老人的生活境况。在第二层次中，政府提供的政策扶持和税收优惠具有公益色彩和福利性质，同时又具有商业性，享受这一层次的养老服务需要用户支付一定费用，给予企业和社会组织一定的盈利空间。社会组织可将所得利润投入到新一轮养老服务中去，实现可持续发展。第三层次是政府监管、减少干预，由市场主体自主对接高层次、多样化养老服务需求的高层次养老服务。养老服务企业在市场规则范围内自由竞争、自负盈亏，为有需求的高收入老年人提供个性化服务，满足高收入群体的养老需求，是商业性质的养老服务层次。

[案例评析]

十九届五中全会提出，要健全多层次社会保障体系，实施积极应对人口老龄化国家战略。如何健全多层次社会养老服务体系、应对日益加剧的老龄化浪潮、满足多样化的养老需求，已成为政府及社会亟待解决的重要问题。

我国是世界上老年人口总量最多的国家，但养老服务同广大老年人过上幸福晚年生活的期盼相比还有差距。习近平总书记指出，应对人口老龄化工作要做好，“要积极发展养老服务业，推进养老服务业制度、标准、设施、人才队伍建设，构建居家为基础、社区为依托、机构为补充、医养相结合的养老服务体系，更好满足老年人养老服务需求”。有效应对人口老龄化，事关国家发展全局，事关亿万百姓福祉。在各方的共同努力下，我国养老服务机构和设施增长到34万个，基本养老服务制度逐步完善，初步建成居家社区机构相协调、医养康养相结合的养老服务体系，基本形成了政府为主导、市场为主体、社会和家庭广泛参与的养老服务发展格局。

材料基于福利多元主义思想，多层次社会养老服务体系包含政府负责兜底的养老服务，政府适度补贴、市场和社会组织提供的基本养老服务和政府监管、市场自由竞争的高层次养老服务。我国的兜底性养老服务是以政府为主导，以公办养老服务机构集中供养为主要方式、以失能失智以及特殊困难的老年人为对象提供的兜底性保障服务。我国的基本养老服务是政府提供财政补贴，引导市场主体和社会组织面向全体老年人提供的、具有普惠性质的养老服务。我国的高层次养老服务是市场主体面向高收入阶层老年人的，以老年公寓、养老社区、照料中心为主要载体提供的盈利性质的高水准养老服务，政府干预较少。

[引导讨论题]

(1) 目前三层次的养老服务体系还有哪些问题？

(2) 针对养老服务体系中存在的问题，有哪些合理优化途径？

案例二

［案例名称］　我国网约工社会保障体系构建

［案例适用］　完善覆盖全民的社会保障体系

［案例来源］　(1) 王全兴、王茜.我国"网约工"的劳动关系认定及权益保护[J].法学，2018,(4).

(2) 东方网.网约工:劳动权益保障的灰色地带.2018/4/16.

(3) 九派新闻,四川法治报.网约工,这份权益保障"指南"请查收.2021/8/20.

(4) 中国日报中国网,东方网."网约工"社会保障被提上日程,快狗打车多重福利成"标杆儿".2019/3/5.

1. 三元框架构建

鉴于现行劳动立法"要么完全保护、要么完全不保护"之弊端,对"网约工"劳动形式应当划分为三类,一是非典型劳动关系,二是独立劳动,三是中间类型——准从属性独立劳动,对非典型劳动关系和准从属性独立劳动分别给予一定力度的倾斜保护,而对独立劳动则不给予倾斜保护。从对典型劳动关系与"网约工"劳动用工形式的比较中可以发现,或许有部分组织从属性、或许有外部经济从属性、或许有继续性、平台企业或许从"网约工"的劳动中得利,是"网约工"劳动用工形式与典型劳动关系的要素差别;而个案中的"网约工"该归属于哪一种,且是否给予一定的倾斜保护,则取决于这四个要素之有或无、强或弱。一般而言,若这四个要素兼备且部分组织从属性较强,可归为非典型劳动关系;若部分组织从属性较弱或不具备而其他三个要素兼备且外部经济从属性较强,可归为准从属性独立劳动;若这四个要素均不具备或较弱,则可归为独立劳动。这些差异才是裁判实践据以形成多元且可选择的考量指标系列的基础。

2. 保护重点

在上述三元框架中,保护措施的配置应当与劳动关系相对脱钩,即无论是非典型劳动关系还是准从属性独立劳动,都要有选择性地配置保护措施,而不是完全照搬对典型劳动关系的保护措施。"网约工"的保护重点应该包括三个方面的内容。

(1) 社会保险,尤其是工伤保险,我国社会保险正由劳动法体系中的社会保险转向社会保障法体系中的社会保险,依《社会保险法》的规定,灵活就业劳动者虽然被纳入社会保险覆盖范围,但尚不具有强制性,且实际覆盖率低。"网约工"的灵活性决定了其难以适用正规就业者的参保和缴费机制,而且,除了工伤保险外,"网约工"的参保意愿也未必高,这就需要另行建立适合包括"网约工"在内的灵活就业者的参保和缴费机制,其核心应当是强制与激励和便利相结合。尽管被保险人是灵活就业者,但基于社会保险的社会安全和公法的本质属性,强制参保仍有必要,这不仅是强调对灵活就业者的约束,更是为了突出和坐实政府和社会保险经办机构的责任。鉴于灵活就业者的特点,强制还需要有激励和便利的措施配合才足以提高实际覆盖率。对此,我国台湾省的经验值得吸取,譬如,在职业灾害保险制度中,雇员和无一定雇主或自营作业者都被强制纳入,雇员的保险费全部由雇主负担,而无一定雇主或自营作业者中属于职业工人的,通过“职业工会”参加,保险费自行负担60%、政府补助40%;渔民则通过“渔会”参加,保险费自行负担20%、政府补助80%。我国现行政策中虽有社会保险费补贴之规定,但补贴具有临时应急性(如金融危机应对)且局限于特定群体(如就业困难群体等),这对灵活就业者参保缴费不足以构成普遍和持续的激励。至于如何使就业者便利、灵活地参保和缴费,商业保险机构的便利服务机制和经验无疑可资借鉴,甚至可考虑以政府购买公共服务的方式利用商业保险资源。

(2) 劳动基准,尤其是职业安全卫生基准,在由以收入为中心的基准和以生命健康为中心的基准所构成的劳动基准体系中,对“网约工”保护而言,以生命健康为中心的基准更为急迫。现行职业安全卫生基准的设计虽然同其他基准一样,多以工厂矿山制劳动关系为主要样本,但其适用范围已突破了劳动关系的界限,如《安全生产法》和《职业病防治法》适用于生产经营单位(不限于用人单位)和从业人员(不限于职工)。可见,职业安全卫生基准适用于“网约工”并不存在法律依据上的障碍,“网约工”所从事的劳动若在特定基准的职业范围内就应当适用相应的职业安全卫生基准。而工时和劳动定额基准,虑及“网约工”劳动岗位和所在业态的特殊性,其适用与否则需有特殊规则,这就要求在劳动基准立法中对具体基准的适用范围作出不尽一致的安排。例如,最高工时基准、延长工时基准、劳动定额基准各自规定不尽相同的适用范围,有的适用劳动定额基准即可,而未必适用工时基准。

(3) 公共就业服务对“网约工”等灵活就业者而言,公共就业服务是降低其求职成本、提高其就业质量的重要保障。《就业促进法》虽已确立以公共就业服务为主、营利性就业服务为辅的就业服务体制,但现实中的突出矛盾是,服务于灵活就业的多为营利性就业服务,而灵活就业较之正规就业却更需要公共就业服务,尤其是平台企业因用工灵活而少有人力资本投入,积极性更高了。“网约工”对公共性职业培训的需求,故应当针对“网约工”等灵活就业者的特殊需要作出制度安排。例如,建立公共服务机构与平台企业合作的公共就业服务机制;利用平台企业的信息技术优势开发对应“网约工”需求的公共就业服务新品种;设立面向平台企业筹集与财政资助结合的专项资金支持“网约工”的技能培训。

3. 法律保护体系

基于上述分析,对“网约工”的倾斜保护和社会保护需要构建由劳动法、民法和社会保险法所组合的法律体系。其中,在劳动法与民法之间,就“网约工”中的非典型劳动关系和准从属性独立劳动类别,对其劳动权益保护的分工合作,予以特别法安排;在社会保险法中,安排适用于灵活就业者的特别法,将“网约工”纳入社会保险范围,而不论其属于非典型劳动关系或准从属性独立劳动。即使对于独立劳动，也应以居民社会保险作为兜底。关于其在劳动法与民法之间的安排，有两种方案可供选择：其一，将非典型劳动关系和准从属性独立劳动都纳入劳动法范围，其中对准从属性独立劳动，民法仅规定其劳务合同规则，劳动法规定其倾斜保护规则。其二，将非典型劳动关系、准从属性独立劳动分别纳入劳动法、民法范围，其中对准从属性独立劳动，民法遵循私法社会化的路径给予一定的倾斜保护，同时，劳动法中的就业法规范和劳动基准也可选择性适用。笔者认为，后一种方案较为可取，理由如下：(1)我国当代民法应当定位于体现私法社会化精神的民法，故劳动法与民法的关系已不再是劳动法对传统民法超越与传承的关系，而是劳动法与现代民法分工与合作的关系。非典型劳动关系和准从属性独立劳动的劳动权益保护正是二者分工与合作的重点。(2)考虑到我国长期形成的劳动立法与民事立法分立的路径，尤其是劳务关系一直由民法调整，而现行劳动法连本属于从属性劳动的民事雇佣也未纳入调整范围，若将准从属性独立劳动也全归劳动法调整，就显得过于超前而欠缺可行性。(3)即使将民事雇佣和准从属性独立劳动都纳入劳动法范围，但现行的调解—仲裁—诉讼的劳动争议处理体制因争议处理流程和时间过长而对劳动者不利，故将其纳入民法作出私法社会化的特别法安排，更有利于劳动者的权利救济。

［案例评析］

在“大众创业、万众创新”的浪潮中，我国就业态势呈现宽领域、多元化的特点，一些新工种应运而生，“网约工”即是其一。

这一新工种是通过互联网服务平台而获得就业机会，诸如网约厨师、网约出租车司机、网约保洁工、网约保健师、网约送餐员等。虽说网约工是我国就业大军中的“小弟弟”，但服务领域正在日益扩大，从业人员也是日渐壮大。据国家信息中心数据显示：2016 年，我国参与分享经济的人数为 6 亿人，参与提供服务的人数约 6000 万人，其中就有像“网约工”这样属于灵活就业的人员。预计到 2020 年，分享经济、提供服务者人数有望超过 1 亿人（全职参与人员约 2000 万人），网约工将会与日俱增。

然而，现如今有关规范、管理网约工的法律规章阙如，它在给“网约工”带来“自由度”的同时，也无疑隐含着某些“风险性”。可以说，这个群体目前仍处于劳动权益保障的灰色地带。

在“互联网＋”似乎“无处不在、无时不有、无所不能”的时代，随着互联网平台功能（信息搜索—广告服务—在线销售—资源分享—组织生产要素）的不断扩展，互联网平台经济（以下简称平台经济）作为一种更具开放性、兼容性、产业融合性、市场灵活性的新经济形态，已席卷至各个产业及领域。它犹如一个强大的磁场，各类市场主体，如企业、从业人员、消费者等，甚至政府，皆被裹挟其中。在劳动力市场，一方面包括网约车司机、网约快递员、网约厨师、网约家政服务等在内的“网约工”群体规模不断扩大、就业领域不断扩宽、新灵活就业形式不断涌现，另一方面，对“网约工”劳动关系权益保护也成为劳动关系和劳动法领域争论的热点。更甚者,该问题的解决还直接关系到党的十九大报告所提出的“提高就业质量”目标的实现。

为构建长效机制,最终解决现行劳动法因保护范围偏窄、保护方式“一刀切”而难以对“网约工”分层分类保护的问题,有赖于新的立法设计。鉴于“网约工”劳动用工形式尚处于变动不居而未定型的阶段,上述应然的立法设计尚需要经过较长的时间与过程才可完成。

2021 年,八部门《关于维护新就业形态劳动者劳动保障权益的指导意见》公开发布。意见提出,要放开灵活就业人员在就业地参加基本养老保险的户籍限制;组织未参加职工养老保险的灵活就业人员,按规定参加城乡居民基本养老保险;要督促企业依法参加社会保险,引导和支持不完全符合劳动关系情形的新就业形态劳动者根据自身情况参加相应的社会保险;同时要探索适合新就业形态的社会保险经办服务模式,提供更加便捷的社会保险经办服务,更好地保障新就业形态劳动者的社会保险权益。

[引导讨论题]

(1) 现阶段应该为“网约工”提供哪些保护对策?

(2) 你所知的各平台为“网约工”提供了哪些权益保障?

第十六章　经济全球化条件下的中国对外开放

第一部分　本章内容导读

第一节　对外开放是中国的基本国策

一、对外开放政策的形成和发展

从1978年起，中国就确立了对外开放的基本国策。1984年，《中共中央关于经济体制改革的决定》提出“把对外开放作为长期的基本国策”。20世纪90年代初期，中国对外开放的全方位多层次格局初步形成。

2002年，党的十六大提出“坚持‘引进来’和‘走出去’相结合”的战略，标志着对外开放进入了一个新阶段。之后，随着经济全球化继续深入发展，中国经济与世界经济的联系更加紧密，中央提出必须把对外开放提高到新水平，要深化沿海开放，加快内地开放，提高沿边开放，实现对内对外开放的相互促进；加快转变外贸增长方式，立足以质取胜，调整进出口结构，增强应对国际市场波动的能力。最终形成经济全球化条件下参与国际经济合作和竞争新优势。

二、对外开放的必要性

积极开展国际经济技术交流，发展对外经济关系，在参与经济全球化的过程中促进中国的经济发展，这是建设中国特色社会主义经济的必由之路。

第一，实行对外开放符合社会化大生产向全球扩张的客观历史趋势。

第二，实行对外开放适应了经济全球化不断深化的历史趋势。

第三，实行对外开放是发展社会主义市场经济的必然要求。

第四，实行对外开放是实现经济现代化的必要条件。

总之，实行对外开放，积极参与国际分工，是充分利用经济全球化带来的发展机遇，加快发展中国社会生产力的必然选择。

三、对外开放的历程

改革开放以来，通过实施对外开放政策，推动了东南沿海地区外向型经济的迅速发展。特别是1992年邓小平南方谈话和2001年中国加入世界贸易组织之后,对外开放进入了一个快速发展期,沿海、沿江、沿线、沿边、内地的多层次、全方位的开放格局逐步形成,并逐步全面参与经济全球化进程,对外开放进入了新的历史阶段。

第一,沿海开放地区外向型经济的迅速发展。

中国的对外开放是从沿海地区开始的。1979年国家批准沿海地区的广东省和福建省在对外经济活动中率先实行特殊政策和灵活的管理办法。1980年,深圳、珠海、汕头、厦门四个经济特区成为实施对外开放的试点和窗口。

1984年,国家在总结对外开放经验与成就的基础上,决定进一步扩大对外开放的步伐,开放天津、上海、大连等14个港口工业城市,赋予其在开展对外经济贸易活动中的更大自主权,促进这些城市外商投资活动的发展。1985年,珠江三角洲、长江三角洲等开辟为沿海经济开放区。1988年,沿海经济开放区进一步扩展到北方沿海的辽东半岛、山东半岛等,同一年,海南省成为新的经济特区。

1990年,国家决定开发和开放上海浦东新区,显示了中国进一步推进对外开放的巨大决心。

第二,开放事业全面推进。

1992年春,邓小平视察南方并发表重要谈话,进一步加强了中国在全国范围内推进对外开放。在这一阶段,沿江沿边开放,兴建保税区,推进外贸体制改革成为对外经济政策的重点环节。开放长江中上游的芜湖、九江等6个沿江城市,珲春、绥芬河等13个沿边开放城市,大连、广州等城市相继获得兴办保税区的资质,一大批经济技术开发区迅速成立,有力吸引了外商投资。中央还努力建立适应国际贸易惯例、符合社会主义市场经济要求的新型外贸体制,提高政策法规透明度,有力促进了对外贸易和利用外资的发展。

第三,加入世界贸易组织的新阶段。

2001年11月,中国签署了加入世界贸易组织的协议,于同年12月正式成为世界贸易组织成员。这标志着中国的对外开放进入一个新阶段,由自主单边开放转变为中国和世界贸易组织各成员之间的相互开放。这不仅有利于中国外向型经济的快速发展,而且也有助于吸收借鉴世界各国在市场经济制度方面的先进经验和成果,有利于中国社会主义市场经济体制的发展与完善。

四、对外开放的主要经验

第一,坚持独立自主同参与经济全球化相结合。

对外开放,一方面可以借鉴和学习发达国家在经济、科技、管理等领域创造的先进经验,促进国民经济和社会主义市场经济建设,另一方面也使中国面临着世界经济发展中存在的各种风险。对外开放的实践证明,独立自主、自力更生是建设和发展社会主义市场经济的基础,是参与经济全球化不可或缺的基本保障。

第二,实施互利共赢的开放战略。

只有让经济全球化惠及所有参与者，才能扩大经济全球化的参与范围、扩展参与深度。发达国家借助于国际分工体系中的有利地位，积极争夺经济全球化所带来的经济利益，忽视发展中国家的利益要求。中国作为发展中的大国，在积极参与经济全球化的过程中，要始终坚持互利共赢的开放战略，使中国的对外经贸活动既符合中国的利益，又符合合作对象的利益，推动中国与其他国家和地区的经济合作关系不断拓展与深化。

第三，统筹国内发展和对外开放。

把国内发展和对外开放统筹起来，有助于从国际国内形势的相互联系中抓住经济发展的正确方向，从国际国内条件的相互转化中抓住经济发展的历史机遇，从国际国内资源的优势互补中创造经济发展的有利条件，从国际国内因素的综合作用中掌握经济发展的全局结构。只有统筹国内发展和对外开放，从全球战略出发考虑中国长远发展问题，抓住战略机遇期，在对外开放中求得发展，在不断发展中扩大开放，才是中国经济取得成功的关键。

第四，渐进有序地开放。

在实践过程中，中国根据自身承受经济全球化冲击的总体能力确定经济的总体开放度，遵循从特区到沿海地区，再到沿江、沿边地区，进而辐射到中西部内陆地区的梯度开放战略。同时，充分考虑国内各行业的国际竞争力，有区别、有顺序地开放，积极稳妥地推进货物和服务的对外贸易，有阶段、有控制地开放国内金融市场，有效降低经济全球化带来的风险。实践证明，采取渐进有序的方式，有步骤、分阶段地开放经济，是在经济全球化条件下谋求国民经济稳定发展的必要条件。

第二节 新时代的对外开放

一、新时代对外开放的历程

2013 年，党的十八届三中全会提出“构建开放型经济新体制”的新要求。

2013 年 9 月，习近平主席提出建设“丝绸之路经济带”，同年 10 月，深刻阐述了“21 世纪海上丝绸之路”的构想，标志着“一带一路”正式提出。

2013 年 8 月，国务院正式批准设立中国（上海）自由贸易试验区。截至 2020 年，我国自由贸易试验区总数已达到 21 个。

2015 年，中共中央、国务院发布了《关于构建开放型经济新体制的若干意见》，对构建互利共赢、多元平衡、安全高效的开放型经济新体制进行了系统部署。

2017 年，党的十九大提出要坚持对外开放的基本国策，发展更高层次的开放型经济。

2019 年，党的十九届四中全会提出建设更高水平开放型经济新体制。

2020 年，党的十九届五中全会再次强调建设更高水平开放型经济新体制，并在

“十四五”规划建议中进行了部署。

二、新时代对外开放的新特点

新时代对外开放的新特点如下：

（1）坚持主动开放；

（2）坚持双向开放；

（3）坚持全面开放；

（4）坚持共赢开放；

（5）坚持包容开放。

三、建设更高水平开放型经济新体制

第一，实施更大范围、更宽领域、更深层次的全面开放，优化对外开放的空间格局，完善要素市场化国际化配置，推动由商品和要素流动型开放向规则等制度型开放转变。

第二，加快推进更高水平开放型经济新体制建设，加快自贸试验区和自由贸易港的建设，建设稳定公平透明的营商环境，完善涉外经贸法律和规则体系。

第三节　经济领域对外开放的主要内容

一、发展对外贸易

对外贸易是经济增长的重要拉动因素。中国的对外开放首先是通过对外贸易来实现的。总体上来说，中国实行的是进口替代与出口导向相结合的平衡型贸易发展战略，但不同阶段具体的贸易政策有所区别。

进口替代是以国内生产的产品来替代进口产品。对外开放初期，实现了一般劳动密集型消费品的进口替代，到了20世纪90年代，进口替代发展为对高级工业品、中间零部件的进口替代，强调引进先进技术，提高国内的生产技术水平。

出口导向是通过扩大出口来带动本国的工业化和经济的持续增长。20世纪80年代，中国充分发挥自身的比较优势，利用发达国家和地区劳动密集型产业外移的机遇，大力吸引引资，利用“三来一补”发展出口导向的劳动密集型制造业。

积极参与到国际多边贸易体系中，增强企业的国际竞争力，实现中国经济与国际经济的互接互补，促进中国社会主义市场经济体制的建立与完善。

二、引进和利用外资

引进和利用外资是中国“引进来”战略的主要内容，是中国发展对外经济关系的主要形式。从1993年起，中国成为发展中国家中最大的外商直接投资吸收国和全球第二大外商直接投资吸收国。外资的大规模进入推动了我国对外贸易规模的快速增长，提高了参与国际分工的规模，提升了出口产品的结构和竞争力，加快了工业化进程。引进和利用外资的积极作用表现为以下五个方面：有效地缓解了经济发展中面临的资金不足问题；有利于引进外国先进的技术和管理经验，促进经济结构的调整和产业升级；有利于吸纳外商投资企事业的税收，增加外汇储备，创造更多的就业机会；有利于推动外向型经济增长；有利于国内产业结构的调整和升级，提高经济增长的质量和效益。

为了更好地引进和利用外资，必须深化外资利用方面的制度改革，规范与引导外商投资企业的市场行为，将外资优惠政策与可持续发展战略协调起来，推动外资更好地服务于中国社会主义市场经济的发展。

三、实施“走出去”战略

“引进来”与“走出去”是对外开放的两个轮子，只有一起转，才能有助于发挥优势，扬长避短，促进经济持续快速稳定发展。

1998 年，党的十五大提出鼓励能够发挥中国比较优势的对外投资，更好地利用国际国内两个市场、两种资源，实施“走出去”战略，使对外投资进入了一个新的阶段。

“走出去”战略包括两个方面：一是鼓励和扶持一些有市场竞争优势的国内企业开展海外投资，充分利用国外经济资源实行跨国经营，并最终成为具有强大竞争力的大型跨国公司。二是鼓励和扶持国内企业，积极参与到国际产业分工和协作网络中去，通过区域经济合作和国际经济合作，加入各种类型的市场战略联盟，减少国际市场的进入壁垒，推动出口贸易和海外投资的发展。通过实施“走出去”战略，中国境外投资从少到多，逐步扩大，呈现良好的发展势头，初步形成了全方位、宽领域的“走出去”战略格局；对外投资的方式日益多样化，层次逐渐提高；对外承包工程大型项目不断增加，劳务合作稳步发展；在境外资源能源开发合作方面取得进展；涌现出一批跨国经营较好的企业。

当然，“走出去”战略的实施也存在一些问题和风险。例如，国内企业缺乏拥有核心技术与自主知识产权的有竞争力的产品，影响了国际市场上的竞争力，法律、规则方面的不熟悉与掌握运用不充分，导致负面影响。特别是投资所在国的政治风险等因素，也使得对外投资面临着各种不确定性和风险。

第四节　中国对外经济关系和国家经济安全

一、中国对外经济关系的发展

近代以来，旧中国经历了从闭关锁国到半殖民地半封建的过程。

新中国成立后，社会主义中国坚持在平等互利的基础上发展与各国的经济关系。

党的十一届三中全会以后，实行改革开放，确立了主动打开国门搞建设的基本国策，实现了从封闭半封闭到全方位开放的伟大历史转折。

党的十八大以来，以习近平同志为核心的党中央洞察世界大势，确立开放发展新理念，提出构建人类命运共同体伟大构想，坚定不移坚持并深化互利共赢的开放战略。

二、经济全球化背景下的中国对外经济关系

经过40多年的对外开放实践，多层次、全方位的对外经济关系格局已经初步形成。

第一，中国与发达国家的经济交往。

参与经济全球化、发展对外经济关系，需要建立并加强同美国、欧洲、日本等发达国家之间的经济往来。通过与美、欧、日等发达国家发展经贸关系，中国经济获得了广阔的海外产品市场，加快了国内产业的成长和升级，推动了社会主义市场经济体制的完善。

具体来看，美、欧、日等发达国家为外向型经济提供了广阔的海外市场，有力拉动了中国经济增长的步伐。美、欧、日等发达国家资金与技术的引入，加快了我国制造业的成长速度，有利于中国产业在世界分工体系中的升级。美、欧、日等发达国家在市场经济管理和制度建设方面有一些值得我们学习的经验，有利于中国相关制度的完善。同时，在与发达国家发展经济关系时，必须正视利益分歧与冲突，通过建立有效的国际协调机制，谋求互利共赢、共同发展。

第二，中国与东盟、韩国、俄罗斯等周边国家的经济交往。

发达国家对经济全球化的主导与统治，使得中国在国际经济交往和国际经济规则制定中处于弱势地位，加强与东盟、韩国、俄罗斯等周边国家的经济关系，推进与这些国家间的区域合作，能够提高中国在国际多边经济交往中的地位，分散参与经济全球化的风险，扩大对外经贸活动的范围与深度。

20世纪90年代以来，中国与东盟、韩国、俄罗斯等周边国家的经贸往来开始逐渐活跃，有力推动了中国外向型经济增长的发展。中国在发展与这些国家的经济关系时，就当着眼大局，在区域性合作框架下，通过区域性国际经济关系协调机制，求同存异，互利合作，实现共同发展。

第三，中国与拉美、非洲等发展中国家的经济交往。

对外开放以来，中国与拉美、非洲等发展中国家的经贸往来出现了比较迅速的发展，双边贸易规模持续扩大，中国在这些国家的直接投资不断增加，双方在一系列重大国际经济问题上的合作日益加强。未来的发展空间非常广阔，双方应该从建立国际经济新秩序的高度处理双边经济关系，建立各种双边协调机制，增进经济合作，为世界经济的稳定与发展作出贡献。

三、对外开放条件下保障国家经济安全

随着经济领域对外开放的不断深入，中国经济融入全球化的程度不断加深，世界经济对中国经济发展的影响也越来越大。发达国家对全球经济格局和经济秩序的主导，使得中国面临越来越多的外部经济挑战。从对外经济关系的角度看，国家经济安全主要包括国家的经济主权不受外来干涉和威胁，在国际经济交往中具有自主性和竞争力，抵御外部经济冲击，避免引发危机。

开放条件下中国的国家经济安全主要面临以下五个方面的风险：

第一，产业安全风险。

第二，战略物资供应和重要基础设施老化风险。

第三，金融风险。

第四，生态环境风险。

第五，海外利益安全风险。

四、开放条件下维护国家经济安全的主要措施

从根本上说，国家经济安全取决于国民经济自身的稳定与增长能力，只有通过持续、稳定的经济发展，才能增强化解经济全球化带来的各种经济风险的能力。针对经济全球化条件下可能出现的国际风险，维护中国的国家经济安全可主要采取以下措施：

第一，完善金融市场监管，防范金融风险。

第二，加强对外资的监管。

第三，建立国家经济安全预警机制。

第四，积极参与国际经济安全合作。

第五，保护涉及国民经济和产业发展的核心知识技术与经济信息的安全。

第六，保护关系国计民生的重大经济资源的安全。

2008 年，由美国次级抵押贷款危机引发的国际金融危机爆发，对世界经济造成了严重冲击，对中国的经济也造成了严重影响。在这场危机中，中国政府积极应对、政策明确、措施有力，成功保持了经济平衡较快发展，有力维护了国家经济安全。

这次的国际金融危机的影响是多方面的，给中国经济发展和经济安全带来一系列新的挑战。一是国际上的贸易保护主义有所抬头。为了摆脱国际金融危机导致的国内政治和经济等压力，许多国家采取各种隐形的保护主义或变相的保护主义，大量出台保护本国经济的措施，这给增长高度依赖国际市场、对外贸易顺差偏大的中国经济造成了压力。二是科学技术竞争更趋激烈。中国只有不断提高经济发展技术含量，增强企业自主创新能力，才能在国际竞争中居于主动地位。三是全球产业链的优化重组步伐加快。这一方面对中国吸引外国投资、扩大全球制造业中心、加快服务业发展带来了难得的发展机遇；另一方面，随着我国经济发展水平和企业工资水平的提

高,在国际竞争中一些原来我们具备的优势可能丧失;全球产业链的优化重组将给我们带来新的挑战。四是金融安全问题更加凸显。要求国家进一步增强金融安全意识,完善金融监管体系,规范金融市场秩序,防范和化解金融风险,促进金融领域健康发展。五是应对气候变化的任务艰巨。中国经济总量在世界上的份额与中国资源消耗总量在世界上的份额不相适应,单位国内生产总值能耗明显高于发达国家和世界平均水平。在大量消费资源的同时,污染排放和温室气体效应问题日益严重,成为制约中国经济发展的重要"瓶颈",也使中国发展面临很大的国际压力。

第二部分 案 例

案例一

［案例名称］ 中美争端与逆全球化

［案例适用］ 经济全球化的挫折与问题、逆全球化

［案例来源］ (1) 何洁. 逆全球化背景下中美制成品贸易摩擦的原因及经济效应研究. 兰州:西北师范大学.

(2) 刘佳杰. 逆全球化的马克思主义政治经济学分析. 武汉:湖北大学.

(3) "逆全球化"百度百科 http://www.mofcom.gov.cn/aarticle/jiguanzx/202104/20210403053336.html(访问时间 2021/12/12 10:30).

21世纪以来,经济全球化进程发展如火如荼,劳动、资本、土地、技术等要素在全世界范围内的流动加快,规避贸易壁垒、减少关税负担在一定程度上已经成为国家间的共同利益诉求与世界人民的共同愿望。在这样的背景下,双边、多边的贸易协定,政府、非政府性质的经济合作组织不断签订与产生,各国之间的经济联系程度加深。然而,随着经济全球化发展进入纵深阶段,在其推进过程中也暴露出一些问题,例如利益分配不均、贫富差距加大等,使得共同利益遭到挑战与动摇,衍生出了"逆全球化"思潮。

所谓"逆全球化",即与全球化进程背道而驰,重新赋权于地方和国家层面的思潮,曾经的"地球村"的观念在一些国家正在被贸易保护、边境修墙、控制移民等思潮掩盖,美国是现阶段国际社会倒向"逆全球化"的一个代表国家。2008年,由美国爆发的次贷危机引起了金融危机,波及全球。美国的经济受到很大的影响,给美国中产阶级和工人阶级带来了利益的损失。从2008年到现在,美国政府一直以"雇美国人,用美国货"的理由公然推动贸易保护主义政策,前任总统特朗普在竞选时开始迎合利益受损的部分群众,将利益的损失归结于全球化的过程,并承诺在经济建设上,要重

振国家经济、创造就业机会；在对待移民的问题上，修改当前的移民政策，提出修建美国和墨西哥边界墙，遣返非法移民等。在贸易方面，特朗普提出构建贸易壁垒，对进口商品开始征收高额的关税，重建美国本土的供应链。美国是世贸组织、G20 等机制平台的重要创建者和领导者，美国国内政局变化深刻影响着国际秩序的发展和走向。特朗普政府上台后奉行“美国优先”执政理念，推行“自由、公平和对等”的贸易政策，采取了逆全球化的政策。那么为何美国政府采取“逆全球化”时，将矛头对准了中国呢？

从贸易逆差、本国制造业发展、国家战略等方面分析，不难看出美国为何在推行“逆全球化”战略时，首先对中国采取相应措施。在美对华贸易方面，中美建交时美国是顺差国，1983 年开始，美国一直处于逆差，而且逆差额度越来越大，从 1983 年的 3.14 亿美元增长到 2018 年的 4427.23 亿美元。到 2020 年，中美货物贸易额为 5601 亿美元，同比上升 0.4%，占美货物贸易总额的 14.9%。其中，美自华进口额为 4354.5 亿美元，同比下降 3.6%，占美进口总额的 18.6%；对华出口额为 1246.5 亿美元，同比上升 17.1%，占美出口总额的 8.7%。可以看出，自特朗普政府上台，美国进一步将“逆全球化”付诸行动以来，中美贸易中美国的不利地位是促使美国针对中国的重要动因。另外，前文已经提到自 2008 年金融危机以来，美国本土的制造业受到了很大的影响，中产阶级的利益受损。特朗普政府在上台时承诺“重回本土”，改善中产阶级的状况，而要达成这一目的，就必须从中国“下手”，因为中国的工业制成品在美国政府看来，是美国制造业发展的重大威胁，中国的制造业蓬勃发展，更是挤占了美国制造业从业人员的生存空间。从国家战略的层面考量，美国更是将中国视为发展道路上的“绊脚石”，渲染所谓的“中国威胁论”，对中国可谓是敌意满满。2017 年 12 月 19 日特朗普政府公布的首份国家安全战略报告中，明确将中国定义为“战略竞争者”，而此前美国政府对中国的定位是“战略竞争与合作伙伴”。拜登政府上台以后，虽然在某些场合对华态度看似缓和，但也只是场合不同，其真正的对华态度从根本上来看，依旧是忌惮、提防中国的发展。中国持续的高增长特别是中国成为世界第二大经济体，这引起了美国的担忧，美国担心中国会挑战美国的霸主地位，也担心中美会陷入“修昔底德陷阱”。在吸引投资、科研投入、企业发展、国际影响力等方面，中美之间的差距也在逐渐缩小，这不得不引起美国的高度重视和警惕，具体体现为在贸易中将“逆全球化”的矛头对准中国。

2017 年 8 月 18 日，美国正式对中国发起“301 调查”，2018 年 3 月 22 日特朗普签署总统备忘录，宣布基于对中国发起的“301 调查”对从中国进口的约 600 亿美元商品加征关税，拉开了中美贸易摩擦的序幕。贸易摩擦以四次关税加征为主要表现。

第一次关税加征，美国对中国 340 亿美元商品加征 25% 关税，中国反击。2018 年 6 月 15 日，特朗普政府正式批准了对自中国进口的 1102 种、价值 500 亿美元的产品征收 25%的关税，分两组加征。第一组，对 818 种、价值 340 亿美元的产品征收 25%的关税，2018 年 7 月 6 日开始实施。第二组，对价值 160 亿美元的产品的征税时间待定。这500亿美元清单涉及航天航空、信息和通信技术、机器人、机械制造、制造等行业,目标直指"中国制造 2025"的10大领域。2018年6月16日,中国国务院关税税则委员会决定对中国进口自原产于美国、价值约340亿美元的大豆等农产品、汽车、水产品等进口商品征收25%关税。该措施从2018年7月6日开始生效。此次双方加征关税均于2018年北京时间7月6日12:01开始生效并实施。

第二次关税加征,美国对中国160亿美元商品加征25%关税,中国反击。2018年8月8日,美国贸易代表办公室公布了第二批自中国进口商品加征关税的清单,对此160亿美元商品征收25%关税,2018年8月23日开始生效。2018年8月8日,中国国务院关税税则委员会决定对《国务院关税税则委员会关于对原产于美国500亿美元进口商品加征关税的公告》中对美加征关税商品清单二做适当调整后,对此商品征收25%关税,于北京时间2018年8月23日12:01分起实施。此次双方加征关税均于2018年北京时间8月23日12:01开始生效并实施。

第三次关税加征,美国对中国2000亿美元商品加征10%关税,中国反击。2018年9月18日,美国总统特朗普宣布自中国进口的2000亿美元商品加征关税。2018年9月24日开始实施,关税税率为10%,2019年1月1日关税税率提高到25%。中国决定对进口自美国的600亿美元的商品加征10%或5%的关税,于2018年9月24日12:01分实施。此次双方加征关税均于2018年北京时间9月18日12:01开始生效并实施。美国2019年1月1日将自中国进口的2000亿美元的商品关税提升至25%最终推迟。

第四次关税加征,美国将对中国2000亿美元商品的关税由加10%上调至加征25%,并对剩下的3000亿美元商品加征关税。2019年5月10日,美国将原定于2019年1月1日实施的、关税税率从10%提升至25%的2000亿美元商品的税率正式上调。2019年5月13日,中国对自美国进口的600亿美元的商品分别征收25%、20%、10%、5%的关税。2019年9月1日,美国对自中国进口的3000亿美元A清单商品开始征收15%关税。美国对中国进口商品加征关税由升转降。2020年1月15日,中美签署中美贸易摩擦第一阶段协议。美国对2019年实施的、自中国进口的3000亿美元A清单商品的关税由15%降为7.5%,对原定于2019年12月15日实施的、自中国进口的3000亿美元B清单商品暂停加征关税。拜登政府上台后,中美争端依然以各种形式上演,拜登政府的对华态度依旧保持着战略竞争的姿态,中美两国在美国推行"逆全球化"的背景下将走向何方,对两国和世界发展都具有重要影响。

[案例评析]

从2017—2020年,美国不断倒行逆施,相继退出了TPP、《巴黎协定》和全球移民协议等国际或区域协定,实施边境调节税等带有贸易保护主义色彩的措施,并挑起中美贸易争端,将"逆全球化"的矛头对准中国。值得注意的是,"逆全球化"浪潮下的中美争端对于中国的影响,已经不仅局限于贸易领域,而更多地向核心技术领域拓展，甚至威胁到国家的战略安全。从开出24亿美元罚单制裁中兴，到直接通过阻止商业交易、游说盟友打压、断供核心技术芯片等手段扼住华为发展的“咽喉”，美国政府已经用实际行动向中国证明了自身的“逆全球化”立场。中国政府和企业面对这样的严峻形势，也有必要采取相应的措施，妥善应对美国的制裁压力，坚定经济全球化立场，在复杂的国际形势下求得自身的生存发展。

其一，开放的大门不应该因遭遇打压而关闭，相反应该越开越大，坚定不移地向世界展示中国开放的决心。无论是贸易摩擦还是科技制裁，我们的关注点都不能是“恋战”，要避免在美国的引导下陷入“冷战思维”“零和博弈”的陷阱，从而把战略重点放在与美国一国的斗争之中。从国家战略的层面审视，中美争端的扩大对于我国来说弊端显然，会耽误目前发展的战略机遇期。我国之所以会在美国挑起的“主动争端”中在核心技术上被“卡脖子”，就是因为现阶段在科技领域，尤其是光电、信息等前沿分支，依然和美国有着较大的差距。中美争端带给我们的，应该是一种警示与告诫：我们需要尽快加强自身的研发能力，加快推进科技成果转化与核心技术应用，以在国际竞争中不受制于人，将发展与把握机遇的主动权把握在自己手中。

其二，对于与美国的争端，在站稳立场、明确底线的前提下，需要争取贸易摩擦以及一些衍生争端的妥善解决。本次中美争端从2017年开始，已经历时4年之久，期间又融合了全球性的新冠肺炎疫情，具有较大的不确定性，放任其发展会对中国造成更大的损失。如果中国将战略重点始终放在与美国在国际上“争个高下”，反而是使得美国遏制中国发展的狼子野心得逞，这样的长期消耗对于我国来说也是得不偿失的。可以看到，我国在本次贸易及衍生争端中采取的措施较为强硬，不仅在美国做出贸易制裁时及时给予反制措施，在美国转向科技制裁时动用政府资源与力量保护中国本土民营企业，更是利用WTO框架下的协调机制尝试解决贸易争端，这些直面挑战、维护本国利益的做法值得称赞，打击了美国的嚣张气焰。下一步，我们应当继续秉持寻求解决争端的态度，不断采取多元化的贸易机制，坚定推进经济全球化，“刚”“柔”并济，合理接招。

其三，提高国际影响力和国际地位依然是中国不懈追求的目标。贸易争端、科技较量，这些都是中美争端的外化表现，隐藏在其背后的还是中美战略的博弈与国际影响力的较量。近年来，因为“一带一路”“人类命运共同体”等前瞻性建议的提出，我国在国际社会上的声誉与影响力不断得到提高，在各个领域也逐渐从“幕后”走向“台前”，扮演着越来越重要的角色。越来越多的世界国家愿意走近中国、了解中国，和这个负责任的东方大国打交道、谈合作。也正是因为如此，我国的发展才会遭到美国的忌惮，从经济效益、政治战略的角度遭到美国的制裁与打压。面对压力，致力于外交“朋友圈”的扩大和国际地位的提高是我们最好的选择，在兼顾国内长足发展、内部资源利用的同时，调节利用国内国际两个市场、两种资源，提高防范和化解重大风险的能力，是较长时期内稳定经济发展、保持贸易常态化的关键一着。

总而言之，面对争端的中国，依然是那个保有发展定力和雄厚实力的中国，一时的挫折给了我们提醒，但动摇不了我们的决心与意志。兵来将挡，水来土掩，中国将以全球化推进者的姿态，用开放的决心和行动加强与世界的合作，妥善解决中美争端。

[引导讨论题]

(1) 经济全球化与“逆全球化”哪个才是未来世界经济发展的主体方向？

(2) 中国能从美国采取的“逆全球化”政策下的中美争端中获得什么样的启示？

第十七章　经济全球化和国际经济治理

第一部分　本章内容导读

第一节　经济全球化的形成与发展

一、经济全球化的含义与表现

经济全球化是当今世界经济发展的客观趋势，同时也是资本主义社会化大生产不断发展的必然结果。经济全球化是在国际分工的基础上，资本、技术、劳动力、信息等各类生产要素通过在全球范围内的大规模流动和配置，推动各国经济更加紧密地相互联系的过程。经济全球化反映了社会化大生产不断发展和生产力特别是科学技术发展到较高水平的客观要求。

经济全球化主要体现在三个方面：贸易全球化、生产全球化、金融全球化。

第一，贸易全球化。

贸易全球化，是商品和服务在全球范围内的自由流动。20世纪80年代以来，国际贸易迅速发展，呈现出明显的全球化趋势。

贸易全球化首先表现为国际贸易在世界经济中所占的比重不断提高。其次，国际贸易的产品各类不断扩大，服务贸易在国际贸易中所占的比重不断提高。最后，国际贸易的地区结构发生著变化。发达国家之间发展迅猛，新兴经济体在国际贸易中的地位不断加强，区域集团内部的多边贸易呈现出快速发展的态势。

在经济全球化进程中，国际分工体系进一步深化，资本与生产的国际化程度大大提高，从根本上推动了贸易全球化的发展。

第二，生产全球化。

生产全球化是企业的生产过程超越了国界，在全球范围内分工协作，利用各国生产要素优势进行生产活动的趋势。国际分工的发展是生产全球化的基础。垂直型国际分工体系是指经济发展水平相差悬殊的国家，各国发展具有比较优势的主导产业，通过国际贸易连接而成的国际分工体系。水平型国际分工体系是指经济发展水平相同或相近的国家之间，通过国际分工协作的方式最终完成产品生产的模式。在垂直型国际分工体系不断细化发展的同时，由跨国公司推动的水平型国际分工模式也越来越普遍，生产全球化的趋势日益明显。

一方面,生产全球化实现了生产要素的优化组合,提高了生产社会化的程度,推动了生产力的发展。但另一方面,发达国家垄断资本主义主导着生产全球化,追逐垄断利润的动机驱使它们建立符合其特殊利益的国际分工体系,由此引发了许多新的世界经济问题。因此,发展中国家在参与生产全球化过程中,应该根据本国国情独立自主地选择有效的经济管理政策和产业发展政策,这对于国民经济发展具有至关重要的意义。

第三,金融全球化。

金融全球化是金融资本在世界各国、各地区自由流动,从而使全球金融市场日趋开放、金融体系日益融合的过程。金融全球化的发展是以全球范围的资本流动为先导的。20 世纪 80 年代以后,许多新兴经济体相继采取了引入外资发展经济的政策,这进一步推动了资本流动的全球化程度。

随着资本跨国流动性的提高,世界各金融市场迅速发展起来,相互间的关联日益加强。金融全球化趋势的形成,对世界经济的发展产生了深远的影响。一方面,金融全球化提高了金融市场的效率,带动了国际投融资活动的发展,改善了生产要素的世界范围内的配置效率。另一方面,金融全球化也给世界各国的经济发展带来诸多新风险。1997 年爆发的亚洲金融危机和 2008 年爆发的国际金融危机,充分显现了金融全球化的巨大风险。

总之,经济全球化是生产力与生产关系在全球范围矛盾运动的过程。从生产力的角度看,经济全球化是社会生产力发展的客观要求和必然结果。从生产关系的角度看,历史上出现的经济全球化是资本全球扩张所引发的一种全球经济现象。

二、经济全球化的进程

早在 1848 年,马克思、恩格斯在《共产党宣言》中就描述了当时社会生产在全球扩张的情景:不断扩大产品销路的需要,驱使资产阶级奔走于全球各地。它必须到处落户,到处开发,到处建立联系,使得过去那种地方的和民族的自给自足和闭关自守状态,被各民族的各方面的互相往来和各方面的相互依赖所代替了,从而使一切国家的生产和消费都成为世界性的了。18 世纪 60 年代第一次产业革命以来,特别是 19 世纪 60 年代到 20 世纪初的第二次产业革命以来,以机器大工业为基础的国际分工体系逐渐建立,国际贸易不断增长,世界市场体系逐步形成。20 世纪 80 年代后,以信息技术为代表的新的科技革命推动了生产力的迅速发展,从而也推动了经济全球化的迅速兴起和发展。信息技术革命的成果不断被应用于经济领域,企业生产的组织成本和市场的交易成本大大降低,全球范围内配置生产要素的效率也随之大幅度提高,最终推动了贸易全球化、生产全球化和金融全球化。归根到底,经济全球化是现代社会化大生产在国际范围内的扩展和延伸。

总体上看,经济全球化有利于人类社会生产力的发展,使世界范围内的各类生产要素得到更加高效的利用和更为合理的配置。但是也必须认识到,经济全球化是在西方发达国家主导下推进的，它们在制定经济全球化规则上处于主导地位，不公正、不合理的国际政治经济秩序制约着发展中国家的发展。中国的发展离不开世界，世界的发展也需要中国。我们要全面把握经济全球化带来的机遇和挑战，积极拓展经济发展的外部空间，在更大范围、更广领域、更高层次上参与国际经济合作和竞争，提升我国在重大国际经济问题上的话语权和影响力，推动经济全球化朝着均衡、普惠、共赢方向发展。

三、经济全球化的影响

第一，经济全球化对发达国家的影响。

发达国家仍然是经济全球化的主导者，也是国际经济、贸易与金融规则的主要制定者。发达国家进行国际资本输出的主要形式是以跨国公司为母体在海外投资设厂，来缓解其国内普遍面临的生产与资本过剩问题，资本输出地的廉价原材料和劳动力使这些垄断资本获取了丰厚利润。通过经济全球化，主要发达国家的产业重心已经从传统制造业转移到高新技术产业、金融服务业等。发达国家在经济全球化过程中获得了较大利益，但也面临着新的风险与挑战，特别是新兴经济体的后发优势使发达国家面临新的竞争。

第二，经济全球化对发展中国家的影响。

通过参与经济全球化，发展中国家在一定程度上改善了经济发展在资金、技术和管理上的瓶颈，得以扩大对外贸易规模，来自世界市场的需求在一定程度上推动了发展中国家的经济发展。新兴经济体中劳动密集型工业部门的快速成长，在一定程度上可以归因于经济全球化进程中的产业梯度转移。

但是，由于经济全球化是由发达国家主导的，所以，发展中国家在经济全球化过程中充满风险和挑战。一个主要的风险是资本国际流动的冲击。另外，发展中国家在世界分工体系中处于产业链下游和低端，日益激励的国际竞争加大了发展中国家面临的市场风险。在出现全球性经济波动时，发展中国家的经济将会蒙受更大的损失。

第二节　经济全球化的发展趋势

一、经济全球化面临的新形势

第一，世界经济处于新旧动能转换的关键期。人类文明的每一次飞跃，都带来社会生产力的大发展，同时也伴随着蜕变的阵痛。

第二，国际格局和力量对比加速演变。美国等传统西方国家经济社会发展陷入低迷，新兴国家和发展中国家群体性崛起，国际力量对比发生近代以来最具革命性的变化，推动全球治理体系出现深刻变革，西方垄断国际事务的局面难以为继，新兴市场国家和发展中国家的国际地位和话语权不断提升。

第三,新冠肺炎疫情全球大流行使大变局加速变化。疫情使世界陷入第二次世界大战以来最严重的经济衰退,强化了部分国家的内顾倾向,意识形态领域斗争更趋激励。

二、逆全球化的出现

2008 年国际金融危机以来出现的单边主义、保护主义、逆全球化倾向,反映了资本主义主导的经济全球化进程的不足,以及目前全球经济环境变化所具有的必然性。

第一,资本主义主导的特殊性质决定了经济全球化必然是不充分、不平衡、不包容的发展。

第二,保护主义不仅是逆全球化的重要标志和内容,也是推动逆全球化深化的重要力量。

第三,逆全球化破坏国际经济秩序,冲击全球价值链和国际分工体系,给世界经济发展和稳定运行带来了各种不确定性风险。

三、引导和推动经济全球化健康发展

“无论前途是晴是雨,携手合作、互利共赢是唯一正确选择。这既是经济规律使然,也符合人类社会发展的历史逻辑。”(习近平:《登高望远,牢牢把握世界经济正确方向——在二十国集团领导人峰会第一阶段会议上的发言》,《人民日报》,2018 年 12 月 1 日)从总体上看,经济全球化为世界经济增长提供了强劲动力,促进了商品和资本流动、科技和文明进步、各国人民交往,符合各国共同利益。

具体来说,需要从以下几个方面来引导和推动经济全球化健康发展:

第一,坚持开放发展理念,拓展经济全球化的新空间。

第二,坚持创新发展理念,培育经济全球化的新动力。

第三,坚持协调发展理念,推动经济全球化有序进行。

第四,坚持共享发展理念,夯实经济全球化的共赢基础。

第五,坚持联动发展理念,扎实经济全球化的合作基础。

第三节　全球经济治理与国际经济秩序

一、国际经济关系

国家间的经济关系包括三个层面:

第一,发达国家之间的经济关系。

经济全球化加速发展以来,为了在全球推行有利于垄断资本利益的世界分工和贸易体系,发达国家在世界经济中表现出相应的合作立场,通过各种国际经济组织及

国际经济协调机制，实施相对一致的对外经济政策。但同时，经济全球化也带来了生产要素的快速流动和重新配置，发达国家间的经济实力格局因此也发生了变化。各国为了维护自身利益、扩大新增利益，在世界经济的各个层面展开了日趋激烈的竞争。

在国际贸易领域，美、欧、日之间的矛盾斗争此起彼伏，贸易摩擦接连不断。在国际投资领域，发达国家之间的矛盾和冲突十分尖锐。

第二，发达国家与发展中国家之间的经济关系。

随着经济全球化的发展，发达国家与发展中国家之间的经济联系不断加强，表现出高度的互补性，相互依赖程度不断加深。但是，由于绝大多数发展中国家在殖民时代遗留下来的畸形的经济结构和贫穷落后的状况没有根本改变，在经济上发展中国家仍普遍依附于发达国家。对发展中国家来说，摆脱发达国家的控制，最根本的途径是自身的发展和强大，这是制约发达国家经济控制的根本保证。

第三，发展中国家之间的经济关系。

发展中国家之间的经济关系是在各发展中国家共同寻求发展，共同寻求摆脱发达国家的控制和剥削，解决相同或相近的发展难题过程中逐步形成和发展起来的。中国作为最大的发展中国家，从新中国成立开始就无私援助广大发展中国家，推动开展各种形式的南南合作。在中国的大力推动和广大发展中国家的不懈努力下，发展中国家之间的经济合作呈现蓬勃发展的良好态势。一是共同推进建立公正合理的国际经济新秩序；二是加强区域合作特别是南南合作；三是促进发展中国家内部的产业转移。发展中国家之间的紧密合作，为推动形成公正合理的国际经济政治新秩序奠定了良好基础，为推动世界政治多极化的深入发展奠定了良好基础。

二、全球经济治理

全球经济治理，是指国家和非国家行为体按照一系列的国际制度和国际规则对全球或跨国经济领域内的共同问题进行协调和管理的过程。

第二次世界大战结束以来，全球经济治理主要经历了三个发展阶段：

第一阶段，布雷顿森林体系的成立是全球经济治理开始运行的标志。全球汇率合作和贸易合作是这一阶段全球经济治理的主要内容。

第二阶段，开始于 1975 年，其标志性特征是七国集团的诞生。全球经济治理的内容扩展到了发达国家之间的宏观经济合作。

第三阶段，20 世纪 90 年代后期成立的二十国集团非正式部长级会议机制，表明全球治理模式从发达国家之间的合作转向发达国家和新兴市场国家之间的合作。

全球经济治理的形式包括三类：正式的、全球多边的国际规则和制度性的安排；非正式的、部分国家参与的国家集团机制；地区性或区域性的规则和制度性安排。

全球经济治理的重点是：全球金融治理、全球贸易和投资治理、全球能源治理、全球发展治理。

当前,中国正在积极参与全球经济治理体系改革,主要包括:推动完善更加公正合理的全球经济治理体系,要坚持共商、共建、共享的原则;坚持多边主义,推动形成更加有效的多边机制、更加积极的区域合作;推动新兴领域经济治理规则制定;构建面向全球的高标准自由贸易区网络。

三、建立国际经济新秩序

国际经济秩序是在世界范围内围绕国际经济关系所确立的一系列国际行为规则和制度的总和。

在当前的国际经济秩序中,发达国家与发展中国家处于不对等的地位。发达国家在国际贸易和金融领域处于优势地位,成为经济全球化的主要受益者;发展中国家处于劣势地位,与发达国家间的经济差距不断扩大。现存的国际经济秩序严重阻碍着发展中国家的经济和社会发展,是一种不公正、不合理的国际经济秩序。长期以来,广大发展中国家一直致力于改变这种不公正、不合理的国际经济秩序,致力于建立国际经济新秩序。

中国对于建立国际经济新秩序的主张:

第一,新型国际关系是国际经济新秩序建立的基础。

第二,新型全球经济治理观推动国际经济秩序的变革。

第三,稳步有序地推进国际组织的变革,使之成为构建国际经济新秩序的有效平台。

第二部分 案 例

案例一

[案例名称] 《区域全面经济伙伴关系协定》(RCEP)简介与意义

[案例适用] 经济全球化的表现、意义;国际经济新秩序

[案例来源] (1)“区域全面经济伙伴关系协定”百度百科人民网. RCEP明年生效 专家:中国入世以来又一次全局性开放 https://baijiahao.baidu.com/s?id=1715642031649591509&wfr=spider&for=pc(访问时间2021/11/5 19:54).

(2)吴昊,于昕田.RCEP签署后的东亚区域合作未来方向.东北亚论坛,2021,30(06).

(3)张爽.我国电工装备企业利用“一带一路”、RCEP窗口期走出去.《电器工业》,2021-10-05.

一、协定简介

《区域全面经济伙伴关系协定》(RCEP)是2012年由东盟发起,历时8年,由包括中国、日本、韩国、澳大利亚、新西兰和东盟10国共15方成员制定的协定。

2020年11月15日,第四次区域全面经济伙伴关系协定(RCEP)领导人会议以视频方式举行,会后东盟10国和中国、日本、韩国、澳大利亚、新西兰共15个亚太国家正式签署了《区域全面经济伙伴关系协定》(Regional Comprehensive Economic Partnership,RCEP)。

《区域全面经济伙伴关系协定》的签署,标志着当前世界上人口最多、经贸规模最大、最具发展潜力的自由贸易区正式启航。

2021年3月8日,商务部部长王文涛在全国两会第二场"部长通道"上表示,中国政府已正式核定该协定。3月22日,商务部国际司负责人表示,中国已经完成区域全面经济伙伴关系协定也就是RCEP协定的核准,成为率先批准协定的国家。此外,泰国也已经批准协定。RCEP所有成员国均表示,将在年底前批准协定,推动协定于2022年1月1日生效。4月15日,中国向东盟秘书长正式交存《区域全面经济伙伴关系协定》(RCEP)核准书。

中国正加速推进区域全面经济伙伴关系协定(RCEP)落地实施。2021年2月3日召开的国务院常务会议指出,我国对协定涉及的701条约束性义务85%已做好履约准备,并对下一步如何抓住机遇、应对挑战作出部署。根据会议内容,有关部门正加快协定生效国内相关对接准备工作。协定司法审查、货物贸易关税减让承诺表转换方案制定已完成,原产地累积规则实施技术准备取得实质进展,对协定涉及的701条约束性义务中的85%已做好履行准备。

二、协定意义

1. 区域经济新发展,全球经济新动力

RCEP的生效,对我国加快构建"双循环"新发展格局,促进世界经济复苏具有积极意义。"RCEP是世界最大的自由贸易区,人口是CPTPP的四倍多,经济体量是目前CPTPP的近两倍。"对外经济贸易大学教授崔凡认为,RCEP的生效有助于区域价值链效率提升,并对世界经济的疫后复苏意义重大。

中国社会科学院世界经济与政治研究所助理研究员马盈盈表示,与其他巨型贸易协定相比,RCEP成员国之间经济发展水平差异较大,产业互补性强。RCEP的生效,意味着91%的商品关税将被取消,加之非关税壁垒的下降,服务、投资统一规则的建立,贸易投资便利化水平将大幅提升。

——人民网.《RCEP明年生效 专家:中国入世以来又一次全局性开放》

(访问时间2021/11/5 19:54)

为了全面落实RCEP的相关规定并在此基础上进一步推动东亚区域合作深入

发展，必须继续坚持东盟在东亚区域合作中的主导地位。考虑到东亚地区的特殊性，在深化RCEP等制度性区域合作的同时，仍需坚持开放的地区主义原则，积极探索东亚区域合作的新形式；需要积极推动RCEP框架下的经济技术合作，促进区域包容性发展。

第一，应该以RCEP框架为核心适度整合现有的东亚经济技术合作机制。RCEP框架下经济技术合作机制建设的重点，首先是将“10+3”经济技术合作拓展为“10+5”经济技术合作，将已经开展的“10+1”经济技术合作逐步纳入“10+5”框架，并将“10+1”和“10+3”经济技术合作机制转变为“10+5”经济技术合作的前期准备机制，即这两种合作机制重点不是落实经济技术合作项目，而是明确重点合作项目以及对相关合作项目实施情况进行初步评估。通过这种合作机制整合，资源利用的重复性必将大大减少，并且也更有能力推进重大项目合作。

第二，在重大基础设施建设方面积极推进“N+1”或者“N+N”的合作方式。为了尽可能消除在区域经济技术合作和海外重大建设项目方面的恶性竞争，中国首创了“第三方市场合作”的新模式，即将中国的优势产能和重大项目建设能力、发达国家的先进技术和广大发展中国家的发展需求有效对接，为第三国提供高质量、高性价比和更具竞争力的产品和服务，实现“三方共赢”和1+1+1>3的效果。

第三，RCEP框架下的经济技术合作应该重点支持具有重要社会发展意义的项目。东盟以“社会文化共同体”建设为引领，开展大量兼具经济与社会效益的合作项目，涵盖领域涉及跨境雾霾污染治理、生物多样性保护、传染性疾病防控、流动劳动力权利保护等。这些合作项目都具有非常大的社会效益，对推动区域可持续发展和包容性发展意义重大，应该成为RCEP框架下的经济技术合作重点领域。

第四，积极探索建立RCEP框架下的经济技术合作融资支持机制。RCEP框架下的经济技术合作既有规模较小、项目实施较为分散、社会效益较大的低收益项目，也有投资规模大、建设周期长、经济收益回报慢的风险较大项目。为此，在RCEP正式生效后，各缔约方应该加快协商建立经济技术合作的融资支持方案，探索建立RCEP经济技术合作基金，鼓励各缔约方政府、政策性金融机构、商业性金融机构以及各种类型国际金融机构自愿向该合作基金提供资金支持，或与该合作基金开展联合融资活动。

——吴昊，于昕田.《RCEP签署后的东亚区域合作未来方向》

2. 扩大企业市场，增添民生福祉

RCEP的生效，最直观的好处在于，让消费者能够买到更物美价廉的进口商品。尤其是我国首次与日本签署自贸协定，从日本进口的零关税商品比例，将从8%扩大至86%，更好满足国内消费者实际诉求。

马盈盈表示，RCEP在降低或取消关税和非关税壁垒中做出了各项承诺或要求，一方面，促使原有进口消费品价格下降；另一方面，促进各国新产品种类进入国内市场。

RCEP 的生效，企业也将以更低的成本进口重要设备、关键零部件、生产性服务，更好满足国内市场消费升级需求。

商务部研究院副院长崔卫杰表示，RCEP 生效后，对中国消费市场将提供更多全球优质商品和服务，释放国内消费升级需求，吸引境外消费回流，有效提升供给体系对国内需求的适配性，激活消费的巨大潜力。此外，RCEP 将有效促进区域内产业链和供应链融合，吸引更多外资企业机构和人才来中国发展，共同推进中国制造业转型升级。

“RCEP 的生效将促进中国消费市场更加繁荣，有利于我国装备制造业的整体发展。然而，在这一背景下，消费市场竞争更为激烈、制造业升级更加紧迫等挑战也不容忽视。”崔凡说。

——人民网.《RCEP 明年生效 专家：中国入世以来又一次全局性开放》

（访问时间 2021/11/5 22:36）

去年（2020 年），中国对 RCEP 成员国的出口规模达到了 7007 亿美元。我们吸引的外资有 10%来自于 RCEP 的成员国，RCEP 生效之后就意味着中国将近 30%的出口可以实现零关税的待遇。

RCEP 的成员国在发展水平、自然资源禀赋、经济结构等方面的差异非常大，RCEP 的多元化是一种优势。RCEP 可以解决从融资到原材料，从加工生产到销售的问题。这有利于将来 RCEP 区域产业升级与优化，不仅对 RCEP 地区，对整个世界经济都非常有利。关税的减让、统一的原产地规则和高效的便利化措施会促进区域内的产业链和供应链更加紧密的融合。当前，中国将迈入“十四五”发展时期，正在构建以国内大循环为主体、国内国际双循环相互促进的新发展格局，RCEP 将利好中国企业“走出去”参与国际竞争。

——张爽.《我国电工装备企业利用“一带一路”、RCEP 窗口期走出去》

3. 提高制造业质量，助力新发展格局

RCEP 是我国加入 WTO 以来又一次全局性开放，面对机遇和挑战，应持续加快技术创新、模式创新，灵活运用国内外两个市场、两种资源，加快构建“双循环”新发展格局。

“RCEP 是中国践行自贸区升级战略的第一个里程碑，随着中国申请加入 CPTPP、DEPA 等高标准协议的推进，中国的开放程度将不断提升，将更有利于创新型企业的成长。”崔凡认为。

更加开放的环境也将进一步助推数字经济的发展。马盈盈表示，RCEP 生效后，区域一体化会进一步提高数字经济带来的边际利益，为电子商务和数字经济的发展提高广阔的空间。

"RCEP 是我国入世以来又一次全局性开放,国内企业应积极吃透 RCEP 协定、用好 RCEP 协定,把握机遇。同时,企业也需树立风险意识和底线思维,增强转型升级的紧迫感,以技术水平和管理能力提升,迎接更大范围竞争带来的挑战。"崔卫杰说。

——人民网.《RCEP 明年生效 专家:中国入世以来又一次全局性开放》

(访问时间 2021/11/5 23:06)

RCEP 通过关税的减让、统一的原产地规则和高效的便利化措施,会促进区域内的产业链和供应链更加紧密的融合,强化成员之间的生产、分工、合作,也成为中国制造业迈向中高端一个重要的契机和有力抓手。如何促进中国制造业向中高端迈进,主要措施有以下四个方面。

一是充分利用 RCEP 生效,进一步构建国内国际双循环发展的格局。RCEP 的生效将促进 RCEP 区域各个国家的国际国内双循环的发展,中国也将积极参与这样一个进程,提升我们在国际国内两个市场配置资源的能力。特别是现在工信部正在开展中国制造业质量提升行动,我们将努力增品种、提品质、创品牌,我们将有更多更好中国制造的产品提供给成员国。所以无论是在服务贸易还是货物贸易的互动方面,空间都比较大,希望在这方面和成员国一起加快培育世界级的先进制造业产业集群,促进中国制造业向中高端迈进。

二是积极谋划中国和东盟产业链之间的互联互通。从中国来看,我们鼓励国内产业向研发设计、系统集成等高附加值环节升级,同时我们也会加强与东南亚国家在产业链垂直方面分工协作。东南亚国家产能具备的成本优势和我们中国制造业产业链配套的完备优势将得到优势互补。我们与东南亚国家在装备制造、纺织、服装、轻工等方面会有非常大的合作空间。

三是深化中、日、韩高端产业链供应链的合作。日本和韩国在中国出口比较多的是电器设备和电子信息等产品,其中,关键原材料、零部件都是中国提供的。中国稳定的国内市场、稳定的产业链供应链,非常有助于三国继续合作。同时中国、日本、韩国在电子信息、汽车领域方面还可以继续进行深度合作,也有利于推动形成中、日、韩优势互补的产业链格局,构建中、日、韩协同发展体系。

四是利用 RCEP 生效实施,进一步推动中国制造业高质量发展。利用 RCEP 生效的契机,带动中国的企业充分融入 RCEP 大市场,我们将以更加主动、更高水平的开放,推动中国制造业高质量发展。吸引更多外资高端制造业项目在中国落地,有更多外资企业机构和人才来中国发展,从而实现中国和成员国的企业互利共赢,共同发展。在技术创新、国际贸易、标准法规等领域继续开放合作,增强 15 个成员国共同发展的新动力。

——张爽.《我国电工装备企业利用"一带一路"、RCEP 窗口期走出去》

［案例评析］

RCEP 的签署，对于区域经济和世界经济的发展都有着较为重要的意义。在 RCEP 生效后，东亚地区的区域经济发展与经济合作将进入一个新的轨道，能够帮助东亚各国进行更具秩序性、规则性的贸易活动，逐步加强各国的贸易交流，提升区域的贸易合作质量，促进区域社会文化的共同发展。同时，RCEP 通过贸易合作框架的搭建，为国际贸易的整体复苏与发展作出了重大贡献，制度化、有序化的贸易过程，增强了世界经济的确定性因素，为世界其他地区、全世界的贸易市场与领域拓展提供了制度借鉴。贸易协定框架提供的是合作的制度保障，但同时我们也应该继续秉持开放的原则，结合东亚地区地域与社会文化特点，不断创新合作形式，用区域合作推进经济全球化进程。

RCEP 的制度框架确立经历了一段时间的缓冲与协调，各国之间由于国情、发展状况和一些历史原因，贸易利益也存在分歧与难以协调之处。然而伴随着疫情肆虐、数字经济长足发展等全球背景，各国可能会逐步强化共同的贸易利益，寻找到新的合作领域，不断求同存异，从而加强区域性与全球性的贸易活动。

贸易协定对于市场具有最为直接的影响，RCEP 也不例外，通过影响市场从而影响着企业的生产制造与人民群众的生活福祉。对于企业来说，贸易协定的签署、制度框架的打造带来的无疑是市场的扩大，生产要素的获取可能会更加便利，产品销路、生产规模也得到了一定的政策红利，得以拓宽和扩大。然而企业面对的也不全是利好，贸易圈的扩大除了意味着“朋友圈”的扩大，也意味着竞争的加剧和同质化的风险，这使得企业不得不考虑如何突出特色、如何留住市场份额，以及如何把握国内与国际市场的关系。对于民众来说，RCEP 带来的是诉求的进一步满足。目前我国的主要矛盾已经转化为人民日益增长的美好生活需要与不平衡、不充分的发展之间的矛盾，新的贸易协定与关税减让，拓展的是消费者可获取的消费品的种类和质量，提高的是其生活的幸福感与消费满足。

在明晰自身在新的贸易协定框架下的竞争环境后，企业必然会本着求生存、谋发展的本能，不断打磨产品。我国是一个制造业大国，拥有着较为完整的制造业产业链，但也同时面临着制造业“大而不强”的困境，在从“大国”走向“强国”的道路上屡遇瓶颈。在东亚地区，我国可以依托 RCEP 更为广泛的利用资本、技术、人才等制造业迈向中高端迫切需要的要素，也需要通过制造业的合作突出优势，补齐短板。针对东盟产业链，我国具有较为完备的制造业基础，可以利用地区的土地、劳动力等成本差异，形成跨区域的生产链条，提高轻工业（如食品、纺织等）的竞争力；针对日、韩产业链，我国可以充分采他人之长，尝试通过贸易协定加强中高端产业链合作，不断完善自身的制造业发展模式，推动高端产业的活力迸发与创新。由此，市场开拓、模式创新真正得以落地，我国对于资源的调配能力、防范与化解重大风险的能力自然得到提高。

RCEP 的签署，是通过区域贸易合作助力经济全球化的一个典型，中国对于此协定的积极协调和推进，无疑释放出支持合作、支持互联互通的贸易政策立场。同时，贸易协定的签署对市场、产业政策、产业质量等产生深远影响，是机遇也是挑战。

[引导讨论题]

（1）RCEP 的签署对于中国企业的市场利大于弊还是弊大于利？企业应该如何应对同时存在的市场扩大与市场被抢占的可能性？

（2）贸易协定框架内各国的贸易利益不尽相同，RCEP 的发展如何协调不同的贸易利益关系？

第十八章　共建“一带一路”与推动共建人类命运共同体

第一部分　本章内容导读

第一节　共建“一带一路”

一、“一带一路”建设的缘起与发展

2013 年秋，习近平在哈萨克斯坦和印度尼西亚访问时分别提出共建丝绸之路经济带和 21 世纪“海上丝绸之路”，即“一带一路”倡议。

2014 年，中共中央、国务院对推进“一带一路”建设工作作出全面部署。就在同一年，习近平指明了“一带一路”建设的方向和路径，推动共建“一带一路”进入务实合作阶段。

2015 年，中国发布《推动共建丝绸之路经济带和 21 世纪海上丝绸之路的愿景与行动》。2016 年，亚洲基础设施投资银行宣告成立。

2017 年，首届“一带一路”国际合作高峰论坛在北京召开，各国进一步凝聚了共建“一带一路” 国际共识。

2019 年，第二届“一带一路”国际合作高峰论坛召开，标志着“一带一路”建设进入高质量发展阶段。

二、共建“一带一路”的意义

首先，“一带一路”建设能够同沿线国家分享中国发展机遇，有利于形成更加有利的外部发展环境。其次，共建“一带一路”能够紧紧抓住发展这个最大公约数，造福沿线各国人民。最后，共建“一带一路”秉承和平合作、开放包容、互学互鉴、互利共赢的丝路精神，倡导共商共建共享的全球治理观，构建全球互联互通伙伴关系，打造国际合作新平台。

共建“一带一路”不仅是经济合作，而且是完善全球发展模式和全球治理、推进经济全球化健康发展的重要途径。

三、共建“一带一路”的主要内容

第一，政策沟通。这是“一带一路”建设的首要前提，为务实合作提供政策支持。

第二，设施联通。这是“一带一路”建设的优先领域，形成连接沿线国家之间的基础设施网络。

第三，贸易畅通。这是“一带一路”建设的重点内容，共同商建兼容的贸易合作体系。

第四，资金融通。这是“一带一路”建设的关键动力，通过推动亚洲货币稳定体系、投融资体系和信用评价体系建设，提供足够的资金保障。

第五，民心相通。这是“一带一路”建设的社会根基，通过广泛开展人文交流，加强沿线各国友好往来，为双边多边合作打下广泛的社会根基。

共建“一带一路”的本质是通过提高有效供给来实现世界经济再平衡，基本原则是共商共建共享，坚持的理念是开放、绿色、廉洁。让共建“一带一路”成果更好地惠及沿线各国人民，为当地经济社会发展作出贡献。

四、共建“一带一路”的进展成效

第一，以发展为中心，政策沟通不断深化。

第二，以交通基础设施为突破，设施联通不断加强。

第三，以改善营商环境为手段，贸易畅通不断提升。

第四，以建设融资平台为抓手，资金融通不断扩大。

第五，以人文交流为纽带，民心相通不断促进。

第六，以优势互补为基础，产业合作不断深入。

五、推动共建“一带一路”高质量发展

通过高质量共建“一带一路”，携手推动共建人类命运共同体。

第一，加强基础设施互联互通，加快建设高质量、可持续、抗风险、价格合理、包容可及的基础设施。

第二，坚持开放共赢，扩大双向贸易和投资。

第三，聚焦创新驱动，共同探索新技术、新业态、新模式。

第四，促进均衡发展，确保“一带一路”成果惠及民生。

第五，深化交流互鉴，形成多元互动的人文交流格局。

第二节　推动共建人类命运共同体

一、推动共建人类命运共同体的重大意义

人类命运共同体理念具有强大的国际影响力、感召力和塑造力。

第一，深刻揭示了当代中国与世界的关系，反映了实现中华民族伟大复兴中国梦的迫切需要。

第二，客观反映了国际力量对比发生的变化，深刻阐明了中国走和平发展道路的自觉与自信，体现了中国的大国责任与担当。

第三，深刻回答了“建设一个什么样的世界、怎样建设这个世界”的问题，为世界更好地发展贡献了中国智慧。

二、推动共建人类命运共同体的内涵

人类命运共同体就是每个民族、每个国家的前途命运联系在一起，建成一个和睦的大家庭，把世界各国人民对美好生活的向往变成现实。

第一，推动共建人类命运共同体顺应 100 多年来人类的共同愿望。

第二，推动共建人类命运共同体的基本遵循。一是主权平等原则；二是协商谈判原则；三是共商共建共享原则；四是法治权威原则。

第三，推动共建人类命运共同体的核心内涵：建设持久和平、普遍安全、共同繁荣、开放包容、清洁美丽的世界。国际社会从伙伴关系、安全格局、经济发展、文明交流、生态建设等方面进行努力。

三、为推动共建人类命运共同体贡献中国智慧

构建人类命运共同体理念，是马克思主义与中国优秀传统文化的创造性结合，是当代中国为世界发展贡献的中国智慧和中国方案。

第一，人类命运共同体理念引领时代潮流。

第二，“一带一路”建设是推动共建人类命运共同体的重要实践平台。

第三，人类命运共同体理念是马克思主义与中国化传统文化的创造性结合。

第四，人类命运共同体理念是中国对世界的新贡献。

第二部分　案　例

案例一

［案例名称］　“一带一路”，顶层倡议

[案例适用] 经济全球化与对外开放

[案例来源] (1)“一带一路”百度百科 http://www.chinatoday.com.cn/zw2018/ss/201807/t20180718_800135665.html(访问时间:2021/12/12 20:56).

(2)孙东阳.“一带一路”对中国的影响.http://theory.people.com.cn/n1/2018/0226/c40531-29834263.html(访问时间:2021/12/12 22:30).

(3)姚依,杨肇中.马克思主义视域下对“一带一路”是新殖民主义说法的辨正.齐齐哈尔大学学报(哲学社会科学版),2020(12).

一、“一带一路”简介

“一带一路”(The Belt and Road,B&R)是“丝绸之路经济带”和“21世纪海上丝绸之路”的简称,2013年9月和10月,中国国家主席习近平分别提出建设“新丝绸之路经济带”和“21世纪海上丝绸之路”的合作倡议。依靠中国与有关国家既有的双多边机制,借助既有的、行之有效的区域合作平台,“一带一路”旨在借用古代丝绸之路的历史符号,高举和平发展的旗帜,积极发展与沿线国家的经济合作伙伴关系,共同打造政治互信、经济融合、文化包容的利益共同体、命运共同体和责任共同体。2015年3月28日,国家发展改革委、外交部、商务部联合发布了《推动共建丝绸之路经济带和21世纪海上丝绸之路的愿景与行动》。截至2021年11月20日,中国与141个国家和32个国际组织,签署了206份共建“一带一路”合作文件。

——“一带一路”百度百科(访问时间:2021/12/12 21:13)

二、“一带一路”提出背景

“一带一路”倡议的提出,结合了深厚的历史背景与国内外发展状况,彰显了中国的政策勇气和习近平主席高屋建瓴的战略眼光。

丝绸之路是起始于古代中国,连接亚洲、非洲和欧洲的古代陆上商业贸易路线,最初的作用是运输古代中国出产的丝绸、瓷器等商品,后来成为东方与西方之间在经济、政治、文化等诸多方面进行交流的主要道路。从运输方式上,主要分为陆上丝绸之路和海上丝绸之路。陆上丝绸之路,是指西汉(公元前202年—公元8年)汉武帝派张骞出使西域开辟的以首都长安(今西安)为起点,经凉州、酒泉、瓜州、敦煌、新疆、中亚国家、阿富汗、伊朗、伊拉克、叙利亚等而达地中海,以罗马为终点。这条路被认为是连结亚欧大陆的古代东西方文明的交汇之路,而丝绸则是最具代表性的货物。

海上丝绸之路,是指古代中国与世界其他地区进行经济文化交流交往的海上通道,最早开辟也始于秦汉时期。从广州、泉州、宁波、扬州等沿海城市出发,从南洋到阿拉伯海,甚至远达非洲东海岸的海上贸易的“海上丝绸之路”。

随着时代发展,丝绸之路成为古代中国与西方所有政治经济文化往来通道的统称，内涵在不断扩展。除了“陆上丝绸之路”和“海上丝绸之路”，还有北向蒙古高原，再西行天山北麓进入中亚的“草原丝绸之路”等。

提出“一带一路”合作倡议，不仅与中国五千年历史中的“一带一路”贸易道路基础有关，也是中国在面临着亟待解决的发展问题与较为有利的外部环境时做出的选择。

彼时，随着我国经济的迅速发展，各个产业尤其是重工业出现了产能过剩、外汇资产过剩的问题，影响着经济发展的动能，需要转移产能，促进产业升级与结构调整。此外，中国油气资源、矿产资源对国外的依存度高，工业和基础设施集中于沿海，如果遇到外部打击，则容易失去核心设施。“一带一路”倡议充分利用了中国西北部和中东、欧洲等其他地区的联系，能够在一定程度上缓解对外依存度高、能源安全遭到威胁的情况，对于中国国内的地区均衡发展也发挥着带动作用。同时，我国改革开放事业虽然取得了巨大成就，但同时也存在着缺乏顶层设计、谋子不谋势和不注重改善国际发展环境等问题，迫切需要加强各方面改革开放措施的系统集成。“一带一路”倡议可以发挥中国对外开放的总纲领的作用，也理应成为全面深化改革的总钥匙。通过融入国际治理和开展国企的跨国产权合作，“一带一路”倡议的实施在有效避免“西方经验”局限、防止治理本身被“短视”市场消解和坚持“四项基本原则”的同时，将为中国经济治理、国家治理、社会治理进一步引入来自治理体系之外的监督主体，创造强有力、更有效的外部监督，从根本上解决治理效率问题。

从外部环境审视，当今世界正发生复杂深刻的变化，国际金融危机深层次影响继续显现，世界经济缓慢复苏、发展分化，国际投资贸易格局和多边投资贸易规则酝酿深刻调整，各国面临的发展问题依然严峻。共建“一带一路”顺应世界多极化、经济全球化、文化多样化、社会信息化的潮流，秉持开放的区域合作精神，致力于维护全球自由贸易体系和开放型世界经济。共建“一带一路”旨在促进经济要素有序自由流动、资源高效配置和市场深度融合，推动沿线各国实现经济政策协调，开展更大范围、更高水平、更深层次的区域合作，共同打造开放、包容、均衡、普惠的区域经济合作架构。共建“一带一路”符合国际社会的根本利益，彰显人类社会共同理想和美好追求，是国际合作以及全球治理新模式的积极探索，将为世界和平发展增添新的正能量。区域关系中，中国边境地区整体状况处于历史最好时期，邻国与中国加强合作的意愿普遍上升，扎实的国际关系基础与共同利益助力“一带一路”倡议的提出。

——部分参考“一带一路”百度百科（访问时间：2021/12/12 21:38）

三、“一带一路”提出的意义与影响

“一带一路”合作倡议，对中国经济发展和世界共同发展都有着较为深刻的影响，是中国在复杂的国际局势中勇于担当责任，为世界提供“中国智慧”“中国方案”的体现，也是中国坚定不移扩大开放，致力于经济全球化与加强世界各国联系的有力证明。

“一带一路”对中国的利好，主要体现在交通运输、基础设施、能源建设、商业交流、信息产业发展等诸多方面。

（一）交通更加方便快捷

交通运输业将直接为区域经济发展创造条件，“一带一路”将加快推进公路、铁路、民航、海运等多种运输方式的互联互通，吞吐量将明显提升。我国要推进建立统一的全程运输协调机制，促进沿线国家交通通关联运的有机衔接，逐步形成兼容规范的运输规则，实现沿线国家运输的便利化；加快运输口岸的设施建设，加强海上物流信息化合作；加强航空运输的安全建设，提升航空基础设施水平。

（二）基础设施建设覆盖面更广

“一带一路”的沿线国家对于基础设施建设的需求均极其旺盛。“一带一路”沿线国家多为发展中国家，贫穷落后，部分地区战火不断，发展滞后。而中国在城镇发展过程中积累了大量经验，可以在很大程度上解决这些国家发展上的困难。从国内看，我国应加大西北部地区的基础设施建设，从而实现对沿线内陆国家的基础设施援助。同时，基础设施的输出能够在一定程度上缓解我国产能过剩的问题，促进我国的产业结构优化升级。

（三）能源建设更加完善合理

中亚国家油气资源极为丰富，是仅次于中东的第二个油气资源最为丰富的地区。加强与沿线国家能源资源开发合作，增大我国从中亚及俄罗斯进口的石油量，不但有助于解决我国资源使用过度的问题，而且能够推动我国开采业上下游产业链的发展。另外，“一带一路”沿线发展中国家的电力消费水平极低，发展空间巨大，同时现阶段我国电气设备的产能严重过剩，因此，我国应加大对这些国家的电力投资，以加快过剩产能的消化，同时促进该地区的电力消费。

（四）“通商”主题充分落实

长期来看，道路建设和贸易往来中同样伴随着文化沟通，“丝绸之路”自古以来就是文化传播的纽带，沟通了亚欧大陆不同地区的文化交流，交流合作的内容涵盖了教育、旅游、工艺品等文化活动。在与沿线国家交流过程中，相似的文化可以便利双方的贸易往来，同时，双方文化上的差异性有利于发挥各自的特点，进行具有民族特色的贸易往来，培育具有丝绸之路特色的国际贸易往来。沿线国家人员的流动还会加强各国的旅游业发展，从而带动各国的旅游贸易的发展，包括餐饮业、旅游产品、文化产品及非物质文化遗产项目的发展。同时，国家的大力支持也有利于沿线国家文化产业的发展，国家旅游局将 2015 年中国旅游主题年确定为“美丽中国——2015 中国丝绸之路旅游年”，对沿线国家文化交流起到了重要的支撑作用。

（五）信息产业更具竞争力

“一带一路”沿线国家之间的深度交流会对加大信息产业的发展，特别是对我国具有代表性的品牌如华为、中兴等提供商来说，加大对沿线国家的贸易往来具有重大意义。自华为销售收入超越爱立信跃居第一后，中国其他信息设备产业也加快了“走出去”的步伐，中国电信系统设备厂商在与全球通信企业竞争过程中，体现出了强大的竞争力，为落实“一带一路”规划中的通信基础设施建设，中国通信企业迎来第二轮“走出去”的机遇，同时，亚洲基础设施投资银行、丝路基金等融资机构必然会积极对海外信息基础设施进行融资，将会对我国信息产业提供强大的资金支持，进而促进我国信息产业在沿线国家的发展。

孙东阳.《“一带一路”对中国的影响》

“一带一路”合作范围不断扩大，合作领域更为广阔。它不仅给参与各方带来了实实在在的合作红利，也为世界贡献了应对挑战、创造机遇、强化信心的智慧与力量。

“一带一路”为全球治理提供了新的路径与方向。当今世界，挑战频发、风险日益增多。经济增长乏力，动能不足，金融危机的影响仍在发酵，发展鸿沟日益突出，“黑天鹅”事件频出，贸易保护主义倾向抬头，“逆全球化”思潮涌动，地区动荡持续，恐怖主义蔓延肆虐。和平赤字、发展赤字、治理赤字的严峻挑战正摆在全人类面前。这充分说明现有的全球治理体系出现了结构性问题，亟须找到新的破题之策与应对方略。作为一个新兴大国，中国有能力、有意愿同时也有责任为完善全球治理体系贡献智慧与力量。面对新挑战、新问题、新情况，中国给出的全球治理方案是：构建人类命运共同体，实现共赢共享，而“一带一路”正是朝着这个目标努力的具体实践。“一带一路”强调各国的平等参与、包容普惠，主张携手应对世界经济面临的挑战，开创发展新机遇，谋求发展新动力，拓展发展新空间，共同朝着人类命运共同体方向迈进。正是本着这样的原则与理念，“一带一路”针对各国发展的现实问题和治理体系的短板，创立了亚投行、新开发银行、丝路基金等新型国际机制，构建了多形式、多渠道的交流合作平台，这既能缓解当今全球治理机制代表性、有效性、及时性难以适应现实需求的困境，并在一定程度上扭转公共产品供应不足的局面，提振国际社会参与全球治理的士气与信心，同时又能满足发展中国家尤其是新兴市场国家变革全球治理机制的现实要求，大大增强了新兴国家和发展中国家的话语权，是推进全球治理体系朝着更加公正合理方向发展的重大突破。

“一带一路”为新时期世界走向共赢带来了中国方案。不同性质、不同发展阶段的国家，其具体的诉求与优先方向不尽相同，但各国都希望获得发展与繁荣，这便找到了各国共同利益的最大公约数。如何将一国的发展规划与他国的战略设计相对接，实现优势互补便成为各国实现双赢多赢的重要前提。“一带一路”正是在各国寻求发展机遇的需求之下，同时尊重各自发展道路选择基础之上所形成的合作平台。因为立足于平等互利、相互尊重的基本国际关系准则，聚焦于各国发展实际与现实需要，着力于和各国发展战略对接，“一带一路”建设在赢得了越来越多的世界认可与赞誉的同时，也取得了日益显著的早期收获，给相关国家带来了实实在在的利益，给世界带来了走向普惠、均衡、可持续繁荣的信心。2016 年 10 月开通的非洲第一条电气化铁路——亚吉铁路（亚的斯亚贝巴至吉布提）和2017年5月开通的蒙内铁路（蒙巴萨至内罗毕），成为中国在非洲大陆承建的两大极具影响力的世纪工程，受到许多非洲国家好评，被誉为“友谊合作之路”和“繁荣发展之路”。从中非合作的缩影可以看出，“一带一路”是一条合作之路，更是一条希望之路、共赢之路。

“一带一路”为全球均衡可持续发展增添了新动力，提供了新平台。“一带一路”涵盖了发展中国家与发达国家，实现了“南南合作”与“南北合作”的统一，有助于推动全球均衡可持续发展。“一带一路”以基础设施建设为着眼点，促进经济要素有序自由流动，推动中国与相关国家的宏观政策协调。对于参与“一带一路”建设的发展中国家来说，这是一次搭中国经济发展“快车”“便车”，实现自身工业化、现代化的历史性机遇，有力推动南南合作的广泛展开，同时也有助于增进南北对话，促进南北合作的深度发展。不仅如此，“一带一路”倡议的理念和方向，同联合国《2030年可持续发展议程》高度契合，完全能够加强对接，实现相互促进。联合国秘书长古特雷斯表示，“一带一路”倡议与《2030年可持续发展议程》都以可持续发展为目标，都试图提供机会、全球公共产品和双赢合作，都致力于深化国家和区域间的联系。他强调，为了让相关国家能够充分从增加联系产生的潜力中获益，加强“一带一路”倡议与《2030年可持续发展议程》的联系至关重要。就此而言，“一带一路”建设还有助于联合国《2030年可持续发展议程》的顺利实现。

——人民网.《正确认识一带一路》（访问时间：2021/12/12 22:46）

［案例评析］

“一带一路”作为中国发展的顶层倡议，自2013年首次提出以来，在实际运行的过程中内涵不断扩展，从传统意义上的“道路”，转化为海上、空中、冰上等多元共融的组成部分，形成了中国独创的“一带一路”政策体系，已经成为中国经济发展、国际合作、民间交流等领域的一张名片，彰显着中国作为经济全球化坚定推动者的开放立场与决心，可以称得上是在当今“逆全球化”思潮下交出的一份“中国答卷”。然而，纵使已经向世界证明，“一带一路”不仅仅惠及中国人民，也对参与国家有所裨益，其发展过程也不是一帆风顺的，也遭到了一些不和谐声音的质疑。只有厘清这些质疑的声音，一一做出回应并完善政策与制度运行方式，我们才能够加深对“一带一路”倡议的认识以及认同。

其一，“一带一路”是“结盟”吗？是中国对于“势力范围”的新定义吗？“一带一路”倡议在提出时，最基本的目的是促进中国历史上原有的“丝绸之路”“海上丝绸之路”沿线国家的经济交流与贸易往来，在倡议落地的过程中，在制度实际运行的实践中，其逐渐发展了政策沟通、设施联通、贸易畅通、资金融通、民心相通等主要内容，形成了充满中国特色的“一带一路”倡议制度框架。然而，中国特色不是意识形态上的特色，也不是对于所谓“外交势力范围”的拓展与划分。中国对于“一带一路”倡议的参与国，确实存在双边、多边国家主体利益的考量，但这种考量与合作是植根于我国

“结伴而不结盟”的中国特色大国外交框架下的。无论“一带一路”如何发展，中国和沿线、非沿线参与国家的关系都不会回归至国际传统的“盟友或非盟友”维度，而只是在发展道路上因为共同的愿望而互相支持的伙伴。在这样的语境下，中国的“一带一路”倡议，是从经济合作、经济全球化与对外开放维度拓展到其他领域的，本质上不应该被解读为一个与所谓“结盟”“新势力范围划定”等有关的政治问题。

其二，“一带一路”是中国模式的“对外输出”吗？是中国对于现有发展体制与模式的颠覆吗？这样的问题，也是因为对“一带一路”倡议的历史沿革与发展状况、“一带一路”的核心与内涵了解不足而产生的。“一带一路”倡议，的确主要以和意向国家达成协议的方式开展合作，但是在合作的过程中仅仅将中国的发展经验作为借鉴客观阐述，在双边、多边开展合作时，也并不存在所谓“中国意识形态的推行与推广”的问题。从2013年习近平主席提出倡议至今，中国已经与141个国家和32个国际组织，签署了206份共建“一带一路”合作文件，还有一部分合作文件正在进行沟通与协调。这样来看，难道所有的文件签署国都因为参与了“一带一路”合作而成为了中国的翻版吗？显然这样的说法是站不住脚的。在开展合作的过程中，无论是经济建设还是制度落实，无论是民间交往还是政府往来，各协议签署国从来都是“来去自由”的，不会受到中国的任何有关发展模式的限制。在经济全球化、世界多极化的今天，中国非常清楚也愿意相信，世界各国的国情不同，各国人民有选择本国发展道路的自由，更应该沿着自己选择的道路改变自己的生活。至于中国所谓“颠覆发展模式”的质疑，更是对“一带一路”整体设想的误读，也是不尊重合作国家的表现。

其三，“一带一路”是经济全球化还是“逆全球化”？“一带一路”是中国的“新殖民主义”吗？针对这样的质疑声音，我们应该坚定地做出回答：“一带一路”是中国推进经济全球化的重要证明，是对“逆全球化”思潮的有力驳斥，而“新殖民主义”则是某些西方资本主义国家对于“一带一路”的污名化。之所以会出现将“一带一路”倡议误认为是“逆全球化”的情况，原因可能与前文提到的几个问题的理解有关。中国在推进“一带一路”的过程中，并没有把合作国家都纳入自己的势力范围的想法，更没有使其复刻“中国模式”的意图。开放包容的制度框架，“共商、共建、共享”的基本原则，无一不昭示着中国对于全球化浪潮的支持与积极参与。至于所谓的“新殖民主义”，恐怕与某些不怀好意的西方国家自身的发展历史有关。中国或许通过“一带一路”倡议提出了一些解决世界共同发展问题的方案，也在一定程度上“站到台前”，但是这并不代表着中国就在发展模式上“学习”了西方古典的殖民地模式。在“一带一路”框架下，任何的参与国家都是平等的，中国不会额外索取任何类似于殖民地国家向宗主国“进贡”的经济利益，所奉行的平等贸易准则也不会将合作国家当作商品的倾销市场与原料产地，合作国家的主权和中国的主权是彼此独立的，并不存在依附关系。文化上的“民心相通”，与文化输出与渗透更是有着基本性质上的差别，是出于国家人民之间自愿、自由的交流与沟通。我们有理由怀疑，对“一带一路”倡议提出这样的质疑甚至是抹黑，是西方国家经济上、政治上、文化上对于中国发展的忌惮，是“中国威胁论”的外化表现，更是“逆全球化”思潮与经济全球化主流的冲突。

综上所述，“一带一路”顶层倡议，是中国结合自身发展瓶颈与需要以及国际形势、国际需求所做出的，是推动经济全球化的有力行动。我们有底气回答来自各方的疑问，并愿意通过厘清概念与制度边界，促进经济全球化框架下各主权国家的积极合作与参与。然而，我们也用实际行动驳斥不怀好意的政治渲染与污名化，为合作国家增添动力与信心。中国将始终以温和的态度应对“一带一路”国际经贸与其他合作，致力于推动本国人民与世界人民共同利益的实现。

［引导讨论题］

（1）“一带一路”倡议提出并得到实施以来，你的家乡（生活）是否受益？产生了哪些实际变化？

（2）“一带一路”倡议推行过程中，中国应如何应对世界上关于此倡议不同的声音，坚定推动经济全球化？